현대일본사상론

국립중앙도서관 출판시도서목록(CIP)

현대일본사상론 : 역사의식과 이데올로기 / 지은이
: 야스마루 요시오 ; 옮긴이: 박진우. -- 서울 :
논형, 2006
p. ; cm

원서명: 現代日本思想論
색인수록
ISBN 89-90618-55-X 94910 : ₩20000
ISBN 89-90618-50-9(세트)

301.0913-KDC4
952.03-DDC21 CIP2006002456

현대일본사상론

역사의식과 이데올로기

야스마루 요시오 지음 · 박진우 옮김

논형

現代日本思想論 安丸良夫 著 岩波新書

GENDAI NIHON SHISORON
by Yoshio Yasumaru

현대일본사상론
역사의식과 이데올로기

지은이 | 야스마루 요시오安丸良夫
옮긴이 | 박진우

초판 1쇄 인쇄 | 2006년 11월 20일
초판 1쇄 발행 | 2006년 11월 25일

펴낸곳 | 논형
펴낸이 | 소재두
편집위원 | 이종욱
편집 | 최주연, 김현경
표지디자인 | 디자인공 이명림

등록번호 | 제2003-000019호
등록일자 | 2003년 3월 5일
주소 | 서울시 관악구 봉천2동 7-78 한립토이프라자 6층
전화 | 02-887-3561~2 **팩스** | 886-4600

ISBN 89-90618-55-X 94910
값 20,000원

차례

한국어판 서문

젊은 시절 나는 내가 쓴 논문이나 책을 외국인이 읽고, 하물며 번역하게 되리라고는 전혀 생각하지 못했다. 물론 좁은 연구자의 세계를 넘어 얼마간 보편성을 지닌 문장을 써야겠다는 생각은 했었다. 그렇지만 그것은 극히 한정된 일본 국내의 지적知的 세계를 전제로 한 생각에 지나지 않았다. 일본인 연구자가 일본 국내에서 일본어 문헌만을 이용하여 일본인을 대상으로 한 논문만 쓴다는 것은 학문의 보편성이라는 측면에서 보면 지극히 기묘한 일이지만, 당시의 나로서는 그 점에 관해서 깊이 생각해 본 적이 없었다.

그러나 대부분의 일본사 연구자가 공유하고 있던 이러한 상황은 우리들의 한계라는 것이 오래지않아 명백해졌다. 먼저 1960년대에 들어와 미국에서 근대화론이 도입되었고, 곧 미국의 일본사 연구자와 교류가 시작되었다. 그리고 1970년대에 들어오면서부터 한국에서 많은 유학생들이 일본으로 건너 왔고 이와 더불어 중국 유학생도 증가했다. 이들 유학생 가운데는 넓은 의미에서의 일본 연구를 지향하는 학생이 적지 않았으며, 혈기 왕성한 한국인 유학생 가운데는 우리들을 엄격하게 비판하는 학생도 있었다. 이러한 유학생들과의 교류는 우리에게 귀중한 경험이 되었다. 유럽에서는 아날학파의 사회사 연구와 사회운동사 연구의 중요한 성과들이 전해지고, 인류학 등의 새로운 동향도 다소 우리들의 시야에 들어왔다. 이러한 동향의 대부분은 상당히 타율적인 것이며, 그 어느 것도 일본인 연구자들이 개척한 것이라고는 할 수 없으나 그래도 우리 또한 세계화의 흐름 속에서 새로운 지적 상황에 직면하고 있었던 것이다.

이같이 새로운 상황에 내가 즉시 대응했다고 말하기 어렵다. 그러나 적어도 전후 일본의 정신적 · 지적 동향 속에서 나의 연구가 가지는 의미를 되새겨보자는 생각은 아주 젊은 시절부터 가지고 있었던 지적 태도였으며, 그러한 입장에서 세계화 시대에 조우했다고 말할 수 있을 것이다. 이 책은 그런 입장에서 모색을 거듭해 온 한 일본인 연구자가 전후 일본의 사상 상황을 관찰한 것으로 기본적인 시각은 비평과 비판에 있다. 물론 그것은 타인의 작품에 대한 비평과 비판이기는 하지만, 그런 작업을 통해서 나는 나의 사상적 · 방법적인 입장을 확인해 보려고 노력한 것이다.

역사 연구의 세계에서도 국제적인 교류가 활발해진 것은 세계화의 단면을 보여주고 있지만, 거기에는 또한 공통의 지적 과제와 문제의식이 있어야 비로소 가능할 것이다. 예를 들면 한국과 일본의 지적 세계에는 커다란 견해와 조건의 차이가 있으며 한국 사회에 독자적인 과제가 존재한다는 사실을 경시할 생각은 추호도 없다. 그럼에도 우리는 현대 세계의 급변하는 상황 아래서 가장 기본적인 부분에서는 우려와 과제를 공유하고 있는 것이 아닐까. 오늘날 동아시아 세계에서 역사인식에 관한 문제는 커다란 정치 문제가 되고 있으며, 이러한 문제에 적절하게 대치하는 것은 우리의 중요한 과제이기도 하다. 이에 대하여 비판적 입장에 선 지식인으로서, 역사 연구자로서의 우리에게는 열린

대화가 가능할 뿐 아니라 커다란 인식을 공유하는 것도 가능하다. 그리고 그러한 방향에서의 노력이 오늘날 우리가 직면하고 있는 상황을 타개하는 데에도 약간의 힘이 된다고 나는 믿고 있다.

현상적으로 보면 전후의 일본 사회는 미국과의 긴밀한 동맹관계를 유지하면서 외교적 · 군사적으로 귀찮은 일은 미국에 맡기고 번영과 안락을 추구해 왔다고 할 수 있다. 그러나 이러한 번영과 안락의 전제조건이 급격하게 동요하기 시작하면서 현대 일본의 기저부에 커다란 불안과 방향감각의 상실을 가져왔다고 본다. 그런 점에서 앞으로 새로운 내셔널리즘이나 전체주의가 대두할 가능성도 결코 적지는 않을 것이다. 이러한 동향에 대하여 명확하게 비판적인 입장을 취하는 사람들은 사회 전체에서 보면 상대적으로 아주 작은 세력에 불과하다. 그러나 그것을 결코 무력한 것으로 보아서는 안 된다. 이 책이 전후 일본의 사상과 이데올로기적 상황을 우려하는 일본인 역사 연구자의 관찰로서 다소의 설득력을 가지고 한국 독자들에게 받아들여지기를 기대한다.

2006. 9.

야스마루 요시오

韓国語版序文

若いころの私は、自分の書いた論文や著作が外国人にも読まれるとか、ましてや翻訳されることもありうるとは、想像してみたこともなかった。自分は狭い研究者の世界だけに通用するものよりも、何ほどか普遍性をもった文章を書きたいとは思っていたが、しかしそれはきわめて限定された日本国内だけの知的世界を前提としての思いに過ぎなかった。日本人研究者が日本の国内で日本語の文献だけを用いて、日本人目当ての論文だけを書くということは、学問の普遍性ということからすればきわめて奇妙なことだが、若いころの私はそのことについて深く考えたことがなかった。

だが、多くの日本史研究者も共有していたこのような状況が私たちの限界であることは、まもなく明らかになった。まず1960年代に入るとアメリカから近代化論が導入され、すぐ続いてアメリカ人日本史研究者との交流が始まった。1970年代に入ったころからだろうか、韓国から多くの留学生が日本へやってきて、すぐ続いて中国からの留学生が増えた。こうした留学生のなかには広い意味での日本研究を目指す人が少なくなく、元気のいい韓国人留学生のなかには、私たちを手厳しく批判する人たちもいた。こうした留学生たちとの交流は、私たちにとって貴重な経験となった。ヨーロッパからは、アナール派などの社会史的研究や社会運動史研究の重要な成果が伝えられ、人類学の新しい動向なども、何ほどか私たちの視野に入ってきた。こうした動向の大部分はかなり他律的なもので、どれも私たち日本史研究者が切り開いたものとはいえないが、しかしそれでも私たちもまたグローバリゼーションの流れのなかで、新しい知的な状況に直面していたのである。

私自身は、こうした新しい状況にただちに対応したとはいえないが、しかしそれでも少なくとも戦後日本の精神的知的動向のなかで自分の研究の意味を考えてゆこうというのは、ごく若い時期からの私の知的な態度であり、そうした立場でグローバリゼーションの時代に出会ったとはいえよう。本書は、そうした立場で模索を重ねてきた一人の日本人研究者からの戦後日本の思想状況の観察であるが、基本的な視角は批評と批判にある。批評と批判はさし当たっては他人の作品に向けられたものではあるが、そうした作業を通じて、私は自分の思想的方法的な立場を見定めようと努力しているのである。

歴史研究の世界でも国際的な交流が盛んになったのは、グローバリゼーションの一端の表現ではあるが、しかしそこにはまた共通の知的課題と問題意識があってのことだと考える。もとより、たとえば韓国と日本の知的世界には、大きな見解の相違や条件の違いがあり、韓国社会に独自の課題が存在することを軽視するつもりはないが、しかしそれでも私たちは現代世界の大状況のもとで、もっとも基本的なところでは憂慮と課題とを共有しているのではなかろうか。東アジア世界について歴史認識の問題が、大きな政治問題になっており、この問題に適切に対峙することが私たちの大きな課題になっているが、批判的な立場に立つ知識人として、歴史研究者として、私たちには開かれた対話が可能であるばかりか、大きな認識を共有することも可能だ、そしてそうした方向での努力が今日の私たちが直面している状況を打開するうえで何ほどかの力になると、私は信じている。

現象的に見れば、戦後の日本社会は、アメリカとの強い同盟関係を前提において外交的軍事的な厄介ごとを外部化し、繁栄と安楽を追求してきて、かなりの程度までそのことに成功したといえるだろう。しかし、こうした繁栄と安楽の前提条件が大きく揺らいできて、現代日本の基底部には大きな不安と方向感覚の喪失があるといえよう。そこから、新しいナショナリズムや全体主義が台頭する可能性も、決して小さくはないだろう。こうした動向に対して明確に批判的な立場をとる人びとは、社会全体からすれば相対的には小さな勢力ということになろうが、しかしそれでも決して無力なわけではない。本書が、戦後日本の思想的イデオロギー的状況についての、憂慮する一人の日本人歴史研究者の立場からの観察として、韓国の読者に対して、なにほどかの説得性をもつことを期待したい。

2006. 9.

安丸良夫

저자 서문

나는 젊은 시절부터 당시 일본의 사상에 관심을 가지고 비평적인 문장을 몇 차례 발표해 왔다. 1962년에 쓴 〈일본 근대화에 관한 제국주의적 역사관*〉이 그 최초의 논문이다. 여기서는 60년대의 근대화론**을 약간은 성급한 어조로 비판하고 있었다. 나는 나의 연구가 현대 일본의 사상 상황 속에서 어떤 의미를 가지는지를 알고 싶은 생각에서 간헐적이기는 하지만 이런 문장을 계속 발표해 온 것이다. 아카데믹한 연구자의 입장에서 보면 그것은 쓸데없는 일이라고 할 수도 있겠지만 연구자로서의 활동이 자신의 인생에서 어떤 의미를 가지고 있는지를 되묻기 위해서라도 이런 '부업'은 불가피하다고 생각했다. 또한 내가 전문영역으로 선택한 일본 사상사라는 연구 분야에서는 문제의식과 방법론이 명확하지 않았기 때문에 그런 상황에 대한 불안이 이 시대의 사상 상황에 대한 관심과 결부되어 있었다. 그러나 이 점에 관해서는 현재의 시점에서 망각하기 쉬운 약간의 특수한 사정도 있기

---

* 〈日本近代化についての帝国主義的歴史観〉. 후일 安丸良夫, 《方法としての思想史》(校倉書房, 1996)에 수록.

** 비서양국가 가운데 유일하게 근대화에 성공한 모델로서 일본을 제시하고 일본의 근대화를 긍정적으로 평가하는 입장. 1950년대 후반부터 1960년대에 걸쳐 미국과 일본에서 거의 동시에 등장했다.

때문에 먼저 그것과 관련해서 한마디 해 두고 싶다.

내가 일본사를 전공으로 선택하고 대학원에 들어간 것은 1950년대 후반이었다. 당시까지만 해도 일본사 연구에서는 강좌파 마르크스주의*의 영향력이 압도적으로 컸다. 알고 보면 이것도 실은 일본사 연구라는 좁은 세계에 한정된 극히 특이한 현상이었지만 그 당시의 우리는 이 점을 자각하지 못하고 있었다. 50년대 후반의 일본 국내 사정에 한정해서 보더라도 육전협六全協**과 스탈린 비판, 동구사회주의권에서의 동란 등을 배경으로 마르크스주의의 사상적 영향력은 퇴조하고 있었다. 이에 대신해서 전후 일본을 특징짓는 근대주의적인 이론과 사상의 영향력이 점차 커지고 있었다. 특히 내가 전공으로 선택한 일본 사상사 영역에서는 마루야마 마사오丸山真男와 그 학파의 연구가 커다란 의미를 가지고 있었으며 마르크스주의의 영향력은 한정된 것이었다.

정통파 마르크스주의의 역사이론에서 보면 사상과 문화는 이데올로기적인 상부구조이며, 경제구조와 정치구조에 비해서 부차적으로 취급되기 쉬웠다. 그것은 당시 출판된 일본사와 관련된 통사나 강좌 등을 보더라도 알 수 있다. 예를 들어 한 권의 책에 10편의 논문이 실린다면 그 가운데 9편은 경제사와 정치사에 배당되고 마지막 한 편이 사상과 문화를 다루는 정도였다. 이러한 상황에서 일본 사상사 연구를 전공으로 선택하려는 나 같은 젊은이들은 한편으로는 정통파 마르크스주의와의 긴장 속에서, 또 다른 한편으로는 마루야마 학파와 막스

* 일본 공산당을 옹호하는 입장에서 당면한 혁명의 성격을 명백하게 하기 위해 일본 자본주의에 대한 역사적 분석을 행하여 일본 사회의 반봉건적 성격을 강조한 일본 마르크스주의 학파의 역사이론. 노로 에이타로(野呂栄太郎)의 지도 하에서 1932~1933년에 걸쳐 간행된 《일본 자본주의발달사 강좌》의 이름을 따서 강좌파 마르크스주의라고 부른다.

** 1955년 7월의 '일본 공산당 제6회 전국 협의회'를 줄여서 '육전협'(六全協)이라 부름. 일본 공산당은 여기서 종전의 무장투쟁을 포기하고 의회투쟁으로 전환했다.

베버 학파와의 대항 속에서 나름대로의 입장을 모색해야만 했다.[1)]

그러나 이상의 사실은 내가 연구자로 출발하려는 시점에서의 상황이며, 70년대 이후에는 또 다른 상황에 봉착했다. 안보투쟁*이 일어나기 조금 앞선 시기부터 전개된 격렬한 대학투쟁과 신좌익운동**은 70년대 초에 막을 내렸다. 이후 70년대 중반을 경계로 사회의식의 일반적 보수화가 현저해지면서 이러한 정세에 편승한 '현실주의'와 문화유형론 등이 사회적으로 커다란 영향력을 가지게 되었다. 그리고 이러한 상황에 대한 또 하나의 대응으로서 구조주의를 비롯한 갖가지 새로운 사회 이론과 문화 이론이 수입되어 전후 일본의 지적 상황에 커다란 전환을 가져왔다(1장 참조).

이와 같은 상황 속에서도 일본사 연구라는 분야는 약간 특수하여 여전히 강좌파 마르크스주의의 영향 아래 있었다. 그러나 젊은 세대를 중심으로 문제에 대한 관심이나 연구방법이 점차 변모하여 사회사나 넓은 의미에서의 문화사에 대한 관심이 증대해 갔다(4장 참조). 나도 새로운 사회 이론이나 문화 이론과 서구의 사회사 연구 등에서 큰 영향을 받았지만, 그래도 제법 완고하게 나의 방법론을 고집해 왔다. 그런 점에서 새로운 이론과 연구 동향에 대한 관심도 나의 입장과 관련

---

* 1959년부터 1960년, 1970년의 두 차례에 걸쳐 일본에서 전개된 미일안전보장조약(안보조약)에 반대하는 대중운동. 이 책에서 말하는 안보투쟁은 전자에 해당한다. 처음에는 공산주의자동맹(분트, bund)이 주도하는 '전일본학생자치회총연합(전학련)'이 중심이었으나, 일본이 패전하고 얼마 지나지 않은 시점에서 '전쟁'에 대한 거부감이 이들의 주장에 공감하는 광범위한 시민운동으로까지 확산시켰다. 60년 5월 20일 중의원에서 안보조약이 강행 체결되자 '민주주의의 파괴'라고 하여 거센 반발이 일고 반대운동이 전국적으로 고조되었으나 조약은 참의원의 의결을 거치지 않고 6월 19일 자동 성립했다. 그러나 예정되어 있던 아이젠하워 대통령의 방일은 데모의 격화로 인하여 중지되고 혼란을 수습하기 위해 내각은 총사직했다.

** 반스탈린주의, 또는 반레닌주의, 반마르크스주의적 입장의 좌익으로 일본 공산당과 일본 사회당이 지향하는 단계혁명(국회에서의 개혁)을 거부하고 독자적인 사회주의운동의 추구를 주장했다. 이상주의적이며 필요에 따라서는 폭력의 사용도 불사하는 투쟁적인 방침을 내세우고 반항을 강조했으나 내부 투쟁과 분열을 되풀이했다.

지을 수 있는 범위 내에서 한정시켜 왔다고 말할 수 있다. 이 점은 나의 노력부족과 생활 보수주의 때문이기는 하지만, 또한 나 자신의 출발점에 있던 문제의식을 버릴 수 없었기 때문이기도 하다. 이 책의 기본 입장을 간단하게 요약하면, 자본주의적 세계 시스템과 민중의 생활세계라고 할 수 있다. 이 책은 이러한 입장에서 갖가지 학문과 사상을 비평했으며, 그것은 또한 고전적 마르크스주의를 나름대로 재해석한 역사주의라고도 말할 수 있을 것이다.

이렇게 해서 내가 생각해 볼 때 – 세부적인 문제는 차치하더라도 큰 흐름으로 볼 때 – 이 책은 1962년에 발표한 〈일본 근대화에 관한 제국주의적 역사관〉의 연장선상에 있다고 할 수 있다. 그런 의미에서 나는 '용케도 40년 이상이나 싫증내지도 않고 같은 것을 써 오고 있구나' 하고 감탄할 때가 있다. 그러나 이것도 내 개인의 생각이지 다른 사람에게는 변화된 쪽이 더 크게 보일지도 모른다. 특히 70년대 이후 일본 사회의 동향과 사상 상황 등에 규정되어 나 자신도 자각하지 못하는 사이에 크게 변했다고 말해야 할지도 모른다. 그럼에도 불구하고 내가 지속성이 기조를 이루고 있다고 생각하는 이유는 무엇보다도 인생의 막바지에 있는 인간에게 흔히 있기 쉬운 자기긍정에 대한 욕망 때문일 것이다. 그러나 또 하나의 이유를 들자면 전후 일본 사회의 구조에서 나의 학문과 사상이 자유롭지 못했다는 것일지도 모른다. 나는 전후 일본 사회와 사상에 대해서 나름대로 비판적인 자세에서 비평을 되풀이 해 왔지만, 그것은 주어진 경기장과 거기서 허용되는 규칙의 범위 내에서의 일이었다. 그리고 나의 지적 영위에 일종의 지속성이 있다고 한다면, 그 이유는 전후 일본 사회가 기본적으로 우경화의 연속성을 가지고 있어서 스스로 깨닫지 못하는 사이에 그런 사회에 포섭되었기 때문일지도 모른다.

이는 우리가 전후 일본 사회의 국민국가적인 틀을 암묵의 전제로 받아들인 결과, 중요한 문제군을 사고틀 밖으로 배제해 온 것은 아닌가 하는 물음과 결부되어 있다. 그렇다면 우리가 사실상 사고틀 밖으로 배제해 온 문제란 무엇인가. 그것은 본래 간단하게 논할 수 있는 문제가 아니지만 전쟁, 폭력, 종교적 원리주의, 그리고 이러한 것들을 성립시키는 자본주의적인 세계 시스템의 구조 등이 가장 중요한 문제라는 것은 두말할 나위도 없다. 9 · 11 테러 사건 이후의 사태 속에서 우리가 겨우 그러한 문제군과 정면으로 대결하기 시작한 것이 아닐까. 그런 생각에서 이 책의 마지막에 본론과는 약간 색조를 달리하는 '저자 후기'를 적어두었다.

이 책에 실린 여러 논고 가운데 1995년에 발표된 1장을 제외하면 모두 2002년에 발표한 것으로 대부분 최근에, 그것도 단기간에 저술했다. 1장 〈현대 일본의 사상 상황〉이라는 표제는 상당히 거창하지만 원제는 부끄러울 정도로 더욱 과장되었다. 이 논문은 《이와나미강좌 · 일본 통사21 현대2》*의 말미에 실린 논문인데, 나는 원고 집필이 마음에 내키지 않았지만 편집위원이라는 직책상 부득이하게 받아들인 것이었다. 그러나 이 논고를 준비하는 과정에서 나 자신이 현대 일본의 사상 상황 전체에 대하여 어떻게 대응해야 한다고 생각하고 있는지를 희미하게나마 이해할 수 있었다. 따라서 가장 먼저 집필한 1장이 이 책의 총론이고, 2장 이하는 여기서 분절화 할 수 있는 여러 가지 주제를 위한 각론이라고도 할 수 있다. 최근 3, 4년 사이에 이 밖에도 몇 편의 비평적 에세이를 써 왔으나 이 책에는 비교적 관련성 있는 주제만을 모았다.

오랫동안 근무한 대학에서 정년퇴직을 앞두고 나는 은둔 생활을 동경했다. 퇴직 후에는 방랑자처럼 가끔은 여행도 다니면서 마음 편하

---

* 安丸良夫ほか編, 《岩波講座 · 日本通史21 現代2》, 岩波書店, 1995.

게 여생을 보내고 싶었다. 그러나 그러한 염원은 본디 다하지도 못한 채 대학에 재직할 때보다 더 바빠지고, 결국은 속세에 갇혀 이런 책을 쓰게 되었다.

이 책에 실린 논문들은 모두 관계자들에게 요구를 받고 부득이하게 쓴 것이지만 집필하는 사이에 흥미가 고조되어 결국은 내 개인의 생각을 쓴 결과가 되었다. 그런 의미에서 사회에 대응하는 태도가 소극적이며 생활자로서는 게으름뱅이이기도 한 나에게 반 '강제적'으로 그런 기회를 만들어준 관계자들에게 감사한다.

그리고 이 책을 만들도록 장려한 사람은 이와나미 출판사 편집부의 이리에入江仰 씨다. 이리에 씨는 이전의 저서 《근대 천황상의 형성》*의 프로듀서이며, 나도 편집위원의 한 사람으로 참가한 《천황제와 왕권을 생각한다》**의 편집자이기도 했다. 이 책의 참고 문헌 일람과 색인을 만드는 데 여러 가지 신세를 지고 그 밖에도 여러모로 편달과 배려를 받았다. 이리에 씨에게 감사의 말을 전한다.

---

* 安丸良夫, 《近代天皇像の形成》, 岩波書店, 1991.

** 網野善彦ほか編, 《岩波講座天皇と王権を考える》全10巻, 岩波書店, 2002.

일러두기

1. 외래어 표기는 한글맞춤법 통일안의 외래어 표기법을 따랐다.
2. 독자를 위해 소제목으로 단락을 구분했다.
3. 저자 주는 번호로 표기하고 미주로 처리하였다.
4. 역자 주는 *로 표기하고 각주로 처리하였다.
5. 독자를 위해 주요 인물은 따로 인명사전을 만들었다.

1부
사상과 상황

■■ 1장

현대 일본의 사상 상황

머리말

1995년의 시점에서 전후 50년에 걸친 일본인의 정신사를 개괄적으로 되돌아보면 70년대 중반을 경계로 크게 1기와 2기로 나눌 수 있다. 1기는 일본 사회의 전근대성·봉건성에 대한 인식과 비판에 초점을 두고 민주화와 근대화를 지향한 시기다. 그리고 2기는 일본 경제의 고도성장이라는 현실에 인식과 평가의 초점을 바꾸어 일본의 전통과 일본인의 행동양식을 재인식하고 재평가하기 시작한 시기다. 또한 안보투쟁과 근대화론이 등장한 1960년에 주목하여 1기를 이분해 보면, 60년 이후의 변용이 1기에서 2기로의 전환을 준비하고 있었으며, 석유파동(1973년) 이후의 경제동향과 신좌익운동의 좌절을 거쳐 2기가 시작되었다고 볼 수 있다. 그리고 시간을 좀 더 길게 잡아 본다면 베를린 장벽이 붕괴된 이후 냉전구조의 소멸과 이른바 '55년 체제'*의 해체로 2기는 다시 양분할 수 있을지도 모른다. 아니면 이미 3기가 시

* 1955년부터 여당인 자민당과 야당인 사회당이 2대 정당으로 군림하면서 정치를 주도해 오던 체제로서 1993년 자민당이 총선에서 패배하면서 38년 만에 붕괴되었다.

작되었는지도 모른다. 그러나 더 구체적인 시기 구분은 여기서 피하고 70년대 중반 이후를 하나의 정신사적인 상황으로 파악할 수 있을 것이라고 판단하며 본론을 시작하려고 한다.

위의 1기, 즉 전후 민주주의 시대의 사상적 지주는 마르크스주의와 근대주의였다. 1955년경까지의 정세에서 보면 양자는 대립적인 측면이 두드러질지도 모른다. 그러나 오늘날의 시점에서 보면 양자는 서로 보완하는 형태로 전후 민주주의를 지탱해 왔다고 할 수 있다. 한편 1962년에 《정본 야나기타 구니오집》[1]이 간행될 때부터 야나기타 구니오柳田国男에 대한 관심이 높아졌는데, 그것은 경직된 마르크스주의나 근대화론적인 현상 긍정과는 다른 방향에서 일본이라는 현상을 파악하려는 염원을 표현하고 있었다. 또한 60년대 젊은이들에게는 요시모토 다카아키吉本隆明가 압도적인 인기를 얻었는데, 그 이유는 요시모토가 기성화된 마르크스주의와 근대주의에 대항하여 현실인식을 위한 새로운 이념 틀을 제시하려고 노력했기 때문이다.[2]

마루야마 마사오, 야나기타(에 대한 관심)와 요시모토는 1기를 상징하는 위대한 이름으로, 세 사람의 사상적인 위상은 제각기 현저하게 다르다. 그럼에도 불구하고 이들의 이름에는 교조적인 마르크스주의와 미국을 축으로 한 서방 자본주의국가의 지배체제라는 쌍방에 대한 비판적인 입장에서 사상적인 자립성을 획득하려는 전후 일본 지식인의 갈망이 담겨있다. 이 갈망은 '15년 전쟁기'*의 체험을 바탕으로 일본의 현실을 비판하고 개혁하려는 의지의 표현이며, 그런 점에서 우리

---

* 1931년 일본 관동군이 도발하여 일으킨 만주사변부터 1937년의 중일전쟁, 1941년의 태평양전쟁, 그리고 1945년 패전에 이르기까지의 15년간 전쟁이 연속해서 계속되었다고 해서 부르는 말. '대동아전쟁'이나 '태평양전쟁' 등과 같이 어느 한 쪽의 입장에 치우치지 않고 전쟁을 파악하고자 하는 의미에서 역사 교육에서도 어느 정도 정착되어있다. 그러나 이러한 전쟁인식이 '일국사적'이며 또한 '단선적'이라는 지적과 함께 최근에는 성(性), 민족성, 전쟁의 기억과 이야기 등 한층 더 포괄적으로 전쟁을 파악하자는 의도에서 '아시아태평양전쟁'이라는 용어가 사용되기 시작하고 있다.

들은 대체로 현실을 초월하여 그 무엇인가를 희구하는 이상주의자였던 것이다. 쉽게 관념과 이상에 사로잡히는 경향은 어느 사회 어느 시대에나 공통적으로 나타나는 지식인의 모습일 것이다. 그러나 일정하게 체계화된 이념이 대다수의 지식인에게 공유되고, 지적인 젊은이들에게조차 압도적인 영향력을 행사한다는 점은 역사와 사상의 특수한 결합이자 극히 흥미로운 현상이다. 정통파 마르크스주의에서 커다란 영향을 받으면서도 일정한 거리를 두는 한편, 미국을 축으로 하는 지배체제에 이의를 제기한 점에서 전후 일본의 사상 상황은 서방의 선진국, 특히 프랑스와 어느 정도 흡사했으며 그런 이유 때문인지 프랑스 현대사상의 영향을 많이 받았다. 《막힌 길》(사상사가 휴즈 S. Hughes 의 책명) 속에서 형성된 프랑스 사상에 비해 박진감이 떨어지기는 하나, 냉전구조 속에서 어느 편에도 속하지 않으려는 지적 자립성을 희구했다는 점에 전후 일본 지식인의 세계사적인 위상이 있다고 할 수 있다.

그런데 '55년 체제'가 성립한 당시부터 60년대 말까지 자민당에 대한 지지율은 '직선적'으로 하강했으며,[3] 60년대 말에서 70년대에 걸쳐서 각 지방자치체에 혁신 수장이 탄생했다. 그 배경에는 공해와 주택, 교통 등과 같이 경제성장이 야기한 갖가지 문제가 있었고, 경제성장은 마치 자민당의 지배구조를 동요하게 만드는 것처럼 보였다. 그러나 60년 안보투쟁 직후에 성립한 이케다池田勇人 내각이 '소득배증' 정책과 '관용과 인내'라는 정치 자세를 내세우면서부터 보수 지배는 새로운 방향에서 재편되었고, 일본 경제의 고도성장을 적극적으로 평가하는 논조가 점차 주목받기 시작했다. 한편, 같은 60년 안보투쟁을 경계로 체제 비판적인 제 조류에는 정치사상적인 분열과 대립이 현저해졌다. 60년대 말의 대학 투쟁과 신좌익 운동에서 급진파는 정통파 마르크스주의와 근대주의에 비판의 화살을 겨누었다. 이렇게 해서 전후 민주주의와 결부되어 있던 정통파 마르크스주의와 근대주의는 좌우협공을 받아 영향력을 상실했고, 급진파는 출구도 없는 선택으로 70년대 초에 자멸해 버렸다.

70년대 중반부터 구조주의와 포스트구조주의의 저작이 다수 번역, 소개되기 시작했는데 이는 이러한 상황 속에서 최적의 전철수轉轍手가 되었다. 구조주의와 포스트구조주의는 우리가 살고 있는 세계에서 떨어져 나와 그 전체성을 비판적으로 파악하려고 시도했지만, 실천이나 제도 개혁과는 동떨어진 지점에서의 비판이 되기 쉬웠다. '정치의 계절'이 지나고 냉정한 눈으로 현실을 되돌아볼 때 그것은 젊은 혈기로 가득 찬 관념으로는 도저히 이길 수 없는 압도적인 힘이며 끄떡도 하지 않는 구조로 다가왔다. 그럴 경우 사상은 별도의 형태를 찾아내지 않으면 안 된다. "남자들이 달아나기 시작했다. 가정에서, 또는 여자로부터, 어느 쪽이든 멋지지 않은가. …… 어쨌든 달아나자 달아나. 어디까지든 말이다"4)하고 호소하던 아사다 아키라浅田彰의 메시지는 들뢰즈Gilles Deleuze와 가타리Félix Guattari로 대표되는 최신의 프랑스 사상을 바탕으로 새로운 시대의 지적인 모습을 신선한 감성으로 표상한 것이었다.

이 장에서는 이러한 현대 일본의 사상 상황을 개괄적으로 전망하고자 한다. 논의의 성격상 개개인의 사상 작품과 사상적 영위를 심도 있게 다루기는 힘들고, 소재도 자신의 기호에 따라 단호하게 한정했다. 국제정세나 국내의 정치·경제적 상황 등은 이 장의 과제와 밀접한 관련이 있지만, 그런 측면에 대한 언급은 가급적 생략하고 참고를 위해 민중의식의 일반적 동향과 민중의식이 극한 형태로 표출된 몇 가지 범죄사건에 관하여 다소 언급했다. 경영자와 정치가의 사상에 관해서도 언급하지만 주된 검토 대상은 지식인의 저작이다. 지식인의 사상적 영위에는 개인이나 개별 집단과 제도에 입각한 다양한 사정이 있기 때문에, 그러한 점에 대한 배려 없이는 적절한 분석이 불가능하다. 그러나 지식인은 종종 시대의 증인으로서, 당사자가 자각하는 것 이상으로 그 사상적 영위는 시대 상황을 표현한다. 그러므로 지식인을 중심으로 한 사상사적 분석에는 - 그것을 적절하게 전개하는 능력이 있다는 것을 전제로 하지만 - 시대의 문제 상황을 파악하는 데 특수한 유효성이 있다고 생각한다.

1. '회사'주의의 구상력

마쓰시타 고노스케의 경영 철학

마쓰시타 고노스케松下幸之助는 아내와 처남과 함께 시작한 작은 공장을 일본을 대표하는 대기업으로 성장시켰다. 그는 기회가 있을 때마다 자신의 경영이념과 처세훈을 즐겨 말했다. 마쓰시타에 의하면 사업을 일으키기 위해서는 올바른 경영이념을 가지는 것이 중요하다. 무릇 이 세상에는 '자연의 이치, 사회의 이치'가 있으며 그 기본은 '끝없이 생성발전'하는 것이다. 올바른 경영이념이란 바로 이러한 '천지자연의 이치에 따르는 경영'이라는 것이다.[5)]

이와 같이 철학적인 문제를 간단한 말로 명쾌하게 설명하는 것이 마쓰시타의 특징이다. 그것은 더 구체적으로는 "좋은 제품을 만들고 적정한 이익을 거두어 판매하며 수금을 엄격하게 한다. 그러한 것을 그대로 계속하면 된다"는 뜻이다. 물론 말은 쉽지만 현장에서 그것이 쉬울 리가 없다. 그렇지만 부당한 이익을 탐하거나 안이하게 값을 깎는 따위는 하지 않는 '공명정대'한 상행위를 한다는 것이다. 그리고 기업 활동은 결국 세간의 대중을 상대로 하기 때문에 세간의 요구에

응하는 경영을 하는 것이 '천지자연의 이치'에 따르는 일이다. 마쓰시타는 "나는 세간은 기본적으로 신과 같은 존재라고 생각한다(!?)"[6]고 말한다. 그것은 곧 대중의 욕망이 궁극적으로는 기업 활동을 지탱한다는 말이다. 대중의 욕망에 대응하여 행동하는 기업에는 기업의 정의가 있으며, 올바른 일은 아무리 어려워도 단호하게 실행해야 한다. 그것을 해내기 위한 하나의 방법이 있는데, 그것은 사적인 감정으로 하는 것이 아니라 공적인 이익을 위해서 하는 것이라는 입장을 관철하는 일이다. 특히 기업 안에서는 부하에게 신상필벌信賞必罰을 엄정하게 하는 것이 중요하다. 마쓰시타는 젊었을 때 종종 종업원을 심하게 질타했다고 한다.[7]

이와 같이 마쓰시타의 사상은 기업에 제품과 서비스를 요구하는 대중의 욕망을 신과 같이 궁극적인 존재로 여기고, 거기에 최대한의 유효성으로 대응하는 헌신을 기업 관계자에게 엄격하게 요구한다. 그러한 점에서 마쓰시타는 솔직하고 '공명정대'하며 사심이 없다. 마쓰시타가 부하 직원들에게 경영이념을 설명하면 그들은 감격해서 사명감에 불타 작업에 임했다고 한다. 마쓰시타의 말에는 서민적 처세술에서 갈고 닦은 영리한 지혜가 있으며, 평범하지만 철학이 담겨 있다(세속적 인간주의의 극치?). 그러나 그것은 거의 불가능한 노력과 헌신을 종업원과 하청 기업에 요구하는 것이며, 경험 속에서 나온 신념에 의거하고 있어 결과적으로 좋지 않은 일본적 경영의 철학이다.

오노 다이이치의 도요타 시스템

패전 얼마 후 마쓰시타 · 도요타 · 닛산 · 히타치 등의 대기업에서 격렬한 노동쟁의가 일어났다. 그러나 모두 50년대 초반까지 기업내 조합의 성립과 노동자 측의 패배, 그리고 기업에 의한 노동자 지배의 강화와 해고라는 결과로 끝나버렸다. 이른바 일본적 경영은 이러한 투쟁을 거쳐 먼저 이들 대기업에서 성립했다. 마쓰시타도 1951년에 미국으로 건너가 미국의 노동조합에 관하여 견문하고 새로운 노사관계 수립에 노력하였다.

도요타는 1949년에 기계공장장이 된 오노 다이이치大野耐一의 지도하에서 이윽고 '도요타 시스템'이라고 불리는 철저한 합리화가 수행되었다. 도요타 시스템은 국내 자동차 산업의 장래를 내다보기도 어려웠던 단계에서 '다품종 소량생산'을 지향해서 만들어진 시스템으로, '자동화'와 '저스트 인 타임(Just In Time; JIT)'*이라는 두 가지 원리를 가진다. 도요타에서도 당시까지의 노동자는 선반공이나 프레이스공과 같이 한 대의 전문 공작기를 담당하는 숙련공이었다. 그러나 '자동화'는 이러한 노동자의 전문성을 해체하고 노동과정을 세분하여 노동시간을 '서로 나누어 가지는' 것을 가능케 함으로써 불필요한 시간을 없앴다. '저스트 인 타임'은 철제 간판을 세워서 후공정이 전공정으로 필요한 부품을 필요한 시간에 필요한 양만큼 가지러 가는 '간판방식看板方式'**이며, 그것은 생산과 재고의 낭비를 최대한 방지하는 것을 의미한다. 두 가지 원리는 모든 낭비를 줄인다는 점에서 서로 통하며, 낭비를 배제하여 그 배후에 있는 잉여 노동력을 제거하려는 것이다. 또한 노동과정의 단순화로 다수의 계절공과 임시공의 고용이 가능해지고 노동비용의 절약과 고용조정의 여지가 커졌다. 레귤라시옹 학파(조절이론)***의 입장에서 도요타 시스템을 논한 벤자민 꼬리아B. Coriat는

---

* 경제 효율을 높이기 위한 기술체계(생산기술)다. '필요한 물건을 필요한 때에 필요한 만큼 적절하게 생산'한다는 뜻이다. 미국 자동차업계에서도 JIT라고 하면 이것을 가리키는 의미로 쓰인다.

** 저스트 인 타임의 실현을 위한 생산관리 시스템이다. 간판이란 수량 등이 적힌 표찰인데 이를 공정 간에 회람하게 함으로써 생산을 관리하는 것이다.

*** 1973년의 1차 석유파동 이후 프랑스를 중심으로 연구자와 관청에서 '경제 계획'을

여기에 명확한 원리와 규칙, 그리고 개념이 있다고 보았다. 즉 대량생산과 대량판매로 자본주의의 새로운 단계를 만들어 낸 포디즘*에 대항하는 전략으로서 아직도 유약한 일본의 자동차 산업에서 구상된 '역전의 사고'였다고 평가한다.[8] 그 노동 과정의 성격이 포디즘을 벗어나는 것인지는 의심스럽지만, 도요타 시스템에는 도요타티즘, 또는 그 창시자의 이름을 딴 오노이즘이라는 명칭이 부여되어 전문적인 연구대상으로서 커다란 관심을 모으고 있다.[9]

가마타 사토시鎌田慧는 1972년 9월부터 이듬해 2월까지 반년 간 도요타 본사 공장에서 계절공으로 일했다. 당시 경험을 기록한 《자동차 절망 공장》은 도요타 시스템을 현장에서 직접 보고 쓴 르포다.[10] 컨베이어벨트 앞에서의 단순작업이 노동자를 피로하게 만드는 상황을 체험하고 간신히 6개월의 계약 기간을 마쳤다. 계절공, 임시공의 비율이 높고 도중에 그만두는 자가 놀랄 만큼 많은데 비해 노동자의 정착율은 낮고 노동재해도 빈번하다. 노동자들은 거의 자조하는 어투로 도요타를 험담하지만 노동조합은 그러한 노동자의 불만을 전혀 해소하지 못한다. 그러나 "기숙사 생활을 하는 젊은 노동자들은 대부분 자신의 집, 컬러 텔레비전, 오디오, 그리고 자동차를 소유하는 꿈을 가지고 있다. 전기제품과 자동차 할부금을 다 지불할 때가 되면 결혼한다"는 것이다. 그러나 집을 마련하는 제도가 보급되어 "일정한 나이에 이르

담당하던 사람들 사이에서 등장한 것이 프랑스어로 '조절'을 의미하는 레귤라시옹 이론이다. 레귤라시옹 학파의 새로운 특징의 하나는 '조절 양식'을 법률과 규칙 등 국가에 의한 규제와 정부의 경제 개입에 한정하지 않고 갖가지 세력의 투쟁, 경쟁, 교섭의 결과로서의 '타협'과 '협정', 그리고 일정한 사회적인 가치체계, 표상체계까지를 포함하는 것으로 폭넓게 이해하는 점이다.

* 자동차 생산 공장의 컨베이어벨트 시스템에서 유래한 것으로 조립라인 및 연속공정 기술을 이용한 표준화된 제품의 대량생산과 대량소비의 축적체제를 일컫는다. 미국의 헨리 포드가 'T형 포드' 자동차 생산 공장을 만든 이래 산업 사회는 컨베이어벨트 시스템이 도입된 공장을 채택. 이러한 포드 모델과 같이 기계화된 대량 생산 체제를 '포디즘'이라고 불렀다.

고 일정한 생활을 하고, 그것을 지탱하는 일정한 임금을 받으면 그는 이미 회사에서 빠져 나올 수 없게 된다"고 가마타는 보고한다.

바바 히로지의 '회사주의'론

일본적 경영을 비판적인 입장에서 재검토 한 것이 '회사주의'론이고 이를 더 넓은 시각에서 이르는 말이 '기업사회'론이다. '회사주의'라는 말은 바바 히로지馬場宏二가 만들어 낸 신조어인데, 그의 주장에 따르면 '회사주의'는 전간기戰間期의 중화학공업에서 유래했지만 고도성장기에 들어와서부터 본격적으로 형성되었다. 이 시기에 농촌에서 풍부하게 공급되던 젊은 노동자가 회사에서 훈련을 받으면서 종신고용제와 연공제가 일반화되고 종업원의 기업에 대한 귀속의식은 강화되었다. 그러나 바바에 의하면 석유파동 이후의 감속 성장기야말로 '회사주의'의 '앙진기昂進期'에 해당하며, 일본 경제가 석유파동 속에서도 여전히 성장을 지속할 수 있었던 최대의 원동력은 '회사주의'였다. 감속 성장기에 요구되는 제품의 다양성과 세련미, 서비스의 확대, 시장 상황에 즉시 대응할 수 있는 유연한 생산체제 등에 '회사주의'는 가장 적합했던 것이다.[11] 바바설을 바탕으로 '풍요로운 사회' 일본의 '과잉 활력과 과잉 규율의 병리'를 비판하는 와타나베 오사무渡辺治도 이러한 기업 원리는 60년대부터 모습을 갖추기 시작해서 석유파동 이후에 확립했다고 보고 있으며, 기업에 의한 노동자 지배가 이상할 정도로 강력했다고 진단한다. 50년대 초에 노동운동의 패배와 기업내 조합은 이러한 과잉 규율과 기업에 대한 충성심 배양을 전제로 성립된 것이며, 75년 파업권 파업의 패배 이후 공공 부문에서도 이러한 '기업사회'의 양상이 나타나기 시작했다.[12]

오늘날 일본적 경영이라고 부르는 것은 전후 오랫동안 노사관계론의 시점에서 일본 자본주의의 전근대성과 봉건적 잔재로 파악해 오던 문제에 해당한다. 그러나 바바와 와타나베는 일본적 경영으로 개괄되는 노동자 지배의 시스템이 석유파동 이후에 '앙진', 또는 '확립'되었다고 주장한다. 그렇기 때문에 그것은 노사관계의 전근대성과 봉건적 유제를 의미하는 것이 아니라 오히려 '자본주의적 원리의 과잉 관철'을 의미한다.[13] 다시 말하자면 '회사주의' 하에서 노동자는 기업을 위해서 스스로 능동성을 발휘해야 하는 '생산력의 자기개발로 향하기' 때문에 그것은 오히려 "생산력 상승을 위한 인류역사상 최고의 기구機構가 되었으며, 또한 이를 초월하는 기구를 상정하기 어려운 영역에까지 도달했다"고 규정할 수 있다.[14] 벤자민 꼬리아의 《역전의 사고思考》도 도요타 시스템을 포스트 포디즘을 대표하는 현대 자본주의의 최첨단으로 파악하고 있기 때문에 같은 흐름 속에 있는 견해로 보아도 무방할 것이다.

쓰다 마스미와 이마이 겐이치의 일본적 경영론

일본적 경영은 2차 세계대전 이전부터 시작되었다고 하지만, 기본적으로는 전후 일본에서 복잡한 갈등과 시행착오를 되풀이하면서 만들어진 기업경영 시스템이다. 경영자나 종업원, 하청기업에까지 엄격한 노력과 헌신을 요구하는 것이 특징이다. 이러한 시스템을 가능케 한 역사적, 문화적 문맥은 다양한 시각에서 검토할 필요가 있다. 그러나 그것을 일본의 사회와 문화에 관한 초역사적인 유형론 따위로 단락적인 설명을 해서는 안 된다.[15]

70년대에 일본식 기업체를 '생활 공동체'로 규정하여 일본적 경영론을 전개한 쓰다 마스미津田眞澂도 일본적 경영은 거기에 참가하는 구성원의 "모든 인격이 발동되는 장소"라고 말한다. 그러나 여기서 그가 강조하는 것은 '응석'이나 '세련'과 같은 일본적 정서나 온정적 가족주의가 아니라 업적 달성과 그것을 위한 합리성, 능률성이라는 원리로 관철되어야 한다는 점이다.[16] 쓰다는 또 다른 저작에서 어떤 대실업가의 말을 인용하면서 기업에는 반드시 성하고 쇠함이 있으며, 이른바 '피오줌'을 쌀 정도의 시련을 체험해야 당당한 경영인으로 성장할 수 있다고 한다. 또한 쓰다는 "이 이야기를 중소기업 사장들에게 들려주면 눈이 반짝반짝 빛난다. 그들 중에는 비슷한 경험을 이야기하는 사람도 있다. 그러나 대기업 샐러리맨에게 이런 이야기는 전혀 통하지 않는다"고 한다. 젊은 샐러리맨들은 기업인으로서는 아직 경험이 부족하고 고생도 덜했기 때문이다. 그는 곧 이어서 일본사를 배우자고 하면서, 황국사관만 배운 경영인은 야스마루 요시오의 《데구치 나오》*와 《일본 내셔널리즘 전야》**를 정독하면 도움이 된다는 예상치 못한 말을 한다. 쓰다는 특히 《데구치 나오》를 추천하는데, 데구치의 생애를 배우면 인간의 원념이 얼마나 무서운지를 잘 알 수 있다고 한다. 그리고 원념이 무섭다는 것을 알기 때문에야말로 일본적 경영은 "사원에게 원한을 사지 않고 원한을 남기지 않도록 고심해서 만들어져 왔다"고 한다.[17] 업적 달성 및 그것을 위한 합리성과 능률성이라는 원리와 사원의 원한을 사지 않고 헌신을 획득한다는 원리와의 사이를 기업 경영인은 '피오줌'을 쌀 정도의 긴장과 노력, 그리고 궁리로 가교해 나가야 한다는 것이다.

쓰다의 일본적 경영론이 뜻밖의 강렬한 정신주의적 특징을 가지고 있는 데 비하여 최근에 정보화 사회론을 바탕으로 하는 이마이 겐이치今井賢一의 경우는 어떨까. 이마이는 "동적인 경쟁과 쉬지 않는 기술

---

* 安丸良夫, 《出口なお》, 朝日新聞社, 1977. 데구치 나오는 근대 일본의 민중종교 '오모토교(大本教)'의 개조.

** 安丸良夫, 《日本ナショナリズムの前夜》, 朝日選書, 1977.

혁신"을 결부시키는 것이 90년대 일본 기업의 패러다임이라고 한다. 현대는 이전처럼 자동차나 가전제품과 같은 신제품을 대량생산하거나 대량판매하는 시대가 아니다. 다양한 수요에 따른 상품과 소프트웨어와 서비스를 누적적으로 조합하여 신축성 있게 대응해야 한다. 시장의 요구를 신속하게 파악하고 대응하는 것이 가장 기본적이며 색이나 모양도 단순하게 덧붙여서는 안 된다. 현대의 상품 개발에서는 그것들이 '한층 더 본질적인 것'이 된다. 미세한 부분의 차이가 중요하며, "경쟁은 근소한 차이를 만들어 낸 지식의 존재 가치를 인정받으려고 겨루는 것이다"고 한다. 사실인식에서는 장 보드리야르Jean Baudrillard의 '소비사회론'에 대응하면서도 평가는 그 반대다. 즉 이마이는 많은 사람들이 요구하는 다양한 요구에 대응하는 것이 '현대의 경쟁 철학'이며 사회의 대중적 평가를 중시하는 것이 '건전한 보수적 사고'라고 한다. 이러한 경쟁에서는 시장의 요구가 기본이 된다. 따라서 판매와 개발과 제작은 끊임없이 정보를 교환하여 신축적으로 분업해야 한다. 요구는 금방 변하기 때문에 끊임없이 정보를 접해야 하며, 비즈니스 현장에 없으면 정보교환에서 제외되어 버리기 때문에 쉴 수가 없다. 이 때문에 과로하는 경향이 문제점으로 지적되지만 일한 보람도 그 속에서 찾는 것으로 보인다.[18] 노나카 이쿠지로野中郁次郎도 비슷한 논지를 전개한다. 노나카는 소집단을 형성해서 행하는 일본 기업의 제품 개발을 높이 평가하면서도 그 문제점으로 "인적 자원의 피폐로 이어진다"는 점과 독창적인 사고의 발상이 나타나기 힘들다는 점을 지적한다.[19]

나와 친분이 있는 쓰다와 이마이는 부드럽고 이지적인 자유주의자이며 대학이라는 조직 안에서 억지로 자기주장을 한 적이 한 번도 없었다. 그러나 기업체에 관한 이론가로서 현실을 보는 눈은 평소 그들의 인품으로는 상상도 할 수 없을 정도로 엄격하다. 경쟁은 엄격하지만 그것은 문자 그대로 '서로 죽이기'가 아니다. "죽느냐 사느냐의 엄격함은 항상 뒤따르지만 경제적 경쟁은 사람들의 평가에 맡기고 실패하면 또 다시 도전 할 수 있어 좋다"고 이마이는 말한다. 그렇더라도 기업 조직의 내부와 시장에서 경쟁이 한없이 가속화되면 결국은 "도대체 어떻게 되는 것인가. 처음부터 다시 생각해 보면 그것은 무엇을 위한 경쟁인가"[20]하는 의문이 생기기 마련이다.

사카키바라 에이스케와 나카다니 이와오의 일본적 경영론

사카키바라 에이스케榊原英資의 《문명으로서의 일본 자본주의》[21]는 책 제목에서도 알 수 있듯이 무라카미 야스스케村上泰亮 등의 《문명으로서의 '이에'사회》, 야마자키 마사카즈山崎正和의 《부드러운 개인주의의 탄생》, 우메사오 다다오梅棹忠夫의 《문명의 생태사관》 등을 바탕으로 일본적 집단주의와 일본적 경영을 옹호하는 입장에 있다. 사카키바라는 이기주의와 배금주의의 만연을 개탄하고 전후체제 하에서의 '갓난아이 장난감' 같은 '평화와 민주주의'를 공격하지만, 한편으로는 고전적인 자유방임주의도 비판한다. 그것은 어쩌면 규제완화와 지방분권에 반대하면서 국가적인 '공공성'을 단호하게 지켜가려는 대장성 엘리트 관료에게 어울리는 이데올로기와 같다. 같은 날 같은 출판사에서 출간된 나카다니 이와오中谷巌의 《일본 기업 부활의 조건》[22]은 현재의 불황을 심각하게 바라보면서 일본 경제의 성장 조건은 상실되었으며, 일본적 경영의 집단주의는 지금까지의 캐치업형 성장*에는 적합했지만 이제부터는 그런 시대가 아니라고 강조한다. 나카다니의 입장은 사카키바라와는 대조적으로 자유경쟁을 장려하고 농업, 유통, 건설, 금융, 공익사업 등과 같은 갖가지 산업에 대한 행정의 두터운 보호 정책

---

* 패전 이후 기사회생 하기위한 경제성장.

에서 벗어나 대담한 경쟁 정책을 도입하라고 주장한다. 그리고 냉혹한 경쟁에서 살아남기 위해서는 '발상의 비약'이 가능한 인재를 육성하는 것이 가장 중요한 과제라고 하면서 하이 리스크 · 하이 리턴의 '파이오니어형' 경영을 제창한다. 이는 종신고용제나 연공제를 결부한 일본적 경영도 안이한 현상 만족이라고 비판하고 새로운 난관을 극복하기 위해 한층 더 분투하라고 질타하고 격려하는 취지다.

2. 신보수주의의 모색

여론조사에서 나타나는 국민의식의 동향

1958년 이후부터 총리부가 매년 실시하는 〈국민생활에 관한 여론조사〉는 국민의식의 동향을 한눈에 살피는 데 적합한 자료다. 이 조사에서 자신의 생활 정도를 '중'이라고 답한 사람은 1958년에 72.4%였으나 1973년에는 90%를 넘었다.[23] 이 수치는 80년대에 약간 저하했지만 93년에는 90%대를 회복했다. 이 조사의 계층 구분은 '중'에만 상중하의 소구분을 두어 '중'에 비중을 크게 둔 것이기는 하지만, SSM 조사(〈사회계층과 사회이동 전국조사〉)에서도 자신의 귀속 계층을 '중'으로 답한 사람은 55년 41.9%에서 65년 54.8%, 75년 76.7%(85년에는 71.3%로 저하)로 비약적인 증가를 보인다.[24] 위의 총리부에서 조사한 생활 만족도 항목을 보면 '만족'은 92년 67.1%, 93년 69.2%로 '만족'이 '불만족'을 크게 상회하고 있으며, 이러한 경향은 최근에 와서 한층 두드러졌다.[25] 생활의 충실감에 관한 질문에서도 같은 결과다. 그러나 이러한 개인이나 가족 단위에서의 자기 평가와는 대조적으로 같은 총리부에서 실시한 〈사회의식에 관한 여론조사〉(1993)를 보면 '공중도덕을 지키지 않는다', '자기중심적이다', '무책임한 풍조가 만연해 있다'는 등의 대답이 커다란 비율을 차지했다. 또한 최근의 정치 상황에서 보면 당연한 일이지만 "국가의 정책에 민의가 반영되는가" 라는 질문에 70% 이상이 '아니오'라고 답했다. 같은 조사에서 "전체적으로 일본은 좋은 방향으로 향하고 있다고 생각합니까? 아니면 나쁜 방향으로 향하고 있다고 생각합니까?"라는 질문에 92년에는 좋은 방향이 40.1%, 나쁜 방향이 35.5%였던 것이 93년에는 각각 31.4%와 44.3%로 역전했다. 전체적으로 자신과 가족의 생활에 관해서는 만족하면서 사회와 정치 상황에 관해서는 불만과 불안을 보인 것이다.

또한 앞서 〈국민 생활에 관한 여론조사〉에서 '앞으로의 생활 방식'에 관해서 '마음의 풍족함과 여유로운 생활'과 '물질적인 면에서 풍족한 생활' 중 한 가지를 선택하는 질문에 대해 '마음'파는 76년에 '물질'파를 넘어서 80년대 말부터 서서히 그 차이를 확대했으며 93년에는 57.2%와 27.3%라는 큰 차이를 보였다. 노동 시간 등에 관한 총리부의 여론조사(1991년)에서 "당신의 평소 생활은 일, 가사, 학업 등으로 여유가 없는지 아니면 좋아하는 일을 하면서 쉴 수 있는 여유가 있는가"에 대한 질문에는 '여유가 있다'가 57.0%, '여유가 없다'가 42.1%로 답했다. 그리고 수입과 노동 시간과의 관계에 대해서는 '수입의 증가보다도 근무시간의 단축'을 바란다가 41.3%, '노동 시간이 길어도 수입이 늘어나는 것'이 좋다가 26.3%였다. 93년의 〈아사히신문〉 조사에서의 "마음이 여유로운 생활을 하고 있는가"라는 질문에 '그렇게 생각한다'는 42%, '그렇게 생각하지 않는다'가 51%, "주변의 생활이 더욱 편리해지길 바라는가"의 질문에는 73%가 '지금의 수준에 만족한다'고 답했다. 그리고 이러한 질문의 연장선상에서 "일본인의 생활은 재고하는 편이 좋다고 생각하는가"라는 질문에 87%라는 압도적인 다수가 '그렇다'고 답했다. 이상의 통계를 보면 경제성장의 성과에 대한 향유를 전제로 한 것이기는 하지만, 경제 중심 · 효율 중심의 다망한 현실에 일정한 거리를 두고 생활 중시와 정신주의로 경사해 가는 국민의식의 동향을 읽을 수 있다. 그러나 '높은 수입을 얻는 것'은 여전히 중요한 생활 목표이고, 젊은 층에서는 지위 상승과 고수입을 중시하는 사람의 비율이 늘어나고 있는 점도 지적된다.[26)]

청년층의 의식 동향

청년층의 의식 동향을 알아보기 위해서 총무청이 발간한 《세계 청년과 비교해 본 일본의 청년》[27)]을 살펴보고자 한자. 먼저 '삶의 방식'에 관해서는 어느 나라에서나 '자기가 하고 싶은 대로 산다'가 단연 1위를 차지한다(일본은 56.3%). 일본은 '경제적으로 풍족해 질 것이다'가 이 조사 대상인 11개국 가운데 1위(28.3%)다. 이상의 두 항목을 합친 84.6%는 스웨덴에 이어 2위(스웨덴은 앞의 항목만으로 82.0%)다. 또한 일본 청년은 직장 생활에 대한 만족도가 가장 낮으며, 사회에 대하여 불만을 가졌을 때 나타내는 태도로서 '적극적인 행동은 하지 않는다', '관여하고 싶지 않다'의 합계도 69.8%로 1위를 차지했다. 적극적으로 행동하지 않는 이유에 대해서는 '개인의 힘이 미치지 않는다'(67.5%), '그 외에도 더욱 중요한 일이 있다'(20.4%) 등으로 답했다. 일본 청년층의 '자기중심주의'와 사회적인 무관심, 무력감은 국제적으로 보아도 두드러진 현상이다.

센고쿠 다모쓰千石保는 77년경부터 젊은이의 의식에 커다란 변용이 일어나 가벼운 농담이 사람들의 인기를 얻으면서 '진지함'에 대한 공격이 현저해졌다고 한다.[28)] 국제적으로 비교해 보더라도 센고쿠 등의 조사에 의하면 일본에서는 '유머 감각이 있는 친구'가 학급에서 가장 인기(62.9%)가 있다고 해 비교 대상인 미국, 중국과는 커다란 차이를 보인다. 자신의 성격에 관해서 '매우 그렇다'고 대답한 경우만 집계해 보면 일본에서는 1위 '건강하다', 2위 '말을 잘 한다', 3위 '밝다'가 두드러지게 많다. 이에 비해서 미국은 1위 '쉽게 친해진다', 2위 '친절하다', 3위 '우정이 두텁다'이며, 중국은 1위 '우정이 두텁다', 2위 '쉽게 친해진다', 3위 '밝다'로 나타났다. 이러한 점에서도 일본 젊은이의 '자기중심적인 자기애'가 두드러지고 있음을 알 수 있다. 센고쿠는 이러한 젊은 층의 의식과 문화 동향을 폭넓게 논하면서 이를 다니엘 벨 Daniel Bell과 무라카미 야스스케의 탈산업화사회에 관한 이론과 결부시켜 설명한다. 즉 산업사회가 키워 온 풍요가 사람들을 수단적인 합리성과 자기규율에서 자기목적적인 현실 향유로 향하게 만들어 산업사회 그 자체가 자기 붕괴의 경향을 내포한다고 보았다. 그런 점에서 볼 때 '진지함'의 붕괴는 선진적인 산업사회가 공유하는 병리라고도 할 수 있다. 그러나 앞서 살펴본 몇 가지 지표는 국제적으로 보더라도 일본에서 이러한 경향이 두드러진다는 것을 말해준다. 센고쿠는 한없는 상대주의를 이끌어 내는 구조주의 이론을 비판하고 '도덕을 사수하라'고 호소하지만 설득적인 처방전을 제시하는 것처럼 보이지는 않는다.

위에서 살펴 본 국민의식의 동향은 청년층을 포함하여 우리가 일상적으로 실감하는 부분이며 그런 의미에서는 평범한 사실이다. 그러나 거기에는 중대한 모순과 갈등이 내포되어 있으며 갖가지 문제를 생각하기 위한 출발점으로 삼아야 할 무거운 현실이 있다. 이러한 의식 동향은 NHK의 여론조사 등에서 일찍부터 주목을 받았으며, 사회학적인 연구 대상이 되어 왔다. 무라카미는 이러한 동향을 넓은 시야를 가지고 사회구조의 커다란 전환 속에서 평가하고 '신중간대중'론을

축으로 '전후 일본의 해부학'을 전개하였다.[29)]

무라카미 야스스케의 '신중간대중'론과 새로운 보수주의의 모색

무라카미가 말하는 '신중간대중new middle mass'은 기존의 중류(중산) 계급과는 구별되는 개념으로, 양적으로는 국민의 과반수를 차지하는 경제 성장의 수익층이다. 이 계층은 '유산자의 아류'로서 현상 유지를 바라지만, 한편으로는 현재 중심, 정서 지향, 여가 지향, 사생활 지향 등의 '즉자적 가치'에 치우쳐 산업사회를 지탱하는 합리주의에 반발하는 비판성도 지닌다. 무라카미는 60년대 말부터 70년대 초에 걸쳐서 나타난 신좌익운동도 '신중간대중'이 가지는 특유한 비판성의 표현이라고 본다. 무라카미에 의하면 각종 의식조사에서 77년부터 보수회귀가 현저해지고 80년대 총선거에서 자민당의 압승을 가져왔다. 자민당은 60년대에서 70년대에 걸쳐 도시 소비자를 주된 수익자로 하는 정책을 단행하고 '이익지향형 포괄정책'으로의 전환에 성공한 것이다. 이와는 대조적으로 유효한 정책을 결여한 채 이데올로기 논쟁을 되풀이한 사회당은 조락凋落해 버렸다.

대체로 위와 같은 무라카미의 '신중간대중'론은 70년대를 획으로 하는 일본 사회의 변용을 능숙하게 파악하고 있으며, 그것은 엄청나게 장대한 이론적 구상과 결부되어 있었다. 무라카미의 기본적인 문제의식은 산업화의 보편 이론을 구축하고, 그러한 입장에서 "일본 사회에 고유한 여러 가지 특질을 적극적으로 평가해야 한다"는 데 있다. 무라카미에 의하면 근대화의 문제는 산업화를 기축으로 파악해야 하지만, 산업화는 반드시 시장 메커니즘과 의회제 민주주의에 결합하지는 않는다. 이러한 결합은 '앵글로 아메리카형' 사회의 특질이며 일본과 소련의 경험은 또 다른 산업화가 존재할 수 있음을 말해준다.

그런 의미에서 일본의 경험이 중요하다는 말인데, 이 문제는 무라카미와 구몬 슌페이公文俊平, 사토 세이사부로佐藤誠三郎의 공저 《문명으로서의 이에 사회》*30)에서 장대한 역사상歷史像으로 전개된다. 일본식 집단인 '이에'를 적극적으로 파악하는 이 책이 그러한 집단의 구체적 형태로서의 일본적 경영을 높이 평가하는 것은 당연한 일이다. 이처럼 개인보다 집단을 실재實在로 보는 입장에서는 "'개인'이 주체로 간주되고 참정권과 그 밖의 권리가 인정된다면 일본에서는 그것보다도 훨씬 높은 실재성을 띠는 기초적인 사회 집단에야말로 그러한 권리가 당연히 인정되어야 할 것"이라고 한다. 그리고 그것이 제도론적으로 곤란하더라도 "갖가지 집단에 선거 운동과 정치 헌금의 자유를 대폭적으로 인정하는 방향"으로 개혁해야 한다는 말이 된다. 그 후의 사태 추이에 비추어 볼 때 이러한 주장은 방법론적인 개인주의를 포기함으로써 권력 문제와 정치 부패에 대한 평가에 극단적으로 안이하다는 것을 알 수 있다. 그러나 그것은 '남북 문제'를 '기술 격차'의 문제로 간단하게 처리해 버리는 점31)과도 관련하여 무라카미 등이 취하는 정치적인 입장과 어울린다.

그런데 무라카미에 의하면 전후 세계의 산업화는 ① 기술 혁신, ② 대중소비의 전면적인 고도화, ③ 팍스 아메리카나의 세 가지를 배경으로 하고 있으며, 일본은 이 세 가지 조건을 철저하게 이용하여 가장 유리한 입장에 있었다. 그러나 이 조건들을 급속하게 상실하면서 잠재적, 장기적으로는 불안정한 요인이 커졌지만 일본 정치는 이러한 사태에 적극적으로 대응하지 못했다. 팍스 아메리카나의 붕괴에도 불

* 일본 사회에서의 집단의 구성원리가 중세 간토 지역 무사단의 '이에(家)'에서 유래하며, 이러한 조직원리가 20세기 일본의 기업사회에까지 일관하고 있다는 것을 입증하고자 한 역작. '이에'사회란 전통적인 일본 사회의 조직집단은 이에, 또는 가족을 확대한 의사(擬似)가족사회의 원리로 성립되어 있다는 것을 말한다.

구하고 계속해서 '예외적으로 수동적 외교 자세'를 취한 사실만 보더라도 커다란 어려움이 도래할지도 모른다. 무라카미는 이러한 상황에서 전통적 권위주의의 부활을 꾀하거나 이제까지와 같이 이익지향형 정치를 취한다고 문제가 해결되지는 않는다고 주장하고 '새로운 보수주의의 원칙'의 수립을 호소하면서 결론을 맺는다. 그 후 무라카미는 《반反고전의 정치경제학》[32]과 《반고전의 정치경제학 요강》이라는 걸작을 저술하여 새로운 포괄적인 보수주의 이론을 구축하기 위해 분투했다. 그러나 '문화자文化子'(유전자를 모방한 개념)라는 새로운 개념을 축으로 기업이란 자신의 '문화자'를 실현하기 위해 활동하는 존재이며, 이윤의 극대화를 노리는 기업은 '기업 문화'의 성숙이 약하기 때문이라는 무라카미의 새로운 이론도 결국은 일본의 전통적 가치를 옹호하고 그것과 산업화를 결합하는 데 귀착하는 듯 보인다.

야마자키 마사카즈의 '부드러운 개인주의'

야마자키 마사카즈의 '부드러운 개인주의'는 무라카미의 '신중간대중'에 거의 대응하는 개념이다.[33] 예를 들면 패밀리 레스토랑이나 주문복 가게에서 '인간적인 배려의 인상'을 주는 서비스를 받는 것과 같은 것을 말한다. 이러한 서비스를 매개로 인간은 "둘도 없는 단 하나의 인격으로서, 구체적으로 타인의 주목과 배려를 요구"하게 되었다. 이러한 소비사회의 도래를 쾌락주의hedonism나 무질서anomie로 혼동해서는 안 된다. 그것은 더욱 유연하고 미적인 취미를 매개로한 자기표현을 의미한다. 일본은 70년대 경제성장을 배경으로 '부드러운 개인주의'의 징후가 나타났으며 그것은 '탈산업사회'라는 거대한 문명사적 전환 속에 위치 지을 수 있는 현상이라고 야마자키는 말한다. 이 '탈산업사회'는 전술한 이마이 겐이치의 말을 빌리면 "색이나 모양의 작은 차이를 둘러싸고 치열한 경쟁을 펼치는 기업사회와 다름없다"는 것이 되므로 이 양자는 제법 흥미로운 입론의 대조성을 보인다. 또한 장 보드리야르의 소비사회론에 역점을 두고 비판하는 것은 야마자키의 입장에서 볼 때 당연한 일이다. 보드리야르는 인간 욕망의 심리에 대한 치밀한 분석을 게을리 하고 인간 욕망의 본질을 모른다고 야마자키는 비판한다. 그것은 인간의 욕망에 쾌락주의로 치달을 가능성이 내포되어 있더라도, 인간은 오히려 물질적 욕망의 유한성을 알고 정신적 만족을 추구하며, 후자의 욕망(만족)은 타인과의 관련 속에서 공동적으로 성립하기 때문이다. 무한한 자기 현시욕으로 이어지는 소비의 개념은 자아에 관한 서구적인 통념의 부정확성에 유래하는 것이며, 일본에는 공동의 장에서 소비를 즐기는 주연酒宴, 원유園遊, 끽다喫茶 등의 풍부한 전통이 있다. 이 점은 《일본 문화와 개인주의》[34]에서 더욱 부연되어 일본에는 몰개성적인 집단주의만 존재하는 것이 아니라 보편적인 원리에 뿌리를 내린 개인주의의 오랜 전통이 있으며, 그것은 개인을 육체적인 개인과 동일시하는 '너무도 소박한' 근대적인 개인주의보다 훨씬 깊이 있고 소중하다고 한다.

그러나 '부드러운 개인주의'를 체득할 정도로 사람들이 세련되지 못한 까닭도 있겠지만, 현대 사회는 오히려 '무의식적, 비논리적, 정서적인 원리'로부터의 공격에 노출되어 있으며, 책임을 결여한 사상과 운동에 의해 사회 질서가 붕괴해 버릴 가능성이 있다고 야마자키는 우려한다. 야마자키는 최근작 《근대의 옹호》에서 갖가지 근대 비판에 대한 대결을 시도한다. 이는 일견 민족주의, 자연환경 보호론, 그리고 '부드러운 개인주의'와는 모순되는 듯 보이지만 '수양'을 결여한 안이한 여가 문명 등에 대한 통렬한 비판을 전개한다.[35]

이상 예를 든 무라카미와 야마자키의 주장은 70년대 이후에 현저해진 일본 사회의 변용에 주목하여 그것이 가지는 의미를 거대한 문명사적 맥락에서 재구축하여 논한다는 점에서 일본과 세계의 장래를 모색하려는 의욕적인 시도다. 두 사람 모두 넓은 학식을 바탕으로 현실과의 사이에 긴장감 넘치는 예리한 논리를 전개한다. 또한 그들은 고전적 근대주의, 개인주의와 자유주의 경제론을 비교하면서 문화적 요소를 중시하고, 이를 일본 전통에 대한 높은 평가로 연결지어 일본적인 것의 세계사적인 사명을 구하고 있다. 두 사람은 자신들이 진정한 자유주의를 추구한다고 주장하지만, 실은 현대 일본에 대한 위기의식을 바탕으로 한 새로운 보수주의의 모색과 그 자각화의 노력이며 극히 현대적인 모습의 국수주의라고도 할 수 있다.

3. 구조주의 혁명과 사이비 시민사회

요시모토 다카아키의 '토속 언어'

전후 사상의 1세대를 마루야마 마사오, 다케우치 요시미竹内好 등이라고 한다면, 2세대에는 요시모토 다카아키, 이로카와 다이키치色川大吉, 나카무라 유지로中村雄二郎, 후지타 쇼조藤田省三, 아미노 요시히코網野善彦, 야마구치 마사오山口昌男, 히로마츠 와타루広松渉, 오다 마코토小田実, 그리고 미타 무네스케見田宗介 등이 해당 되며, 70년대 중반의 구조주의 혁명 이후에 활약한 사람들은 조금 더 젊은 3세대가 될 것이다. 60년대를 전후해서 활약하기 시작한 2세대는 1세대의 문제를 이어받으면서도 이를 재구축하고 3세대의 활약을 준비하는 갖가지 전제조건을 만들어 냈다.[36] 여기서는 구조주의 혁명과의 관계에서 요시모토와 야마구치에 관하여 살펴보자.

요시모토는 〈자립의 사상적 거점〉이라는 논문에서 "우리는 지금 수많은 사상적인 사어死語에 둘러싸여 살고 있다"고 글을 시작한다.[37] 여기서 '사상적인 사어'의 예로 들고 있는 것은 프롤레타리아, 계급, 평화적 공존 등으로 오늘날 우리들의 입장에서 보면 격세지감이 있다. 그러나 그 비판은 '사실과 언어의 밀착이라는 사술詐術'을 믿음으로써 성립되는 모든 사상에 향해진 것이었다. 요시모토에 의하면 지식인의 언어나 토속 언어에도 제각기 고유한 '언어 공간의 구조'가 있으며, "토속적인 언어에 착안하고 그것을 추구하여 사상의 원형을 만들어 내려고 해도 첨단적인 과제에 도달할 수 없다. 또한 반대로 세계의 첨단적인 언어에서 토속 언어를 찾아낼 수 없다는 결절結節과 굴절의 구조"가 있다.

아마도 이러한 '구조'는 어떤 사회에나 있겠지만 특히 일본의 경우 수입된 첨단적인 언어는 변하기 쉽다. 그러나 그 반대편에서는 용이하게 사멸하지 않는 토속 언어가 연속하고 있으며 그것은 천황제에 집약된다고 요시모토는 말한다. 따라서 언어의 구조와 거기에 구성되는 환상 과정의 독자적인 메커니즘을 탐구하는 것이 사상의 제1의적인 과제가 된다는 것이다. 요시모토는 《언어로서의 미란 무엇인가》와 《공동환상론》에서 이 과제에 임했다.[38]

이러한 요시모토의 사상 활동이 가장 활발하게 전개된 것은 1960년대였다. 이 시대의 요시모토는 전후의 진보주의를 비판하고 국가와 대치하면서 대중 · 토속까지도 비판적으로 새롭게 파악하는 시점에 서 있었다. 거기에는 어디에도 귀속하지 않으려고 허공에 매달린 상태와 같은 긴장이 있으며, 어둡고 껄끄러운 문체 자체도 우뚝 선 비판 정신으로 표현되어 있어 지금 다시 읽어도 왜 젊은이들의 압도적인 인기를 얻었는지 납득할 수 있다. 이러한 요시모토의 사상적인 위상은 현재의 입장과 크게 다르지만 그것은 또한 별도의 문제일 것이다. 여기서는 요시모토의 사상이 당시 소개되던 구조주의와 언어 이론, 기호론 등과 공통된 논점을 가지고 있으며, 프랑스에서의 구조주의 등과 동시대적인 영위였다는 점에 주목하고 싶다.

야마구치 마사오의 왕권론

프랑스 구조주의는 일본에 60년대부터 소개되었으며, 70년대 중반에 이르면 레비스트로스Claude Gustave Lévi-Strauss와 푸코Michel Foucault 등의 중요한 저작이 잇달아 번역되었다. 레비스트로스의 《구조 인류학》과 《야생의 사고》[39], 푸코의 《광기의 역사》와 《감옥의 탄생》,[40] 그리고 버거Peter L. Berger와 룩크만Thomas Luckmann의 《일상세계의 구성》[41]과 터너Victor W. Turner의 《의례의 과정》[42] 등도 같은 시기에 번역되었으며, 보드리야르의 《소비사회의 신화와 구조》와 《상징 교환과 죽음》[43] 등이 뒤를 이었다. 《야생의 사고》 마지막 장에서 레비스트로스가 전개한 사르트르에 대한 통렬한 비판은 주체와 실존의 시대에서 구조의 시대로 전환하는 데 획을 그은 상징적인 사건이며, '지知'적 영웅은 눈 깜빡하는 사이에 세대 교체되었다.

그러나 전후 일본의 학문과 사상의 흐름에서 보면 70년대에는 야마구치 마사오의 활약이 두드러졌다. 야마구치는 구조주의 인류학의 수법을 활용하여 중심과 주연, 질서와 혼돈이라는 이항대립을 매개로 하는 존재로서의 축제, 왕권, 광대, 협잡꾼trickster, 여성, 광기, 꿈, 방랑 등을 논했다. 여기서는 다채로운 야마구치론 가운데 왕권론을 예로 들어보자. 야마구치의 이론은 왕권론에 초점을 맞추어 만들어져 있으며, 우리가 전혀 예기치 못했던 방향에서 천황제론을 전개하여 커다란 자극을 주었기 때문이다.

야마구치는 "모든 정치 조직은 부정적 요소(적敵)의 배제를 전제로 성립함으로써 아무리 세속적으로 보이더라도 그 기저에 우주론적인 전제를 가지는 장치로서 기능한다"[44]거나, "역사의 은닉된 부분은 그것이 심층에 내려가면 내려갈수록 현재를 중심으로 조직된 관례praxis를 위협하는 이중성을 가진다"[45]고 말한다. 이러한 야마구치의 지적은 천황제를 인류학적인 왕권론의 범위 안에 두어 얼핏 단조롭게 보이는 권력을 둘러싼 현실을 역동적으로 되새겨 보려는 것이며, 그것은 역사가들이 빠지기 쉬운 실증주의적인 경직성과는 정반대의 입장이다.

실제로 야마구치의 왕권론은 카니발, 위왕僞王, 왕의 살해와 왕의 추방, 근친상간 등과 같이 역동적이고 연극성이 풍부하여 왕권이 가지는 의미의 갖가지 근거를 시사해 준다. 그러나 야마구치의 왕권론은 이제까지 인류학이 대상으로 삼아 온 미개 사회에서 비롯되었다는 성격이 강하다. 따라서 성층화成層化가 진행된 사회, 특히 가시적인 현실을 만능 원리로 하는 근대 사회에서 이러한 원리는 비합리적인 것으로 배척되고 잠재화 되어 버렸다고 한다.

천황제론은 갖가지 학문 분야가 제각기 실력을 발휘할 수 있는 안성맞춤의 주제다. 그런 까닭에 각자 자신의 입장에서 천황제론을 소재로 일본의 학문사, 사상사의 핵심을 도출해 낼 수 있으며, 요시모토와 야마구치도 그 중요한 사례다. 그리고 천황제론의 제1의적인 과제가 근대 천황제에 있다고 할 때, 야마구치의 술회는 자신의 방법이 이러한 과제 바로 앞에서 멈추어 있다는 것을 스스로 인정한 것이며, 야마구치의 방법을 살리기 위해서는 별도의 궁리가 필요할 것이다. 또한 '종교로서의 천황제'에 그 본질을 구하는 요시모토의 입장도 야나기타 구니오, 오리쿠치 시노부折口信夫, 그리고 더 거슬러 올라가면 모토오리

노리나가本居宣長 등에 의거한 바가 적지 않다. 그러나 이러한 국학적, 민속학적인 천황제론도 이를 이른바 근대 일본의 '창출된 전통'으로서 상대화하려는 새로운 연구 동향과의 사이에는 커다란 격차가 있다. 그럼에도 불구하고 천황제론에 한정해서 보더라도 요시모토와 야마구치의 연구는 새로운 시좌를 만들어내기 위한 매개체가 되었다는 점에서 큰 의의가 있다.[46]

아사다 아키라의 포스트구조주의

요시모토와 야마구치가 암중모색하면서 품었던 문제를 젊은 지식인들은 훨씬 경쾌한 발걸음으로 간단하게 넘어 버린다. 아사다 아키라浅田彰의 《구조와 힘》[47]은 그러한 새로운 지성의 탄생을 알리는 기념비적인 작품이다. 이 책에서 아사다는 구조주의에서 배운 상징적 질서론을 전개하면서도, 이 질서는 공시적共時的인 구조에서 완결하는 것이 아니라 구조에는 외부가 있다고 강조한다. 문제는 외부, 즉 구조의 외부에 있는 잉여와 카오스가 어떻게 처리되는가에 있는 것인데, 근대 자본주의 사회에서는 '사회는 차이가 부여된 **질적인 위치의 체계**'를 상실하고 동질화·탈코드화되어 **'양적인 흐름의 운동'** 속에 모든 잉여와 카오스가 한 없이 흡수되어 간다(강조 아사다). "실제로 더 멀리까지 전진하자, 조금이라도 남게 생산하고자 하는 일상의 전진과정 그 자체가 한 없이 과잉을 흡수한 결과, 주기적인 축제로 과잉을 폭발시키거나, 왕의 초월성 속에 과잉을 집중시킬 필요는 이미 없어져 버린다"는 것이다.

《구조와 힘》은 주로 들뢰즈와 가타리에 의거하여 프랑스 현대사상(포스트구조주의)을 교묘하게 소개한 책일 뿐이라는 말도 있는데, 지금 다시 읽어보면 왜 이 책이 한 시대의 베스트셀러가 되었는지 의

아하다. 그러나 어쩌면 위에서 설명했듯이 근대 자본주의 사회에 대한 비판적인 파악에 입론의 초점을 두고 있다는 것이 중요한 점일 것이다. 그리고 이러한 입장에서 메를로 퐁티Maurice Merleau-Ponty, 바슐라르Gaston Bachelard, 융Carl Gustav Jung, 레비스트로스 등을 한데 묶어 정적인 구조론에 안주하는 '범용'한 감성과 시원하고 또박또박한 말투로 포스트구조주의란 어떤 것인가를 우리에게 가르쳐 주었다. 아사다의 유명한 《도주론》은 이러한 현대사회론과 불가분한 것으로 "대부분의 것을 쉽게 받아들이고 팩으로 포장하여 유통시켜버리는 거의 괴물적인 역량을 갖추고 있는", 근대사회의 장치에서 탈출하고자 하는 전략을 말한다. 《도주론》은 대상적 · 주체적으로 우리의 현실감각을 잘 정리하고 있다. 그리고 아사다 개인의 경쾌한 몸놀림이 주는 인상이 결합되어 인기를 누렸을 것이다.

구조주의 · 포스트구조주의와 그 한계

근대적인 주체와 그 지식을 근원부터 재검토하려는 구조주의와 포스트구조주의의 등장은 이제까지 경시되어 온 갖가지 영역을 문제 삼는 계기가 되었다. 여성, 차별, 자연과 인간의 관계, 병, 광기, 범죄 등은 안성맞춤의 테마이며 주제는 분산되었으나 이제까지의 학문 분야에서 등한시되거나 전혀 생각지도 못한 영역과 주제가 잇달아 거론되기 시작했다. 이러한 지적영역의 개척에는 우리들이 통념처럼 생각해 온 단조로운 사고의 지평을 뒤흔드는 위력이 있었다. 이 가운데서도 페미니즘과 여성사는 가장 대표적인 사례일 것이다. 여성의 권리와 자유를 주장하는 사상과 운동에도 오랜 역사가 있지만, 새로운 페미니즘은 가족애를 지주로 하는 근대 가족이 '사랑이라는 이름하에 무상노동'을 수탈하고 있으며, 이것을 '가부장제'라고 단정하여 우리들의 통

속적인 일상의식을 당황하게 만들었다.[48)]

페미니즘과 여성사 이외에 구조주의와 관계가 깊은 문화인류학, 종교학, 민속학, 문학의 비평이론, 아날학파의 사회사 등이 젊은 세대의 연구자를 매혹하여 장인 기질의 연구자가 많은 일본사 분야에서도 학계의 주변부에서는 갖가지 문제가 제기되었다. 그러나 새로운 탐구는 개별적인 영역에서는 지금도 신선한 성과를 낳고 있기는 하지만, 전체적으로 보면 한때의 열기가 식어버려 전문화된 제도권의 지적 영역으로 회수되는 경향에 있는 것이 아닐까. 이러한 지적 영역의 개척을 담당하는 3세대 지식인 가운데는 전쟁 직후의 베이비붐 시대에 태어나 60년대에서 70년대 초에 대학투쟁과 신좌익운동을 경험하고, 70년대에 구조주의와 그 밖의 새로운 지식의 세례를 받으면서 자신의 입장을 형성한 사람들이 많다. 그들은 바야흐로 일본의 학문과 사상에 중심적인 역할을 하며, 나 같은 구세대의 인물이 그들의 성과를 마주대할 때는 그 성과의 내실을 구체적으로 파악하는 신중한 비평 태도가 필요하다고 생각한다. 그러나 그들은 자신의 학창시절의 경험에 관해서는 본심을 숨기는 경향이 있으며, 그것은 현대 일본에 대한 냉소적인 태도와 결부되어 제도권의 지식으로 회수되기 쉬운 체질을 만들어 내고 있다고 말할 수 있을지도 모른다. 이러한 인상에서 말하면, 자신의 정치활동의 경험에서 주제를 얻은 가사이 기요시笠井潔의 《테러의 현상학》[49)]은 아마도 드문 사례일 것이다. 그러나 여기서는 개별적인 영역에 관해서 언급할 수 없기 때문에 우리가 직면한 갖가지 문제에 적극적으로 발언하고 있는 다케다 세이지竹田青嗣의 예를 들어보자.

다케다와 가사이의 저서에서 보이는 한 가지 특색은 그들도 이전에는 깊이 빠져들었던 마르크스주의에 대한 비판의 자각화다. 다케다는 현대 일본의 사상 상황을 신좌익운동의 좌절과 고도 대중소비사회라는 현실을 앞두고 전후 민주주의와 마르크스주의가 설득력을 상실하고 프랑스 현대사상을 중심으로 하는 포스트모던의 사상이 일반화된 시대로 파악한다.[50] 다케다는 난해한 현대철학도 근원적으로는 우리들의 삶과 관련된 문제를 다룬다고 파악하기 때문에, 그 내용은 알기 쉬운 말로 이야기 할 수 있어야 하며 또한 그렇게 해야 한다는 신념을 가지고 있었다. 그는 이러한 입장에서 《현대사상의 모험》에서는 현상학, 실존철학, 구조주의, 포스트구조주의, 나아가서는 데카르트 이후의 근대철학을 포함한 사상을 교묘하게 위치 지워 의미를 부여한다. 또한 《'자족(自分)'하는 삶을 위한 사상 입문》[51]에서는 '나'란 무엇인가 라는 문제에서 시작해서 타자, 사회와의 관계, 연애, 생과 사 등 우리의 인생과 관련되는 기본적인 문제들을 다케다 특유의 욕망, 에로스론과 규칙이라는 사고방식을 축으로 전개하면서, 연애나 죽음과 같이 어려운 문제도 현대사상의 복잡한 동향을 바탕으로 하여 쉬운 말로 능숙하게 설명한다.

다케다가 하시즈메 다이사부로橋爪大三郎와의 대담[52]에서 욕망 · 에로스라고 하는 '나'의 차원에서 출발하여 갖가지 '규칙'을 매개로 사회현상에 대응해 나가는 논리 전개는 《현대사상의 모험》에서와 마찬가지다. 거기에서 전개되는 구체적인 주장은 현시점에서의 그들의 사상을 솔직하게 표명, 아니 선언했다고 할 수 있다. 다케다 등이 '나'에서 출발하는 것은 어떤 형태로든 선험적인 선과 정의를 내세우는 따위의 사상을 거부하기 때문이며, 그 출발점은 전후사에 있어서 좌익운동의 좌절과 사회주의 국가의 붕괴라는 현실을 바탕으로 자각적으로 선택된 것이다. '권력 게임'보다도 '돈벌이 게임'이 훨씬 낫다, 시장경제는 기본적으로 잘 짜여 있으며 단지 그 "단점을 어떻게 보완할 것인가"하는 문제가 중요하다고 두 사람은 말한다. 그들은 시장에는 결점이 있으며 특히 선진국과 제3세계와의 관계와 환경 문제에는 용이하게 해결할 수 없는 문제가 있음을 알고 있다. 그러나 관념적인 급진주의는 현실적인 해결책을 가져올 수 없고, 제3세계의 문제는 선진국과 손을 잡고 자본과 기술의 이전을 꾀하면서 조금씩 격차를 매워가는 방법 외에는 대책이 없다. 환경문제에 관해서도 산업사회의 과학기술로 인해 발생한 문제는 역시 과학 기술이 해결할 것이다. 차별의 문제도 인간이 모두 평등하다고 주장하는 것만으로는 해결되지 않으며 격차를 조금씩 줄이는 방안을 강구하는 방법 외에는 없다는 것이 두 사람의 구체적인 주장이다. 요컨대 시장원리 · 소비사회 · 근대적 국가제도 · 과학 기술 등의 현상을 기본적으로 긍정하고 그 전제하에서 점진적 개량과 그것을 지탱하는 시민사회와 자립정신을 추구해야 한다는 것이다. 이것은 어떤 의미에서는 쉬운 견해다. 단지 여기서는 구조주의가 주체 측에서 볼 때 부동의 계기가 되는 규칙과 구조를 일방적으로 강조했다는 점에서 비판받고 있으며, 푸코와 들뢰즈, 가타리의 권력론도 같은 입장에서 비판받는다는 점에 유의해 두고 싶다. 그리고 두 사람이 시장원리를 비롯한 근대의 제반 원리를 선택하려고 할 때 달리 유효한 선택지가 없다고 하더라도, 현대 세계의 상황을 크게 내다보면서 그 대담한 현상긍정의 세계상으로 어슴푸레한 의혹의 그림자가 스쳐가지는 않았는지 물어보고 싶은 부분이다.

근대주의적 시민사회론

가라타니 고진柄谷行人의 비평 활동은 광범위한 분야에 영향을 끼치고 있다. 특히 근대 국민국가를 문제로 거론하며 국민국가의 형성에 언어와 문학이 미치는 역할을 비판적으로 논하는 데 역점을 둔다. 그는 《'전전'의 사상》[53]에서 현대 세계의 다국가적인 동향이 결코 국제주의로 이어지는 것은 아니라고 하면서, 근대사회의 기본을 이루는 의회제 민주주의와 자유 · 평등의 원리가 가지는 위험성을 강조한다. 예를 들면 칼 슈미트Carl Schmitt와 하이에크Friedrich August Hayek의 사상을 양극으로 설명하면서 의회제 민주주의와 자유 · 평등의 이념은 그 한 측면을 깊이 파고들면 나치즘과 전체주의에 귀착하며, 또 다른 측면을 파고들면 한없는 자본의 자유에 귀착한다는 것을 지적하여 파시즘의 도래를 현대사회가 당면한 위기로 설명하고 있다. 가라타니가 '전전'이라고 부르는 것은 이러한 현대의 거대한 상황을 말하는데, 평화헌법의 옹호와 결합한 자유주의가 가라타니 자신의 입장일 터다. 이러한 가라타니의 입장은 다케다와 하시즈메에 비하면 훨씬 비관적이지만 큰 틀에서 보면 일본의 현실에 시민사회와 비판적 자유주의를 대치시켰다는 공통점이 있다.

일본 시민사회의 미성숙을 보고 거기에 자유주의와 개인의 주체성을 대치한 것은 바로 전후 1기의 근대주의였다. 가라타니, 다케다, 하시즈메 등의 일본 사회에 대한 파악은 어쩌면 마루야마 마사오의 주변에 의거한 것처럼 보이며, 사실 그들의 저작에서는 마루야마에 대한 언급이 적지 않다. 하시즈메는 《모험으로서의 사회과학》54)에서 60년대 말의 대학투쟁에서 전후세대의 지식인이 비판받고 구조주의가 등장하면서 전후 일본의 사상 상황이 완전히 전환했다고 지적한다. 하시즈메는 이 전환에 획을 긋는 상징적인 사건으로서 하시즈메 자신도 참가하여 도쿄대학 법학부의 연구실에서 마루야마를 추방한 사건을 든다.* 그러나 이상하게도 같은 책의 결론 부분에서는 마루야마의 《현대정치의 사상과 행동》55)에 의거하여 무책임의 체계, 억압이양

* 1968년 도쿄대학 분쟁에서 연구실을 점거한 학생들에게 마루야마는 "파시스트들도 하지 않았던 짓을 너희들이 하느냐"고 고함쳤다는 일화가 있다.

의 원리, 사이비 인텔리를 논하고 또한 마루야마에 의거한다고는 밝히지 않고 있지만 '천황공동체'라는 용어를 사용하여 마루야마와 똑같은 일본사회론을 전개한다.

위에서 든 예는 극히 한정적인 사례에 지나지 않지만, 이러한 검토를 바탕으로 현대의 사상 상황을 정리해 보면, 아래와 같은 도식이 될 것이다.

전후사상 – (정통파 마르크스주의 + 정치적 급진주의) = 현대사상(근대주의적 시민사회론)

이 밖에는 과거 급진파의 기대를 한 몸에 모았던 요시모토 다카아키가 노골적으로 고도 소비사회의 옹호파로 전환한 것이 눈에 띌 정도가 아닐까. 개별 영역에서의 성과에는 경의를 표하지만 구조주의 혁명의 엄격한 비판 정신과 열기는 어디로 사라진 것일까? 또한 전반적인 후퇴전 속에서 사상 상황의 큰 틀이 시민사회론으로 되돌아가고 있다면, 마루야마 마사오 · 오쓰카 히사오大塚久雄 · 다케우치 요시미 · 쓰루미 슌스케鶴見俊輔 · 가토 슈이치加藤周一 등이 고뇌하며 개척한 전후 1세대의 근대주의적인 지식의 지평은 지금도 여전히 빛을 발한다고 말할 수 있지 않을까.

4. 방황하는 '마음'

이지메와 자살

1994년 12월 신진당 결당대회의 당대표 인사말에서 가이후 도시키海部俊樹는 일본의 장래를 위해 신진당이 맡아야 할 두 가지 과제를 강조했다. 한 가지는 아이치현愛知県에서 발생한 중학생 자살사건과 이바라기현茨城県에서 발생한 의사에 의한 가족 살해 · 시체유기 사건을 예로 들어 '물질적으로는 풍족해졌지만 마음은 빈곤해진 것이 아닌가' 하는 문제이며, 또 한 가지는 8년간 1위였던 일본의 국제 경쟁력이 3위로 전락한 것을 지적하고 이를 회복해야 한다는 것이었다. 이 두 가지는 신진당의 출발에 어울리는 무신경한 발언이라고 말하고 싶은 부분이지만, 여기서는 현대 일본의 지배층이 안고 있는 위기의식의 본질을 시사하는 사례로 들어 보았을 뿐이다. 이 절에서는 가이후가 말하는 제1과제에 관하여 몇 건의 범죄사건을 소재로 생각해 보고자 한자.

먼저 오가와치 기요테루大河内清輝 군의 자살사건은 한 중학생을 자살로 몰고 간 이지메의 무시무시한 모습을 적나라하게 드러내어 우리를 놀라게 했는데, 여기서는 그것이 돌발적인 사건이 아니었다는 점에 주목하려고 한다. ① 학교 측은 오가와치 군이 속한 불량 서클의 동향을 이전부터 주의하고 있었고, 담임선생은 그를 서클에서 빼내려고 노력해 왔다. 그러나 학교 측은 그를 불량 서클의 일원으로 간주하고 그의 입장이나 어려움을 전혀 파악하지 않았다. ② 양친은 종종 돈이 없어지거나 몸에 난 상처를 보고 무언가 중대한 문제가 발생하고 있다고 우려하고 학교와 연락을 취했다. 그러나 정작 본인이 아무것도 말하지 않았기 때문에 역시 적절한 상황 판단을 할 수 없었다. ③ 친구들은 이 불량 서클의 구조와 오가와치 군의 입장을 잘 알고 있었지만 그들 자신의 힘으로 오가와치 군을 구하려 하지 않았을 뿐만 아니라 담임선생에게 호소하는 등의 행동도 취하지 않았다. ④ 이지메가 심해지고 요구하는 돈의 액수가 커지는 데도 그는 자신의 처지를 누구에게도 호소하지 않았다. 유서에서도 나에게서 돈을 뺏은 사람들을 꾸

짖지 말아달라고 하면서 “고분고분하게 돈을 준 제가 나쁩니다”고 하는 등 이상할 정도로 ‘온순한 성격’으로 일관하고 있다. 이상은 누구라도 다 아는 사실이지만, 여기서 새삼 기이하게 생각하는 것은 무언가 중대한 문제가 있다고 느끼면서도 아무도 그 상황에 적절하게 대응하지 않았던, 보일 듯하면서도 전혀 보이지 않는 것이 이 소년을 둘러싼 현실이었다는 점이다.

여고생 콘크리트 살인사건

이지메하면 연상되는 것은 여고생 콘크리트 살인사건(88~89년, 도쿄)이다. 이 사건은 네 명의 소년이 한 여고생을 40일간 감금하고 폭행을 반복하여 죽음에 이르게 한 후 시체를 드럼통에 넣고 콘크리트로 채워 버린 사건이다. 88년에 고등학교를 중퇴한 세 명이 그룹을 만든 후, 사소한 계기로 10월에 주범인 A가 가담하여 날치기, 공갈, 강간 등을 되풀이 하다가 11월 25일 피해자를 유괴하여 C의 집 2층에 감금했다. C의 양친은 맞벌이로 집을 비우는 일이 잦았기 때문에 그의 집 2층은 불량소년들의 집합소가 되었다. 그러나 C의 양친은 2층에 여학생이 있는 것을 알고 있었고 1층에서 식사를 함께한 경우도 있어 집으로 돌아갈 것을 수차례 설득했으나 A의 협박 때문에 달아날 수가 없었다. 소년들은 모두 고등학교 1학년 때 중퇴했으며 사건이 일어나기 얼마 전부터 밤에는 어슬렁거리며 놀다가 아침이 되면 C의 집 이층에서 잠을 자고 오후에 일어나 잡담을 하다가 저녁 무렵이면 밖에 나가 공갈 등으로 유흥비를 마련하는 생활을 되풀이하였다. 그들은 제각기 두드러진 특징이 있는데 모두 초등학교부터 학교 수업을 따라가지 못하고 비행, 폭행, 가정 내 폭력 등을 되풀이해 왔다. 네 명 가운데 두 명은 부모가 이혼했지만 여기서는 양친이 모두 있는 A의 경우를 좀 더 구체적으로 살펴보겠다.

A의 부친은 증권회사에서 일하는 전형적인 맹렬사원이며 모친은 피아노 교사로 상당한 수입이 있었다. 부친에게는 사귀는 여성이 있었는데, 그 여성이 집으로 전화를 거는 일도 있어 부부 사이가 나빴다. 그 때문에 모친은 피아노로 생활비를 버는 데 더욱 매진했다. 이러한 가정 사정, 특히 바쁜 어머니에게서 사랑을 받지 못한 A는 초등학교 5학년 때부터 어머니에게 폭력을 휘두르기 시작했으며 당시부터 이미 싸움꾼으로 이름을 날렸다. 이렇게 초등학교 시절부터 나쁜 짓이라면 거의 안 해본 것이 없는 A는 중학교에 들어가 친구를 사귀면서 유도에 집중하게 되었다. 유도를 계속하기 위해 고등학교 진학이라는 목표를 세우게 되었고 덕분에 학업 성적도 좋아졌다. 그리고 유도로 유명한 사립대학 부속고등학교에 입학하여 동경하던 유도부에 들어갔다. 그러나 1학년치고는 너무 센 A는 이지메의 대상이 되어 중량급의 상급생에게 심하게 혼이 났다. 결국 A는 커다란 꿈을 가지고 입학한 고등학교를 중퇴했다. 그 후 타일공으로 일 하면서 애인과의 장래를 꿈꾸었다. 그러나 폭력단에 들어간 그는 타일공의 길도 포기하고 다른 세 명의 리더가 되어 이번 사건을 일으킨 것이다. A의 생활사를 보면 본인도 자신이 처한 상황에서 탈출하려고 허덕였으며, 또한 기회도 여러번 있었지만 불운과 우연이 겹쳐 좌절을 되풀이한 것을 알 수 있다. 사건의 원인은 극히 현대적인 가족과 황폐화된 학교에 있으며, 여기에 순차적으로 마음의 상처가 깊어졌던 것이다.

1968년에 발생한 나가야마 노리오永山則夫의 연쇄살인사건*은 엄

* 1968년 10월부터 11월에 걸쳐 도쿄, 나고야 등에서 발생한 네 건의 총격살인사건. 범인 나가야마 노리오는 당시 19세의 소년이었다. 옥중에서는 독학으로 집필활동을 하여 1983년에는 소설《나무다리》로 제19회 신일본문학상을 수상했다. 저작의 인세를 피해자 유족에게 보내는 등 반성의 기색을 보였으나 1997년 8월 1일 도쿄구치소에서 사형 집행되었다.

청난 빈곤을 배경으로 하고 있으며, 나가야마 자신도 그 재판에서 자신은 빈곤과 그로 인한 무지 때문에 범죄를 저질렀다고 주장하여 빈곤과 범죄의 관계를 입증하기 위해 마르크스주의 경제학자를 특별 변호인으로 의뢰하기도 했다. 최고 절정기를 맞이한 학생운동과 신좌익운동의 분위기 속에서 나가야마는 자신의 경험을 해석하는 문맥을 찾아낸 것이며 자신도 《자본론》 등을 읽은 후에는 마르크스를 넘어선 천재라고 자칭하였다.[56] 그러나 이렇듯 빈곤을 배경으로 한 노골적인 흉악 범죄는 이 사건을 끝으로 거의 발생하지 않는다. 여고생 콘크리트 살인사건의 경우 또한 빈곤이 원인이라기보다는 가족의 붕괴와 일찍부터 학교생활에서의 탈락과 불량화가 결합하여 비참한 결말에 이른 것이었다.

가족과 교육의 붕괴

삼수생인 차남이 금속 야구방망이로 양친을 때려죽인 사건(1980년)은 가족과 교육에 내재하는 심각한 병리를 시사하여 널리 관심을 모았다. 이 사건의 무대는 가와사키시川崎市 교외의 단독주택이며 부친은 도쿄대학 경제학부 출신으로 대기업의 샐러리맨, 형은 와세다대학 이공학부 출신의 샐러리맨이었다. 본인도 와세다대학 문과계를 희망했으나 고등학교 1학년부터 성적이 떨어져 하향 지원했지만 입시에 실패했다. 재수를 하면서 학원을 다녔으나 2년 동안 거의 출석하지 않았고 아침에 집을 나오면 영화관, 찻집, 파친코 등에서 시간을 보내는 경우가 많았다. 아무리 공부를 하려고 해도 집중을 할 수 없는 딜레마에 빠진 것인데, 이런 생활에 부친에게서 받는 월 5천 엔의 용돈이 충분할 리가 없었다. 그래서 그는 종종 아버지의 현금카드를 몰래 빼내기도 했다. 그러다가 삼수 생활이 끝날 즈음인 80년 11월, 아버지에게 들통 나서 호된 꾸지람을 듣고 내일 당장 집을 나가라는 말을 들었다. 그날 밤은 평소 아버지와의 관계를 수습해 주던 어머니조차도 아버지 편에 가담하여 엄격한 태도를 보였다. 결국 그는 자포자기한 상태에서 위스키를 퍼붓듯이 마신 후 심야에 자고있던 양친을 금속 방망이로 때려죽였다.[57]

교외의 단독주택, 고학력 기업인인 아버지, 밝고 근면한 어머니, 성적이 좋은 형, 가해자도 어릴 적부터 밝고 귀여운 아이로 친척들 사이에서 인기가 있었다. 부부 사이도 좋았던 이 집안은 선망의 대상이었다. 그렇기에 이 사건은 너무나 충격적이었다. 가해자는 고등학교 1학년 1학기부터 성적이 급격하게 떨어진 후 가출을 했는데 그 당시 이미 정신분열 상태였을 가능성이 있으며, 가출 사건 이후 현저하게 말수가 적어지고 생기가 없어졌다. 그래도 친구들 앞에서는 애써 밝은 척 했지만 실제로는 무기력해졌으며 부친의 입장에서 보면 형편없는 게으름뱅이였다. 사건이 일어나기 얼마 전에는 모친이 보더라도 정나미가 떨어질 정도였을 것이다. 겉으로는 밝은 척 했지만 실은 의존심이 강하고 자기 평가에 여린 미성숙한 자의식이 수험이라는 시스템과의 사이에서 진퇴를 거듭한 끝에 폭발한 사례다.

어린 자식이 부모에게 폭력을 휘두르는 가정 내 폭력은 1960년대 후반부터 주목되기 시작했는데, 이것은 일본의 독특한 현상이라고 한다. 폭력의 표적은 모친일 경우가 많으며, 거기에는 모자 관계의 농밀함과 의존심, 애정 결핍 등이 엿보인다. 1977년 도쿄 기타구北区에 사는 음식점 주인이 고등학교 2학년이었던 외아들을 교살한 사건은 가정 내 폭력에서 유래하는 사건의 한 예다. 이 소년은 중학교 3학년 1학기까지는 성적이 매우 좋았는데 그 후 자기 방에 틀어박혀 어려운 철학 서적을 읽었으며 고등학교 2학년이 된 후로는 학교도 가지 않고 가정 폭력을 되풀이하였다. 양친은 아들을 의사나 상담원에게 수차례나 데리고 가 전기충격 요법과 정신안정제, 수면제 등을 처방받았지만 폭력은 그치지 않았다. 그 중 K라는 의사는 장래에 범죄자가 될 가능성이 높다고 진단했기 때문에 타인에게 해를 끼칠 것을 우려한 아버지는 끝내 잠자고 있던 아들의 목을 졸라 죽인 것이다. 부부가 함께 자살을 기도했지만 성공하지 못하고 후에 모친이 자살했다. 학업 성적의 저하가 소년의 폭력을 유인誘因했지만, 실제로 소년은 자신의 코가 낮아 콤플렉스를 가지고 있었으며 그것을 모친의 탓이라고 여겨 "청춘을 돌려 달라, 인생을 돌려 달라"고 소리치며 날뛰었다. 그러면서도 잠들 때는 '외롭다'든가 '진정이 안 된다'고 말해서 부모가 손발을 만져주면 잠들기도 했다.[58)]

1992년 우라와시浦和市에서 고등학교 교사인 아버지와 그 아내가 무시무시한 가정 내 폭력을 일삼던 장남을 찔러 죽인 사건이 일어났다. 부친은 가난한 가정환경에 허덕이면서도 도쿄대학을 졸업한 사람으로 동료들이나 학생들 사이에서도 신망이 두터운 국어선생이었다. 피해자도 중학교 졸업 당시까지는 최상위권의 성적으로 명문 학교로 알려진 공립 고등학교에 진학했다. 그러나 고2 때부터 팝 뮤직에 열중하면서 수업을 빼먹다 결국 중퇴한 후 검정고시에 합격하여 대학에 진학했지만 그것도 중퇴했다. 뛰어난 집중력과 음악적 재능도 있었지만 엘리트 의식이 강하며 오만한 자신감과 독선성이 지나쳤다. 대학의 스키부 후배인 여학생과 여행을 가서 성행위에 실패한 것이 가정 내 폭력의 직접적인 원인이 되었다. "나를 이런 몸으로 낳은 것은 부모 탓이다"고 하면서 모친에게 폭력을 휘두르고 애인과도 헤어졌다.[59)]

88년부터 이듬해에 걸쳐 잇달아 범행을 거듭한 유아유괴 살인사건은 우리에게 큰 충격을 주었는데, 범행의 원인은 성에 대한 열등의

식이었다. 가해자는 태어나면서 양 손바닥을 위로 향하게 할 수 없는 장애가 있었으며 그 때문에 여성에 대한 열등감이 있었다. 여성과의 교제를 피하면서도 여성의 육체에 대한 관심이 강해서 몰래 사진을 찍거나 대량의 비디오테이프를 수집하기도 했다. 말수도 적으며 친한 친구도 없고 비디오로 가득 찬 외딴 방에서 오랜 기간 혼자 생활해왔다. 고독하며 성숙할 기회를 잃은 청년의 성적인 억울함이 저항하지 못하는 어린 여자아이에게서 돌파구를 찾기에 이른 음습한 사건이다.[60)]

이상 예를 든 사건들에는 제각기 특성이 있으며 그런 의미에서는 이들 모두 특수한 사례라고 할 수 있다. 그러나 학교 시스템에서의 탈락과 불량화, 가정을 지키려고 분투하면서도 붕괴해 버리는 가족, 어른스럽고 태도도 바르지만 의존적이고 미성숙하여 내성이 약한 사춘기의 젊은이, 표면적인 교우관계 등을 살펴보면 그 대부분은 우리 주변에서 흔히 볼 수 있는 평범한 일상 풍경이라는 것을 알 수 있다. 제각기 구체적인 계기는 어디에나 있을 수 있지만 그 주변 상황과 우연의 중복으로 무참한 폭발사건이 되어버린다. 그런 점에서 구체적인 사건의 평범함이 우리들을 위협하는 것이다. 학업성적의 부진이나 급격한 저하가 계기가 되는 경우가 많기 때문에 이러한 사건은 교육제도에 희생당한 자의 이야기라고도 할 수 있지만, 청소년들 가운데는 노골적으로 엘리트의식과 차별의식을 가진 자도 있다. "청춘을 돌려 달라, 인생을 돌려 달라"고 소리친 고교생 살해사건의 피해자는 가정 내 폭력을 꾸짖는 부친에게 "억압이다. 학교도 나오지 않았고 교양도 없는 주제에 남에게 설교할 자격이 없다"고 아우성쳤으며 할머니를 살해하고 자살한 명문 사립고등학교생(1979년, 도쿄)은 엄청난 엘리트의식과 대중 멸시, 근친 증오를 표현한 장문의 유서를 남겼다.[61)]

청소년기의 엘리트 의식은 열등감과 마찬가지로 위험한 것이기 때문에 엘리트 의식을 가지면 가질수록 좌절감도 커져 중대한 범죄 사건에 엘리트 의식의 좌절과 관련되는 사례가 적지 않다. 또한 이런 위험한 엘리트 의식의 반대편에는 초등학교의 이른 단계부터 경쟁에서 탈락한 다수의 무기력한 소년들이 있다. 삿포로시札幌市 교외의 어느 시영주택 단지에서 교육 조사를 한 구도미 요시유키久富善之 등은 이 지역에는 결손 가정이 많은데 이러한 가정의 어린이들은 학교에 적응하지 못하는 비율이 높다고 보고했다. ① 저학력, ② 비행非行과 교사에 대한 반항과 등교 거부, ③ 그 결과로서 교사의 포기가 그들의 학교 체험에서 나타나는 공통된 특징이며, 그들은 "현대 일본의 경쟁 질서에서 도출되는 행동 규범을 자기 자신의 행동을 고무하는 규범으로 내면화하지 못하고 있다"는 것이다.[62)] 컴퓨터 게임 이외에는 어떤 것에도 적극적인 관심을 보이지 않는 여고생 콘크리트 살인사건의 D와, 유아유괴 살인사건의 미야자키를 그러한 상황의 연장선상에 있는 폐색한 자아로 볼 수 있다.

요시모토 바나나의 소설에는 자살, 사고사, 근친상간, 성전환, 붕괴한 가족, 오컬트occult, 초능력, 정신질환 등과 같은 갖가지 비정상적인 사례가 작품의 도구로 이용되고 있으며, 작품 속의 인물은 이러한 갖가지 사정 하에서 붕괴와 상실의 감각을 가지고 부유浮遊하는 듯이 살아간다. 그들은 대체로 가벼운 행동거지로 경쟁 사회를 헤쳐 나가는 능력이 있지만, 그런 세계와는 정신적으로 크게 거리를 두고 매우 기묘한 생활을 하고 있으며 극히 한정된 인물에 대해서만 친밀한 마음의 교류를 가진다. 이 교류만이 마음의 상처를 치유하며, 이러한 치유를 매개로 할 때 바다와 허공과 거리도 밝게 빛나듯이 아름답다. 젊은 여성이 주된 독자인 요시모토의 작품은 대개 이렇게 그려지는 붕괴와 상실과 치유를 작품 속에서 대리체험하면서 인생의 시야를 넓히고, 그것으로 마음에 얼만가의 여유를 가지게 된다. 이 마음의 여유는 우리의 평범하며 때로는 위험하기도 한 현실을 받아들이기 위한 마음의 준비로서 매우 중요하다. "왜 인생은 이다지도 선택할 수 없는가. 벌레처럼 살아도 밥을 먹고 잠을 잔다. 사랑하는 사람은 모두 죽어 간다. 그래도 살아가지 않으면 안 된다. …… 오늘밤도 어둠에 깔려 숨이 막힌다. 바닥까지 우울한 무거운 잠을 제각기 싸우는 밤".[63] 이러한 요시모토의 메시지를, 고도 대중소비사회의 공허한 안도감과 위에서 예를 든 범죄사건과의 중간 그 어딘가에서 양자가 교차하는 부근에 두고 싶다.

5. 국가주의의 재구축

여론조사에서 본 현대 일본의 보수주의

보수주의적인 의식의 특징이 '직접적으로 현존하는 것, 실천적이고 **구체적인 것**에 대한 집착'[64](강조는 번역서)에 있다면, 현대 일본의 대중 의식은 소비문화의 향유를 매개로 이러한 방향으로 크게 기울고 있으며, 그것은 또한 느슨한 내셔널리즘적 정서와도 결부되어 있다. NHK 조사에서 '일본에 태어나서 다행'이라고 생각하는 사람은 83년에 95.6%, 88년에 95.0%에 달하며,[65] 1992년 총리부의 '사회의식에 관한 여론조사'에서 '국가를 사랑한다'는 생각을 더욱 강화할 필요가 있다고 생각하는 사람은 76.6%, 사회를 위해 도움이 되고 싶다고 생각하는 사람도 61.7%에 달했다.

천황제에 대해서는 92년의 NHK 조사에서 '현재의 상징천황제가 좋다'가 83.5%이며, 천황제의 권한 강화나 폐지는 어느 쪽도 7%에 미치지 못해 상징천황제가 완전히 정착하고 있다는 것을 알 수 있다. 같은 조사에서 현 천황에게 '존경심을 가진다'가 17.5%, '호감을 가진다'가 47.1%, '특별히 아무것도 느끼지 못한다'가 32.7%로 나오고 있으며, 특히 젊은 세대에서는 '아무것도 느끼지 못한다'가 급증했다(20대에서 70% 이상). 헌법 9조에 관해서는 같은 조사에서 '개정 필요'가 31.5%, '불필요'가 61.7%였다. 별도의 조사에서도 헌법 9조의 '전쟁 포기' 규정에 관해서는 77%가 지지하며 반대는 17%에 그치고 있다. 전반적으로 보면 이러한 사회의식의 차원에서도 현상 규정의 의식이 현저하지만, 앞서 설명했듯이 '자기본위'와 '무책임'의 풍조를 개탄하는 사람이 많으며 정치 불신과 사회적 무관심의 경향도 강하다.

이러한 의식 상황은 보수당 지배에 대한 느슨한 지지와 그럼에도 간헐적으로 분출하는 비판성으로 드러난다. 정치 부패와 소비세 문제가 초점이 되면 사람들은 보수당 지배를 흔드는 투표 행동을 취하지만 당면 문제가 호도되어 한동안 시간이 경과하면 같은 구조가 재생산된다는 것을 알 수 있으며, 우리는 다시 무력한 수동성 속에 방치되고 만다. 우리는 커다란 변화를 바라지만, 그것은 갖가지 향유의 시스템을 그대로 온존하면서 변해야 한다. 그만큼 최근의 정치에서 나타나는 혼미한 상황은 국민들의 모순된 원망願望을 적나라하게 비추어준다. 특히 신선한 이미지로 공전의 내각 지지율을 획득하면서도 처참하게 실추해 버린 호소가와細川護熙 인기의 궤적과 보수·혁신의 2대 진영을 형성해 왔던 자민당·사회당 연립 정권의 탄생(보수당 지배로 사회당의 편입)은 표면에 나타난 격동과 권력을 둘러싼 처절한 항쟁에도 불구하고 그 기저에 존속하는 불변의 구조와 거기에 내포된 모순을 단적으로 표현한 것이었다.

오자와 이치로의 '보통국가론'과 그 모순

오자와 이치로小沢一郎의 《일본 개조 계획》[66]은 이러한 상황 속에서 하나의 새로운 정치 이념을 제기한 저작이다. '개조'라는 말은 기타 잇키北一輝나 다나카 가쿠에이田中角栄의 유명한 저작을 연상시키지만, 이 책의 주제는 어떻게 하면 강력한 정치 리더십을 수립할 수 있는가에 있다. 오자와는 자민당 간사장으로 있으면서 일본 정치에 리더십이 결여되어 있다는 것을 몸소 체험했으며, 걸프전 당시 일본의 대응이 미숙하다는 것을 통감했다고 한다. 일본에는 위기 관리 시스템이 결여되어 있으며, 일본형 민주주의는 외부의 자극을 받지 않고 현상에만 만족하기 때문에 내외의 변화에 효과적으로 대응하기 힘들다는 것이다. 야당이나 언론이 타협과 양보를 꾀하면서 제출한 법안에 대하여 더욱 더 심의해서 합의를 추구하라고 요구하는 것은 무책임한 일이며, 정권을 장악하고 있는 다수파의 책임으로 결정하고 잘못을 범한 경우에는 다음 선거에서 교대하면 된다고 한다. 그는 지나친 합의의 요구는 무책임한 것과 마찬가지라고 말한다. "시간적, 공간적으로 권력을 한정하는 한편, 필요한 권력을 민주주의적으로 집중하여 그 권력을 둘러싼 경쟁을 활성화"할 필요가 있다. 그렇게 하면 "참으로 늠름한 '머리'를 일본의 거대한 몸체에 이식할 수 있다"는 것이다.

그는 이 책에서 수상의 권한을 강화하여 통합·조정 기능을 발휘할 수 있는 체제를 갖춤과 동시에, 각료를 포함하여 150~160명 정도의 여당 의원이 정부의 관직을 차지하는 등의 권력 기능을 강화하기 위한 구체적 방안도 제시한다. 그러나 그가 주장하는 제도 개혁의 핵심은 소선거구제에 있었다. 곧 일본 정치에 활력을 되살리기 위해서는 "다수결원리를 더욱 전면에 내세워야 한다"는 것이며, 소선거구제만큼 명확하게 다수결원리를 표현하는 정치 제도는 없으므로 "일본 정치가 안고 있는 문제는 대부분 소선거구제의 도입으로 해결될 것"이라고 한다. 무조건 반대하는 2할 정도의 반체제적인 비판표는 언제나 존재하는 법이다. 그러나 중선거구제로서는 여기에 안이하게 의존하는 야당을 만들어 내고 그들과의 타협에 의해 술에 물탄 것과 같은 정치가 계속된다는 것이다. 소선거구제 하에서는 이러한 반대당을 일소하여 다수파에 의한 일원적 권력 지배가 실현된다. 이렇게 해서 오자와는 소선거구제의 필요성을 극히 명쾌하게 주장한다. 이러한 오자와의 주장에 비추어 볼 때, 사회당이나 공명당이 소선거구제 지지로 돌아선 이유가 무엇인지 도대체 알 수가 없다.

어쨌든 이렇게 해서 만들어진 강력한 정치적 리더십 하에서 국제적으로는 유엔 대기군으로 자위대를 제공하거나 자위대와는 별도로 유엔 대기군을 창설하여 미국과 밀접한 협력 하에서 평화와 번영의 비용을 지불하고 일본은 '보통 국가'가 된다는 것이다. 그러나 이를 위해서 자위대는 '수동적인 전수專守 방위 전략'을 포기하고 '능동적인 평화 창출 전략'으로 대전환을 이루지 않으면 안 된다고 한다.

대체로 이상과 같은 오자와의 정치적 리더십 확립론은 상당히 명석하고 조리 있는 말이라고 할 수 있다. 그러나 권력지배의 일원적 강화만을 정면에 내세우고 있어서 국민국가의 공동성에 대한 호소를 결여한 권력기술론이라는 성격이 강하며, 앞서 설명했던 국민의식의 동향과도 반드시 조응하지 않는다. 오자와는 예를 들면 환경문제의 근본원인은 인간에 의한 자연 지배라는 서양적 가치관에 있기 때문이라고 한다. 따라서 인간과 자연이 공생하는 동양적 가치관으로의 전환이 필요하며, 환경 문제를 생각하는 원점은 조몽인*의 마음으로 되돌아가

* 조몽 시대는 일본의 신석기 시대에 해당하며 시기적으로는 기원전 1만년 경부터 기원전 3세기경까지로 추정된다. 이 시대에 일본 열도에 살던 사람들을 조몽인이라고 한다.

는 일이라고 우메하라 다케시梅原猛의 흉내를 내고 있다. 또한 천황 및 천황제에 대한 감정67)을 섞어서 내셔널리즘의 심정에 호소하는 측면도 가지고 있으나, 이는 오자와의 중심적인 주장은 아닌 것 같다.

최근의 정치 상황에서 보면 더욱 중요한 문제는 정치가와 기업이 유착한 이익지향형 정치가 오늘날의 정치 불신을 초래한 사실에 있다. 그 대표적인 사례는 다나카 가쿠에이에서 오자와로 이어지는 금권 정치다. 오자와는 이를 전적으로 무시하고 정치부패와 정치 불신의 문제를 권력 강화의 문제로 바꿔치기했다. 또한 국제 문제에 대한 대응에서도 소말리아와 구 유고슬라비아 등에서의 유엔 활동이 격렬하게 반격 당하고 있으며, 미국의 외교정책도 일관성과 유효성을 결여하고 있다. 이러한 점에서 볼 때 '보통국가'가 된 일본이 미국의 뒤를 따라 혼미한 외교 정책을 취하자는 것인지, 아니면 미국을 질타하고 격려해서 더욱 강력하게 유엔의 '평화 창출 활동'을 추진하자는 말인지 알 수가 없다. 게다가 텔레비전 등에서 보는 오자와의 모습에서 모사꾼과 같은 완력을 느낄 수 있을지언정 국민 대중을 설득하려는 정열적인 자세나 카리스마는 느낄 수가 없고, 오늘날과 같은 정보화 사회에 어울리는 지도자로서의 요건이 결여되었다는 인상을 받는다. 에토 준江藤淳은 "그래도 '오자와'에게 기대한다"68)고 하고, 요시모토 다카아키도 오자와를 높이 평가하지만,69) 오자와가 추진하고자 하는 권력의 통합 강화는 그렇게 간단한 과제가 아니다.

이미 말했듯이 현대 일본 사회에서 대다수의 사람들은 경제 제일주의와 결합한 욕구의 무제한적인 확대에 불안과 공허를 느끼고 있으며, 정신적인 것이 소중함이라든가 여유로운 생활을 향유하고 싶어 한다. 그러나 경제 제일주의와 무제한적인 욕망의 확대는 구조적이기 때문에 마음의 풍요가 소중하다고 말하면서도 우리는 모두 이 시스템에 규제되어 바쁘게 일하면서 욕망과 소비의 확장에 포섭되어 버린다. 정치도 또한 이러한 생산과 소비와 결합한 이익 원리로 관철되고 있으며 오히려 그러한 사회를 움직이는 역할을 해 왔다.

니시베 스스무의 전후 일본 비판

니시베 스스무西部邁에 의하면 전후 정치는 사회민주주의의 정치이며, '한층 더 풍족한 복지사회의 실현'이라는 공통의 정치 이념을 추구해 왔다. 자민당이나 사회당을 비롯한 그 밖의 야당도 이 점에 관한한 공통된 성향을 보이며, 최근의 정치 상황 속에서 등장한 군소 정당도 이에 대신하는 새로운 정치이념을 전혀 제시하지 못하고 있다. 그러나 사회민주주의와 참된 민주주의는 전혀 별개의 것으로, 전자는 전후 일본의 경제 제일주의와 결합하여 "인간의 생활에서 수단에 지나지 않는 경제를 목적으로 승격시킨" 것이다. 그것은 욕망 추구를 제1의에 두고 시장 원리에 의거함과 동시에 그것을 보정補正하여 갖가지 다른 욕망을 사회적으로 조정하기 위한 투표 시스템을 가진다. 그러나 이러한 욕망 추구의 민주주의는 전통을 파괴하고 사회적 유대를 이루는 가치와 규범을 붕괴한다. 이러한 시스템을 계속해 나가면 이윽고 "욕망을, 욕망이라는 그 자체를 정당화하는 소아병적인 사상을 가진 대중은 자기의 욕망 표현에서 판단이 정지하거나 또는 선택 불가능한 상태에 빠지고 만다". 그러므로 정치 지도자는 이러한 대중에게 결코 영합해서는 안 된다. 그러나 현실의 정치는 반대로 전개되고 있으며 매스컴과 학교 교육도 같은 풍조 속에 있다.[70]

이와 같은 니시베의 논리는 강한 정치적 리더십을 추구한다는 점에서 오자와의 주장과 중복되지만, 전후 일본의 가치이념을 총체적으로 공격한다는 점에 그 진가가 있다. 예를 들면 소선거구제와 유엔 중심주의 등도 니시베의 입장에서는 이념 없는 정치가 낳은 잔재주의 수단과 상황 추수에 지나지 않는다. 니시베가 추천 장려하는 '지도자 민중제'는 아마도 우리가 이해하는 의회민주주의와는 별개의 것이다.

그렇다면 정치의 기축이 되는 '사회적 정의'의 적극적인 가치 이념은 어디에 있는 것일까? 니시베의 논지로 말하면 그것은 역사와 전통을 불러일으키면서 지도자 및 그와 협조하는 지식인이 '결단주의'적으로 제시하는 것인 듯하다. 그러나 나는 니시베의 몇 권의 저작 속에서도 그 구체적인 내용을 다룬 기술을 발견하지 못했다. 과거 미시마 유키오三島由紀雄는 천황과 결합한 '미야비雅'라는 전통적 문화가치야말로 전후 민주주의 하에서의 인간 중심주의에 대치하여 지켜나가지 않으면 안 되는 것이라고 역설하여 실력행사를 선동했었다.[71] 그러나 그것은 미시마가 역사 속에서 날조한 전후 민주주의에 대한 반대 가치에 지나지 않으며, 수용의 주체를 발견할 수 없는 독단에 지나지 않았다. 이러한 선례를 보았기 때문에 지금의 니시베는 미시마 만큼도 역사와 전통이라는 것의 내실에 관하여 언급하지 않고 있으며, 우리들의 일상 의식과의 접점도 찾아내지 못하는 것처럼 보인다.

권위적 질서의 존속

이상으로 새로운 국가주의의 구축을 지향하는 논리로서 오자와와 니시베의 주장을 살펴보았다. 그들의 주장은 오늘날 국민의식의 동향과 동떨어진 부분이 많으며, 중요한 부분에서 설득력이 부족하다는 것이 나의 인상이다. 그러나 그들의 주장에는 현대 일본 사회가 안고 있는 딜레마에 정면으로 대응하는 부분이 있으며, 그 현상인식과 위기의식에 공감하는 사람도 많을 것이다. 또한 오자와와 니시베는 일본 사회를 상황 추수형의 집단주의 사회로 보고 거기서 '자립한 개인'과 자유주의에 대치하는 '근대주의'자다. 이러한 점도 서방 선진국에 공통된 뉴라이트형의 사상 동향 속에서 보면 잘 이해할 수 있는 부분이다. 그런 의미에서 오자와와 니시베의 사상은 전후 민주주의에 대한 대항 이데올로기로서는 나름대로 유효하게 기능하고 있으며, 이러한 사상 – 또한 앞서 설명한 무라카미와 야마자키, 그리고 우메하라 다케시, 요시모토 다카아키, 에토 쥰 등을 포함하여 – 을 매개로 하여 시대의 정신 상황이 크게 전환해 온 것이라고 생각한다.

더구나 현대 일본과 같은 사회에서는 국가 권력을 둘러싼 이데올로기 문제는 평소에는 잘 보이지 않는 잠재적인 구조와 제도 속에서 살펴볼 필요가 있다. 예를 들면 쇼와 천황이 입원한 후 죽음에 이르기까지의 시기에 널리 일반적인 동조를 강요한 자숙과 조의의 표현은 그러한 권위적 질서의 한 예다. 우리가 제각기 자숙과 조의를 표명하고 묵도에 동조하는 것은 쉬운 일이지만 거부하는 것은 결코 용이한 일이 아니었다. 직장인들에게 그것은 자신의 능력이나 업적과는 아무 관계도 없는 듯이 보이지만, 그래도 역시 동조해 두는 편이 현명하였으며 사회인으로서의 상식이었다. 몇몇 대학에서는 조기 게양에 반대하는 운동이 있었으나, 대학 책임자의 입장에서는 개인의 신념이나 감수성과는 전혀 별개의 차원에서 조기 게양은 반드시 확보해야 할 명목이었다.

이렇게 해서 개개인의 내면성에 깊이 뿌리를 내리지 않아도 동조의 연쇄가 한없이 진전함으로써 거부하기 어려운 권위적 질서가 구성되는 것이며, 대중적 규범에서의 현상 긍정과 느슨한 내셔널리즘적 분위기가 이러한 질서를 지탱하는 것이다. 그리고 감히 동조를 거부하는 자에게는 폭력에 의한 보복이 기다리고 있다는 사실이 모토지마 히토시本島等 나가사키 시장의 암살 미수사건(1990년)과 보도기관에 대한 총격사건 등으로 명백해졌다. 폭력 행위 그 자체는 사회적으로 비난받는다고 하더라도, 이단을 정벌하는 그물망은 이미 깔려있는 것이다. 권력 또한 이단 정벌에 강권을 행사하는 것은 히노마루 · 기미가요의 강요에서 명확하게 나타난다. 85년 이후부터 오키나와의 학교 행사에서 히노마루 · 기미가요가 일거에 강행 실시되었다. 결국 이에 대한 항의가 87년 오키나와 요미탄손讀谷村의 소프트볼 대회장에서 지바나 쇼이치知花昌一의 히노마루 소각 사건으로 나타났다. 또한 잇따른 각료들의 침략 전쟁 긍정 발언과 군위안부 문제 등을 보더라도, 일견 평화와 번영과 자유를 구가하는 것처럼 보이는 현대 일본에도 독선적인 자민족중심주의의 기조가 뿌리 깊게 존속해 있으며 그것이 또한 권위적 질서와 결부되어 있다는 것을 알 수 있다.

맺음말

현대 일본 사회와 이를 둘러싼 국제사회의 환경에는 갖가지 곤란과 딜레마가 있으며, 우리는 어슴푸레하게나마 이것을 의식하고 불안을 느낀다. 전 지구 규모에서의 환경 파괴, 남북 격차와 민족 분쟁, 기아와 인구 문제, 가족과 도덕성의 붕괴, 비합리적인 것의 확대와 폭력의 대두, 정치 부패와 의회제 민주주의의 공동화, 일본 경제의 불투명한 비전과 국제 환경 등등. 무엇이든 우리의 미래에 대해서 지금보다 더욱 커다란 위기와 불안을 느끼게 하는 것들이다. 본론에서 열거한 사상들은 그러한 문제에 대하여 나름대로의 자각화와 해결을 모색한 것이기는 하지만 그 어느 것도 설득력 있는 해결책과 전체상을 제시하지 못하며, 어떤 해답에도 왠지 사상의 요석要石이 결여되었다는 인상을 받는다. 그러나 현대와 같이 복잡하게 분화된 사회에서 딱 잘라 단언할 수 있는 답을 요구하는 일 자체가 지성의 안이함이라고 해야 할 것이다. 하나의 문제 해결을 하려고 하면 우리는 또 다른 문제와의 사이에서 딜레마에 빠지고, 뜻하지 않는 사이에 진정한 곤란을 회피하거나 숨겨버린다.

그렇다고 해서 현재 우리에게 아무것도 보이지 않는다는 것은 아니다. 현대 일본 사회는 기업과 시장과 관료제가 지배하는 강고한 시스템 사회다. 결국 우리가 향유하는 자유나 행복도 이러한 시스템의 계기가 되고 있으며 자유나 행복을 추구하는 우리들의 노력 자체가 우리 자신을 속박하는 장치가 되고 있다.[72] 그러나 다원적으로 끊임없이 분화해가는 복합적인 시스템은 어떤 권력도 일원적으로는 파악할 수 없는 복잡한 그물망을 구성하고 있으며 우리 자신이 그 하나하나를 짊어지고 있다. 그리고 이것을 우리들의 삶의 문제로 다시 파악한다면, 적어도 일본인의 대부분은 이러한 시스템 속에서 당분간은 노골적인 기아와 전체주의에서 벗어나 있으며, 그러한 가운데 부단하게 자기결정을 요구받고 있다고도 말할 수 있다. 이 자기 결정은 본래 시스템의 규제 속에서이기는 하지만, 한 인간으로서의 감수성으로 되돌아가서 자신의 인생을 다시 선택하는 가능성이기도 하다. 안심하고 귀속할 수 있는 위대한 사상은 존재하지 않지만, 생각하기 위한 시사와 실마리는 풍족하게 주어져 있다. 따라서 우리는 자신의 인생을 하나의, 또는 한 묶음의 '작은 결의'에서 출발 · 재출발할 수 있는 것이다.

■ ■ 2장

전후 사상사에서의 '민중'과 '대중'

머리말

'민중' · '대중'이라는 용어를 명확하게 정의하거나 실태 존재로서 규정하기란 어려운 일이다. 국민 · 시민 · 평민 · 서민 · 인민 · 상민 등에 관해서도 마찬가지다. 실태로서는 비슷한 존재를 염두에 두면서도 용어의 선택 여부에 따라 서술하는 자의 입장과 전략이 표현된다. 국세조사나 각종 의식조사와 같은 통계 자료를 이용하는 것도 특정한 '사실'의 추세를 아는 데는 유익하지만, 이러한 데이터가 '민중' · '대중' 등으로 불리는 존재에 대하여 무엇을 기술하고 무엇을 기술하지 않는지에 관해서는 주의 깊은 태도를 취해야 한다. 예를 들면 고이즈미 내각의 지지율이 상당 기간을 통해서 80% 전후의 높은 비율을 차지한 것은 흥미로운 '사실'이지만, 그것이 무엇을 의미하지는 알기 쉬운 일이 아니다.

이런 모호함에도 불구하고 우리가 '민중' · '대중' 등으로 부르는 존재에 관해서 생각하지 않을 수 없는 것은 아마도 우리가 하나의 사회를 한 덩어리로 묶어서 파악하려는 지향성을 가지기 때문일 것이다.

지식인이 '민중'이나 '대중'이라고 할 때 그것은 하나의 추상이며, 구체적으로 누군가를 지칭하는 것이 아니라 일종의 매개로서 파악하는 것이다. 그리고 이러한 개념 용어를 명확히 하기 위해서는 계급 구분, 시대 상황에 의한 변동, 지역성, 성性과 연령에 의한 차이 등과 같이 한층 더 세분화해서 파악해야 한다고 말할 수도 있다. 그러나 그러한 조작이 반드시 '민중'이나 '대중'이라는 개념 내용을 더욱 풍부하게 한다고는 볼 수 없다. 또한 결벽한 실증주의자라면 이런 모호한 용어를 피하고 실증적으로 확인할 수 있는 '사실'의 기술에 전념해야 한다고 말할지도 모른다. 더욱 번거로운 것은 이런 개념에는 실체적인 측면과 가치적인 측면이 있으며, 연구자가 이 두 가지 측면을 엄밀하게 구분해서 사용하기 어렵다는 점이다. 두 가지 측면은 서로 상극하면서도 상호 검색하는 기능을 가지며, 가치적인 측면을 배제하면 더욱 확실한 파악이 가능해지는 것처럼 보여도 실은 단조로운 일반론에 빠질 가능성이 크다.

이렇게 해서 '민중'이나 '대중'은 실체적이라기보다도 방법적인 개념이며, 연구자가 대상으로 하는 사회나 역사에 관해서 일종의 정리된 이미지를 그리는 데 불가결한 구상력과 관련되는 개념이라고 할 수 있다. 그것은 때로는 수수께끼처럼 보일지도 모른다. 그러나 그것은 표면적으로는 드러나지 않는 다양한 계기도 포함해야 하는 전체성을 위한 검출용 개념으로서 반드시 필요하다. 검토 대상이 사회 전체에서 볼 때 극히 한정된 소수자라고 하더라도, 예외자나 소수자야말로 역사와 사회의 특징을 그 절단된 면에서 개시開示하여 전체의 모습을 예리하게 비추어주는 역할을 한다고 생각해 볼 수도 있다. 그렇기 때문에 '민중'이나 '대중'이라는 실태는 반드시 사회 속에서의 다수일 필요가 없다. '민중'이나 '대중'이라는 개념의 이러한 성격으로 볼 때,

우리는 이 개념의 궤적을 추적하여 전후 일본의 연구자나 사상가가 사회와 역사에 대응한 사색의 흔적을 하나의 초점에서 관찰해 볼 수가 있을 것이다.

또한 이 소론에서는 전후 계몽주의의 '민중'상을 입론의 출발점으로 하여 일본 경제의 급속한 발전 과정에서 어떤 변질과 전환이 진행되었는지를 고찰하는 데 중점을 두고, 패전 전야부터 80년대 초까지를 주된 검토 대상으로 한다. 페미니즘, 문화연구, 국민국가론, 네오내셔널리즘 등에 대해서 언급하지 않는 것은 나의 능력부족 때문이기도 하지만 이러한 시기 설정에 규정되어 있기 때문이기도 하다. 이하에서 개개인의 문헌을 인용할 경우에는 '민중', '대중', '상민', '시민' 등과 같이 작은따옴표를 붙여 서술하고, 일반적 용어일 경우에는 사용하지 않기로 한다.

1. 전후 계몽의 '민중'상

오쓰카 히사오의 민중상

1947년 2 · 1 총파업* 얼마 전의 일이었다. 오쓰카 히사오大塚久雄는 자신의 연구실에서 이시모타 쇼石母田正와 일본 노동자 계급의 의식과 행동에 관해서 서로 흥분하면서 장시간 논쟁을 벌였다. 이시모타는 친동생이 노동운동을 하고 있었기 때문에 일본 노동자 계급의 현상과 장래에 대해서 자신의 경험과 견문을 바탕으로 한 '낙천적 견해'를 펼

* 1947년 2월 1일 실시가 계획된 총파업(general strike). 그러나 1월 31일 GHQ(연합국군 총사령부)의 맥아더는 "쇠약한 현재의 일본에서는 총파업은 공공의 복지에 반하는 것이므로 이를 허용하지 않는다"는 총파업 중지 지령을 내렸다. 이는 일본 민주화를 추진하던 GHQ의 방침 전환을 나타내는 사건이며, 전후 일본 노동운동의 향방에 중요한 영향을 끼쳤다.

쳤다. 이에 대해서 오쓰카는 "그것은 노동자 중에서도 소수의 전위적인 요소에만 해당한다. 거시적으로 볼 때 일본의 노동자 계급은 러시아 혁명 당시의 노동자보다 뒤떨어진 측면이 있다. 그것은 농촌에서의 자본주의 발전의 성질과 관련이 있다"고 반박했다.[1] 일본 노동자 계급의 후진성을 강조한다는 점에서 마루야마와 오쓰카는 공통점이 있었으며 이시모타는 이 두 사람의 견해에 반론하고 싶었다. 일반론으로는 마루야마나 오쓰카의 말이 틀리지 않다고 하더라도, 그들의 주장은 상아탑 속에 있는 학자들의 지나친 추상론이며, 패전 후 노동자 계급의 새로운 자각에 눈을 돌리는 발상이 아니다. 실천적인 문제는 좀 더 다른 방향에서 세워야 한다고 이시모타는 생각한 것이다.

오쓰카의 전공은 근대 유럽 경제사지만 그것은 원래 일본의 현실에 대한 절실한 관심을 배경으로 구상된 것이었다. 그런 점에서 패전 직후의 오쓰카는 민주주의 혁명에 전제가 되는 '근대적 인간 유형'에 관하여 가장 명쾌한 이미지를 제시했다고 말할 수 있다. 오쓰카에 의하면 민주주의 혁명을 위해서는 "새로운 인간적 주체의 민중적 기반이 광범위하게" 성립되어 있어야 했다. 그러나 "우리나라 민중에게서 나타나는 인간 유형은 간단하게 봉건적이라고 단정할 수는 없을 정도로 더욱 복잡한, 이른바 아시아적인 것"이며, "거기에는 근대인 특유의 내면적 자발성"이 결여되어 있다는 것이다. 그렇다면 "어떻게 하면 우리나라 민중의 전근대적인 관습을 버리고 근대적 · 민주적 인간 유형으로 바뀌는 것이 가능한가"에 대하여 오쓰카는 결국은 교육의 문제라고 한다. 그리고 이를 위한 객관적인 조건으로서 근로 민중의 사회적 · 경제적 지위의 향상, 특히 농민층의 사회적 해방과 "본격적이며 또한 전형적인 국내시장의 창출"이 중요하다고 한다.[2] 이는 위로부터의 제도 개혁에 의해서는 결코 달성되지 않는 사회와 인간의 심부에까지 미치는 변혁의 호소이며, 그것은 비교경제사학과 에토스론을 바탕으로 한 명석한 이론적 틀에 의해 기초되었다. 오늘날의 지적 상황에서 보면 아카데미즘적인 고답성과 과잉된 이론에 기가 질릴지도 모른다. 그러나 변혁에 대한 뜨거운 열정과 사회과학적인 담론이 긴밀하게 결합되어 있는 점에 중요한 특징이 있다. 이러한 담론이 동시대의 지식층에게 커다란 설득력을 가졌다는 것을 상상할 수 없다면 그것은 아마도 오늘날 우리들의 정신적 빈곤 때문일 것이다.

훨씬 후일 오쓰카는 도이 다케오土居健郎의 《'응석'의 구조》에서의 '응석'의 개념을 막스 베버Max Weber의 '피에테트'(pietat, 공순)라는 개념과 결부시켜 설명한다. 베버의 경우 '피에테트'는 가산제家産制의 에토스이며 그것을 마르크스의 표현으로 바꾸면 아시아적 생산양식, 공동체의 아시아적 원리라는 말이 된다.[3] 베버의 역사사회학적 조감도 속에서는 그러한 '응석', '공순'을 억압하여 점차 무의식의 영역으로 밀어 넣는 것이 권위이며, 근대 유럽과 미국에서 발전한 자본주의 문화에서는 이러한 요소가 철저하게 억압되어 무의식의 세계로 밀려나 버렸다. 서구의 정신의학계에서는 전혀 간과되어 왔던 '응석'를 발견하고 이를 정신의학의 중핵으로 본 도이의 이론은, 오쓰카의 입장에서 보면 일본의 풍토에 전통화되어있던 '피에테트'의 원리를 재발견했다고 할 수 있을 것이다. 오쓰카, 도이, 가와시마 다케노리川島武宜의 정담鼎談 말미에서 오쓰카는 "'응석'의 구조가 훨씬 승화된 형태로 한 번 더 나타나야하며, 또한 나타날 수밖에 없지 않을까요"[4]라고 말한다. 여기서 오쓰카의 이론은 뜻밖의 방향으로 전환할 준비를 하는 것으로 보일지도 모른다. 그러나 "역사적으로 낮은 수준에서 승화되지 않은 형태로 '응석'의 구조가 부활"하는 편이 훨씬 위험하다고 보는 것이 정담에 참가한 사람들의 현상 인식이었을 것이다. 전후의 개혁에도 불구하고 '근대적 인간 유형'은 '민중적 기반' 위에서 만들어지지 않고 있으며, 아시아적 공동체라고 할 수 있는 전통이 일본 사회를 여전히 그 기저에서 규정하고 있다는 것이 그 당시 오쓰카의 현상인식이었다. 이러한 그의 견해는 만년까지 변하지 않았다.

가와시마 다케노리의 가족제도 이데올로기

오쓰카가 말하는 '피에테트'를 일본의 가족제도 이론으로서 전면적으로 전개한 것이 가와시마 다케노리의 〈이데올로기로서의 '효'〉(1948)와 그 외의 논고들이다. 그는 일본 가족제도의 법사회학적 분석을 목표로 가족제도의 이데올로기로서의 '효'를 분석해 낸다.[5] 가와시마에 따르면 '효'는 아이가 부모에게서 은혜를 입었다는 사실에 근거를 두고 있으며, '은혜'의 수여로 인해 인신적 지배와 복종이 형성되는 것은 특수봉건적 사회관계다. 그는 또 이러한 '효'의 관념은 근세 · 근대 일본을 특징짓는 것이며, 중국의 고전적인 유교에서 말하는 '효'의 은혜나 보은 관념은 결여되었다고 한다. 원리적으로 말하면 가부장제와 봉건제는 서로 다른 지배관계로서 '공순'은 전자에, 독립된 주체간의 계약과 충성은 후자에 해당하는 관계 원리다. 일본의 경우 근세 봉건 권력 하에서 가족의 가부장제적인 권력 관계도 또한 '은혜'에 매개된 봉건적 특질을 가지게 된 것이기는 하지만, 거기서는 '공순'이라는 원리가 압도적으로 우위를 차지하여 "특수하고 봉건적인 주체성은 극히 희박"했던 것이다.[6]

법사회학자로서의 가와시마는 일반 민중의 가족생활에서는 가부장권이 절대적이지 않다는 사실을 잘 알고 있으며, 위와 같은 가부장제 원리는 이데올로기성이 강하다고 여긴다. 그러나 옛 무사층의 가족질서는 메이지민법*을 통해 국가공인의 가족상이 되었고, 공교육과 같은 국가의 교화정책을 통해 앞서 설명한 가족제도의 이데올로기가 일반 민중에게도 침투되어 갔다고 본다. 새로운 헌법과 가족법은 이러한 '가족제도'를 전면적으로 부정하고 '모든 가족 구성원의 **평등**'(강조는 원저자. 이하의 강조도 원저자에 의함)이라는 원리에 입각하여 '**권력관계**'를 '가능한 한 **배제**'하도록 규정하고 있는 것이라고 가와시마는 말한다.7)

가와시마의 이러한 가족론은 – 가족론으로서는 지극히 기묘하다고 생각하지만 – 베버의 가산제와 '공순'의 원리를 빌려 장대한 세계사적인 전망 속에서의 논의로 제시되고 있으며, 여기에 전후 일본을 특징짓는 계몽적 보편성을 획득할 이유가 있었던 것이다. 그리고 지식인의 이러한 대논의가 일본의 현실에 대항적으로 제시된 보편으로서 설득력을 지녔다는 점이 계몽기의 시대적인 특징이다.

2. '상민'과 생활세계

야나기타 구니오와 전쟁

야나기타 구니오柳田国男는 1944년 6월부터 이듬해 6월까지 《주간 아사히》에 〈마을의 모습〉을 연재했다. 〈마을의 모습〉은 당시 전시색이 강했던 이 주간지의 권두 첫 장에 한 폭의 그림과 함께 전쟁과 전혀 무관한 화제를 간단하게 실은 내용이었다. 야나기타는 방방곡곡에서 불러 모은 사람들이 고향의 추억을 이야기할 때 '이야기의 소재'가 될 만한 것들을 적어두는 것이 집필의 취지라고 설명한다.8) 또한 그는

* 메이지민법은 1898년에 독일의 영향을 받고 제정 공포되었다. 이 법률에서는 여성에게 재산의 관리 · 운용, 자식에 대한 친권 등이 인정되지 않았으며 결혼은 '가장'의 동의가 필요하도록 되어 있는 등 가부장의 권한이 절대적이었다. 패전 후 개정되었다.

45년 1월부터 3월에 걸쳐 《마을과 학동學童》을 저술했는데 이것은 소개疏開아동, 특히 초등학교 5, 6학년 소녀들을 위한 책이었다. "마을에는 옛날부터 생활상을 잘 기억하고 있다가 친절하게 들려주는 사람이 있기 마련이다"고 하면서 그런 사람들의 이야기를 주의 깊게 듣고 돌아오거든 노인이나 형제자매들에게 다시 들려주라고 야나기타는 소녀들에게 말한다.[9] 또한 야나기타는 43년 6월에 신지원神祇院*의 요청에 따라 메이지신궁 사무소에서 〈제사와 사제자司祭者〉에 대해서, 44년 10월는 신지원에서 〈경신敬神과 기원祈願〉이라는 제목으로 강연했다. 이 두 차례의 강연은 전시체제가 강화되던 시기에 신직神職이나 신도가들 앞에서 한 것인데, 야나기타는 여기서 조상숭배를 기저로 하는 우지가미氏神신앙** 및 이와는 이질적인 '간죠신사'勧請神社***라는 두 가지 계보의 신사를 구별하여 자기 나름의 고유신앙론을 펼치고 있다. 〈경신과 기원〉이라는 제목의 강연에 관해서 《탄소炭燒일기》에 "아주 잘 된 것에 비하면 감동이 없었다고 생각한다. 서너 가지 중요하지 않은 질문이 있었다"[10]고 적은 것을 보면 야나기타와 시대 상황과의 사이에 괴리가 있었다는 것을 엿볼 수 있다.

이상의 사례에서 전쟁 말기의 야나기타가 전시 체제와는 일정한 거리를 두면서 민속학적인 지식탐구에 고집하고 있음을 알 수 있다. 소개疏開와 같은 체험에 대해 "생소한 지역에 들어가서 급작스럽게 생

---

* 메이지유신 직후 신도국교화정책의 일환으로 신지관(神祇官)이 설치되었으나 문명개화 정책으로 후퇴하여 교부성(教部省)으로 축소되었다가 1887년에 폐지되었다. 이후 국가신도 정책이 강화되면서 신도와 종교를 구별하는 '신도비종교론'에 의해 종교국은 문부성으로 이관되었으며 신사국(神社局)은 내무성 소관의 신지원(神祇院)으로 승격되었다.

** 원래는 고대에 씨족의 조상신을 제사지내는 것으로 시작했으나 그 씨족의 수호신, 연고신을 제사지내는 경우도 있다. 조상신을 제사지내는 것은 그 씨족의 특권으로 다른 씨족의 참가를 배제했으나 시대가 내려오면서 동족적 결합이 느슨해지자 지연적 신으로 변화되었다.

*** 신불의 강림을 맞이하여 제사지내는 신사.

생한 주의력과 지식욕"이 발휘되는 기회[11]로 파악하고 있는 것도 소개 생활의 실태를 모르는 목가적인 것이기는 하지만 전시 체제와는 거리를 둔 민속학자의 입장이다.

야나기타의 고유신앙론

야나기타는 《조상 이야기》의 '저자 서문'에서 "올해(1945년) 4월 상순에 붓을 들고 5월 말까지 이 정도의 글을 써 보았다. …… 물론 처음부터 전쟁이 끝난 후의 독자를 예측하고 평화가 찾아오면 이용할 생각이지만 ……"[12]이라고 밝히고 있으나, 실은 그 전해 11월부터 쓰기 시작했으며 도쿄대공습이 있던 3월 10일에도 종일 집필해서 5월 23일에 완성한 것이다. 이 책의 내용은 '이에家' 제도의 문제를 영혼관에 입각해서 전개한 것으로, 그 중점은 일본 국민의 '생과 사를 초월한 순국의 지성'을 영혼관의 관점에서 설명하는 데 있다. ① 죽어도 영혼은 이 나라에 머물러 멀리 가지 않는다고 믿어온 점, ② 유현幽顯 2계의 왕래가 빈번하여 사자死者의 영혼이 종종 이승에 초대된다는 점, ③ 죽음에 즈음해서 사자는 사후에 달성해야 할 계획을 가지고 몇 번이고 다시 태어나 그 사업을 실현하려고 노력한다는 점 등이 야나기타가 설명하는 영혼관의 특징이다.

여기서 특히 ③은 '칠생보국七生報國' 관념으로 이 책의 대미를 장식한다. 일본을 '신국神國'이라고 부르는 이유도 영혼이 국토에 머물면서 다시 태어나 같은 나라에 봉사할 수 있다고 믿었기 때문이라고 한다.[13] 야나기타가 '저자 서문'에서 평화가 찾아오면 이용할 생각이었다고 한 것도 실은 전후의 입장에서 한 말에 지나지 않는다. 이 책은 야나기타 민속학의 입장에서 보면 전쟁터에 나가는 젊은이들의 심정을 격려하기 위한 것이다. 또한 '저자 서문'에서 이번 전쟁 체험은 "우리의 미래를 아직도 정확하게 예측하기가 어렵다는 것"을 명백히 했다고 하고, "이번에야 말로 충분하게 확실한, 두 번 다시 반동의 희생이 되어버리지 않도록 하기 위한, 민족의 자연과 가장 잘 조화를 이루는 새로운 사회조직을 생각해 내지 않으면 안 된다"고 말한다. 그러나 본문에서 그가 말하는 '새로운 사회조직'을 구상하는 것은 아무래도 힘들어 보인다.

패전 직후부터 야나기타는《대신궁 총서》등을 읽고 초록해서 1945년 말에는《제일고祭日考》와《산궁고山宮考》를 저술했다. 여기에 전시중의 강연을 포함한《우지가미氏神와 우지코氏子》를 합쳐서《신국학담新國學談》세 권이 된다. 이들 작품은《조상 이야기》의 뒤를 잇는 것으로 야나기타의 고유신앙론은 전시체제 말기부터 패전 직후에 걸쳐서 서둘러 체계화되었다는 인상을 받는다. 또한《혼인 이야기》(1948년)에 실린 논문은〈서입고婿入考〉를 제외하면 거의 46년에서 47년까지의 작품이며《가한담家閑談》(1946년)에 실린 논문은 대부분 전시체제 하에 쓰였다. '저자 서문'을 보면 당시에는 "이런 식의 이야기밖에 할 수 없었다"고 한다. 또한 1947년의 민속학 연구 초기에는 세상 사람들이 잊고 있거나 깜박하고 있는 문제를 다루어 "경종을 울리려는 시도였지만, 지금은 눈앞에 당장 급한 일이 있어 그렇게 쉽게 자기 마음대로 선택하는 것은 허용되지 않았다"고 한다. 여기서 그가 말하는 '급한 일'이란 바로 고유신앙과 가족제도에 집약되는 문제군이었다.[14] 전쟁 말기부터 패전 직후에 걸쳐서 야나기타의 활발한 저작활동은 대부분 여기에 집중되고 있었다. 야나기타 민속학이 일본의 현상과 미래에 대한 강한 위기의식에 휩싸여 체계화되었다는 점, 그리고 야나기타에게 있어서 위기의식이란 '이에'의 영속과 영혼관의 문제에 집중했음을 알 수 있다.

가미시마 지로神島二郎는 일본 '민족'의 의식에 관한 문제를 총체적으로 다루려고 시도했던 두 사람의 선각자로서 야나기타는 '정보의 조직화'에서, 마루야마는 '문제의 조직화'에서 각각 탁월했다고 한다. 그러나 야나기타는 정보의 조직화에서 더 나아가 자신의 문제의식을 보편화하여 "민속 변천의 추구를 상황문맥적인 현실 파악으로 승화시키지 못한 결점"이 있으며, 마루야마는 "사회적 현실의 저변으로 내려가 그 분석의 적확성을 보장하는 배려가 부족하여 자칫하면 형태적 파악의 명쾌함에 그치기 쉬울 뿐만 아니라, 반드시 역사적 현실을 파헤쳤다고는 말할 수 없는 단점이 있다"[15]고 지적한다. 가미시마는 이러한 두 선각자의 '분석 방법을 가교'하는 것이 자신의 입장이라고 하여《근대 일본의 정신구조》를 저술했다. 여기서 야나기타에 의한 '정보의 조직화'란, 야나기타라는 탁월한 조직자의 경지를 매개로 한 지식군을 말하는 것이며, 거기에는 선별과 치우침이 현저했다고 보아야 한다. 야나기타가 전시체제나 전후 민주주의 그 어느 쪽에도 일정한 거리를 둔 것은 분명한 사실이지만, 그렇다고 해서 거기서 야나기타의 문제구성을 파악하지 않은 채 편의적으로 이용할 수 있는 불편부당한 지식의 보고寶庫가 주어지는 것은 아니다. 야나기타가 보통 사람이 가지기 힘든 풍부한 식견을 우리에게 주고 있는 것은 분명하다. 그러나 그것은 어디까지나 야나기타의 고유한 입장을 매개로 정리된 것이라고 할 수 있다.

아카마쓰 게이스케의 민속학

1909년에 태어난 아카마쓰 게이스케赤松啓介는 고등소학교를 졸업한 후 증권회사의 급사, 상점의 견습생, 노점상과 흥행꾼의 잔심부름꾼, 영세 공장의 노동자 등에 이르기까지 갖가지 직업을 경험했다. 아카마쓰는 1925년에서 1928년에 걸쳐서 민속 조사를 시작했는데 기다 데이기치喜田貞吉의 《민족과 역사》와 《사회사 연구》에서 영향을 받았다고 한다. 그는 1925년경부터 종종 오사카의 여인숙에 머물면서 대도시 하층사회의 모습에도 관심을 가졌다. 1933년에 검거되어 기소유예로 귀향한 후에는 효고현兵庫県 히가시하리마東播磨 지방을 중심으로 민속조사를 시작했다. 1933년은 야나기타가 〈민간 전승론〉을 강의하기 시작한 해다. 이때의 강의 장소가 이듬해부터 목요회가 되고 전후에는 일본 민속학회의 월례회가 되었다. 《민간 전승론》(1934)과 《향토 생활의 연구》(1935)가 그 뒤를 이어 출판되었으며, '정보의 조직화'로서의 야나기타 민속학이 체계화되기 시작한 시기에 해당한다.

그러나 아카마쓰의 민속학은 야나기타와는 대조적으로, 아카마쓰는 "야나기타가 말하는 '상민'에 대한 끝없는 증오심을 품고 있었다"고 한다.[16] 아카마쓰의 야나기타 비판의 요점은 '상민' 개념의 초계급성에 있으며, 아카마쓰는 강좌파 마르크스주의의 계급사관에서 민속을 파악하지만 야나기타 민속학에는 주제상 성과 차별과 범죄가 민속학의 대상에 들어있지 않다. 아카마쓰가 특히 중시하는 것은 성性민속인데, 성에 대해서 자유롭게 이야기할 때 비로소 마을 생활의 깊이를 이해할 수 있다고 한다. 따라서 그런 세계에 대해서 언급하지 않는 야나기타 민속학은 민중 생활을 거의 피상적으로 보았을 뿐이라는 것이다. 고향으로 돌아온 아카마쓰는 민속 탐방과 생활수단을 겸하여 자전거로 행상을 나섰다. 자전거는 그 당시 시골에서는 주된 교통수단이었다. 고갯길 언덕의 입구나 그 정상에 있는 잠시 휴식을 취하기에 안성맞춤인 찻집에 가지각색의 사람들이 모여든다. 한 사람이 겨우 잘 수 있을 정도의 좁은 방도 있어서 찻집 여주인과 친해지면 그냥 재워주기도 한다. 특히 이런 찻집의 여주인이 아카마쓰의 민속 채집에 정보

제공자다. 그녀들 가운데는 지역사회의 뒷 정보에 통달한 인생의 달인이 많은 법이다. 대부분의 찻집은 주변 마을의 과부나 아낙들이 운영하며, 그 중에는 마을 사람과 교섭이 없는 도둑을 재워주는 곳이나 도박장과 같은 곳도 있다. 이런 장소에서는 말재주가 좋은 '산전수전 다 겪은 여성'이 있으면 이야기는 끝이 없다. 게다가 여자들만 있는 곳에 젊은 남자가 한 사람 가담하면 이야기는 더욱 무르익는다. 성에 관한 아슬아슬한 이야기가 그 중심이며, 물론 이것은 일반적인 민속 탐방에서는 들을 수 없는 내용들이다. 이러한 세계를 함께해 온 아카마쓰의 입장에서 보면 야나기타 민속학의 '요바이론'* 따위는 그냥 웃어넘길 이야기에 지나지 않는다.

아카마쓰가 만년에 저술한 세 권의 저작 《비상민非常民의 민속문화》(1986년), 《비상민의 민속 경계》(1988), 《비상민의 성민속》(1991)은 모두 타이틀에서 야나기타 민속학의 '상민'보다 더 주연적周緣的인 민중세계를 대상으로 했음을 명시해 준다. 이들 저작에서는 가난한 행상인이나 찻집 여주인 등의 숨결을 느낄 수 있으며, 그런 사람들과 술을 마시면서 같은 눈높이로 이야기를 나누었으리라 짐작할 수 있다. 아카마쓰에게는 이 밖에도 오사카의 여인숙 거리의 습속에 관한 보고도 있어 모두 지금은 사라져버린 세계에 관한 귀중한 기록이 되고 있다. 아카마쓰의 저작에는 반복되는 내용이 많고 정리가 잘 되어 있지 않은 부분도 있지만 야나기타 민속학과는 전혀 차원을 달리하는 세계를 우리에게 보여준다. 야나기타계의 연구자로 아카마쓰가 가장 신뢰하는 연구자는 미야모토 쓰네이치宮本常一인데, 그 이유는 미야모토가 전

* 한밤중에 성교를 목적으로 타인의 침소에 몰래 들어가는 것. 대부분의 경우 남성이 여성에게로 간다. 어원은 남성이 여성에게 구혼할 때 '부른다'의 의미를 가지는 '呼ばう'에서 비롯되었다고 한다. 근대화 이전의 농촌에는 마을 내의 '요바이'에 일정한 규칙이 있었으며, 이 규칙을 무시하고 타 지역의 사람이 '요바이'를 하러 올 경우 마을의 청년 조직이 이를 격퇴하는 경우도 있었다고 한다.

국을 발로 걸어 스스로 납득할 수 있을 때까지 조사하는 수법을 취했기 때문이다. 아카마쓰의 주요한 조사대상은 행상권에 해당하는 히가시하리마의 가코가와加古川 유역에 한정되어 있으나, 행상 생활 속에서 사회적 저변을 살아가는 주연적인 사람들에 관한 귀중한 기록을 남긴 것이다.

기다 미노루의 민속연구

기다 미노루きだみのる는 태평양 전쟁기에서 전후에 걸쳐 현재는 도쿄도 하치오지시八王子市에 편입된 온가타무라恩方村 헨나辺名 부락의 폐사 창고 뒤에서 혼자서, 때로는 자식과 둘이서 생활했다. 헨나는 관동평야가 끝나고 산 능선으로 접어드는 곳에 있으며, 늪을 따라서 펼쳐지는 가옥수 14호의 작은 부락이다. 기타가 사는 창고는 이 부락에서 산 쪽으로 조금 올라간 곳에 있었다. 마을의 경작지는 겨우 9천 평 정도였고 한 집에서 거의 3000평 정도를 경작하는 집도 있어 마을 사람들 가운데는 더러 겸업을 하는 경우도 있었다. 기타는 이곳에서 마을 사람들과 오랜 시간을 두고 사귀면서 채집한 기록을 《미친 부락 주유周遊기행》(1946년 《세계》에 처음 연재) 등의 저작물을 통해 발표했다. 원래 도시생활을 했던 기타에게 부락 주민들의 말과 행동은 종종 신선한 충격을 주었으며, "그것을 정신 병리의 사례처럼 생각하면서 기록하는 사이에" 점차 하나의 정리된 '정신구조'와 같이 보이기 시작한 것이다.[17] 기타는 파리 대학의 마르셀 모스Marcel Mauss에게서 배웠다. 모스는 후진 학자들에게 외부의 영향이 적은 비교적 고립된 소집단에서 집중조사를 하도록 권했기 때문에 기타가 그런 가르침에 따른 측면도 있다. '미친 부락'이란 말은 오해받기 쉬운 말이지만 기타는 이 표현을 의도적으로 선택해서 전후 지식인의 고정관념으로는

전혀 생각지도 못한 일본 사회의 기저부에 있는 이문화성을 강조한 것이다. 마을 사람들 사이에 '폐사 창고에 사는 선생'이 자기들에 관한 일을 '미친 부락'이라는 책으로 써서 돈을 벌었다고 소문이 났을 때 기타는 더 이상 그곳에서 살기 어려워 마을을 떠나야 했다.18)

《미친 부락 주유 기행》에 등장하는 마을 사람들은 제각기 개성이 있고 빈틈없이 자신의 이익을 추구한다. 세금과 경지 면적의 사정을 적당히 속이는 것 따위는 식은 죽 먹기고 마을의 공동 작업은 하루 3시간 만에 끝내 버린다. 식량 위기에도 서로 돕지 않고 혈연에 의한 유대도 약하며, "정의란 자신의 이익을 옹호하기 위한 장식에 지나지 않는다"고 생각한다.19) 그러나 마을 사람들에게는 때로는 친절하고 세심한 마음 씀씀이도 있다. 《미친 부락 주유 기행》은 마을 사람의 이러한 행동과 정신의 동태를 생생한 필치로 그린 것이다. 기타의 또 다른 저서 《닛폰 부락》에서는 부락의 조직체로서의 특징이 주제가 되고 있어 더 사회학적이라고 말할 수 있을지도 모른다. 부락은 10채에서 15채 정도를 단위로 하는 조직체로서, '세와야쿠(총무)', '오야가타(십장)', '히라(일반 회원)'로 구성되어 있다. '세와야쿠'는 말주변이 능숙하고 신용 있는 인물로 반드시 집안이나 재산에 의하는 것은 아니다. 마을 안에는 독특한 평형감각과 평등감, 공정감이 발달해 있으며, 마을 사람들은 '세와야쿠'에게 따른다고 하기 보다는 전통에 따른다. 부락에서 쓰는 용어에는 계급성이 없으며 여성의 지위가 높기 때문에 별도의 여성어도 존재하지 않는다. 마을 집회에는 각 호에서 세대주나 그 대리가 반드시 출석하여 전원 일치로 결정한다. 기타는 "이것은 의회 가운데 가장 민주적이며 이 이상 더 민주적이고 이상적인 의회는 만들지 못할 것"이라고 한다.20)

오쓰카 히사오는 《미친 부락 주유 기행》을 비롯한 기타의 저작이 일본 문화의 근저에 숨어있는 것을 밝혀냈다고 평가한다. 오쓰카에 의하면 그것은 이제까지 이론적 · 실증적으로 그 중요성이 지적되어 왔지만 학계에서는 아직도 충분한 설득력을 가지기에 부족했다. 그런데 기타의 저작에 의해 "거의 오해하기 어려운 형태로 좋든 싫든 보지 않을 수 없게 되었다"[21]고 높이 평가한다. 여기서 오쓰카가 주목하는 것은 부락 안에서는 사람들의 욕구가 전통적 습관에 대한 '공순'에 의해 제약되고 있는데 비해서, 부락 밖에서는 "그들의 있는 그대로의 인간적 욕구가 고삐 풀린 망아지처럼 방자하게 고개를 쳐들고 있다"[22]고 하는, 부락의 안과 밖에서의 윤리의식의 이중성에 관한 문제다. 오쓰카의 입장에서 보면 기타는 대내윤리와 대외윤리의 이중성, 다시 말해 일본의 전통적인 공동체가 지니고 있는 아시아적 성격이라고도 할 수 있는 것을 생생하게 그려낸 셈이 되며, 바로 이러한 이중성을 타파해야만 근대 시민사회와 자본주의 경제가 실현된다는 말이 된다. 그러나 기타가 부락의 고유한 실태에 역점을 두고 그려낸 것은 오히려 부락 사람들의 행동과 정신의 복잡한 동태이며, 기타의 기술 전체에서 보면 오쓰카는 거의 아전인수격으로 자신의 논리에 접목시킨 것에 지나지 않는다는 인상을 준다. 기타에게도 농촌의 생산력이 낮은 것을 탄식하는 말투가 눈에 띄지만, 마을 속의 전통적인 '민주주의'에 대해서는 높은 평가를 하고 있다. 오쓰카, 가와시마, 마루야마 등이 장대한 세계사상世界史像을 내걸고 일본 사회에 대한 비판적 전략을 전개하고 있을 때, 연배가 약간 위인 기타는 일본 사회에 관한 일종의 실제 모습을 파악하고 전후 계몽에 대하여 신랄한 반대 의견을 냉소적인 필치로 제시한 것이다.

3. 사상의 원점을 추구하여

계급투쟁사와 인민투쟁사로 불리는 영역에서 전후 역사학은 많은 사료와 사실史實을 발견해 왔으며 이러한 연구 동향은 오늘날까지도 계승되고 있다. 그러나 사회적 영향력이나 다른 분야와의 교류라는 시각에서 되돌아보면 오늘날에 와서는 민중사, 사회사, 문화연구 등에 더 많이 주목하고 있는 편이다. 이 장에서는 전후 사상사의 커다란 흐름 속에서 '민중'·'대중'을 다루고자 하는 입장이기 때문에 전후 역사학의 구체적 동향은 할애하기로 하고 여기서는 그 중에서 이로카와 다이키치色川大吉의 민중사 연구를 예로 들어보기로 하자.

이로카와 다이키치의 민중사 연구

전후 역사학에서 계급 투쟁사와 인민 투쟁사로 불리어오던 영역에 새로운 분석방법이 도입된 것은 이로카와의 〈곤민당困民黨과 자유당〉(1960)과 〈자유민권운동의 지하수〉(1961)라는 두 개의 논문을 획으로 한다. 전후 역사학의 틀 안에서 곤민당*은 자유민권운동**과의 사이의 지도·동맹관계로 파악되어 왔다. 그러나 이로카와는 곤민당과 자유당의 두 운동이 "이질적인 활동이 공존하지 않는 안항雁行이라는 형태가 대부분이었다"는 사실을 발견했다. 그리고 이러한 역사과정의 무게를 온몸으로 받아들여 고투하다가 패배한 이 운동의 지도자

---

* 자유민권운동 말기에 발생한 부채 반환에 관한 농민운동의 조직. 1881년 이후 메이지 정부가 강행한 지폐 정리에 의한 불황 하에서 1884~1885년에 걸쳐 간토, 주부 지방의 각지에서 부채와 이자의 감면 등을 요구하는 농민운동이 조직적으로 전개되었다.

** 국회개설과 헌법개정 등의 민주주의 정책을 요구하는 메이지 초기의 정치운동. 1874년 '정한론' 분열로 하야한 이타가키 다이스케(板垣退助) 등이 '민선의원 설립 건백'을 제출하면서 시작되었다. 처음에는 사족 중심의 운동이었으나 1880년을 전후해서 지방 호농층의 지지를 받으면서 전국적인 규모의 운동으로 발전하여 1881년에는 정부에게서 국회개설과 헌법제정의 약속을 받아내기에 이르렀으나 이후 운동은 침체되었다.

스나가 렌조須長漣造를 발굴하고, 그 후의 생애에서 스나가가 이 운동에 대해서 침묵한 것이 무엇을 의미하는지를 묻는 것으로 논문을 끝맺는다. 두 번째 논문은 약간 시점을 달리하여 민권운동에 관여하면서도 본격적인 활동가라고는 말할 수 없는 이시자카 마사쓰구石坂公歷와 기타무라 도코쿠北村透谷의 사적事績을 세밀하게 추적하여 그들의 인생과 사상형성에 있어서 자유민권운동이란 어떤 경험이었는가를 파헤친다.[23]

그 후 이로카와는 세미나의 학생들과 함께 산타마三多摩 지방을 중심으로 하는 지역의 민권운동과 부채 농민 소요에 관한 열정적인 사료조사를 계속하여 지바 다쿠사부로千葉卓三郎와 이쓰카이치五日市 헌법 초안 등, 다수의 파묻혀 있던 사실과 인물을 발굴하여 소개했다. 이러한 연구 성과는 《메이지의 문화》(1970)와 《신편 메이지정신사》(1970)로 정리되었으며, 70년대에는 〈천황제의 사상〉(1974), 〈근대 일본의 공동체〉(1974), 〈일본 내셔널리즘론〉(1977) 등으로 이어졌다. 이들 저작을 통해서 이로카와는 마루야마 마사오의 〈일본의 사상〉에 대항하는 형태로 '일본 근대사상의 전체상'을 그려내고자 한 것 같다. 그러나 그의 계획은 실현되지 않았고 75년을 경계로 이로카와의 관심은 쇼와사로 바뀌어 〈쇼와사 세상편世相篇〉과 〈자기사〉의 구상을 전개했다.[24] 70년대의 이로카와는 자유민권기에 관한 자신의 연구 성과를 야나기타 구니오의 민속학으로 보충하면 새로운 전체상에 도달할 수 있다고 생각한 모양이었다. 그러나 그것은 아마도 야나기타 민속학에 대한 과대평가이거나 아니면 선입관에 의한 오해였다. 투쟁하는 저변의 민중(이로카와)과 야나기타가 탐구한 민속사상民俗事象과는 거의 전혀 차원을 달리하는 세계이며 검증을 위한 소재 자체가 전혀 다른 관심으로 수집한 것이었기 때문이다.

그런데 이로카와는 80년대에 집필한 〈부지화해 민중사不知火海民衆史〉에서 청취 조사와 전승을 다양하게 구사하여 새로운 민속적 민중사라고 할 수 있는 것을 만들어 내고 있다. 미나마타水俣* 근대사에는 역사의 격동이 있으며, 그것에 관한 인터뷰는 이로카와 등의 조사에 앞서 이미 축적되어 있었다. 이로카와는 이러한 선행연구의 성과에 자신의 인터뷰를 더하여 새로운 형태의 근대 미나마타 민중사를 그려내고 있다. 그는 근대사 전공자로서 당연히 근대 미나마타에 관한 경제사와 정치사에도 눈을 돌리고 있다. 그러나 인터뷰와 민화民話에서는 민화적 기억이라고 할 수 있는 형태로 민중이 경험한 근대 미나마타의 역사가 각인되어 있으며, 여기서는 경제사나 정치사도 별도의 위상으로 보인다. 예를 들면 이로카와는 이 작품의 서두에서 아미노 요시히코網野善彦의 업적에 의거하면서 중세 미나마타의 '무연無緣'과 '성聖'에 관해서 언급하고 있는데, 그것은 미나마타병** 피해민의 심정에 "이러한 '무연'과 '성'에 대한 뿌리 깊은 심정이 감추어져 있다"고 생각하기 때문이다. 예를 들면 미나마타 투쟁의 획을 이루는 1951년 11월 어민들의 공장 돌입 사건을 높이 평가한다. 여기서 어협이라는 전통 고수형의 기성 조직이 투쟁하는 조직으로 전환하고, 전시기의 군대 편성이 상기되어 중요한 역할을 했다고 한다. 이 점에 관해서 "지난 전쟁에서의 민중의 전쟁 체험은 결코 부정적인 유산만은 아니었던 것이다"[25]

* 구마모토현 남단에 있는 인구 3만 명 가량의 시. 카바이트 · 암모니아 · 비료 등의 공업이 성행하고 있다.

** 마나마타병은 유기 메칠 수은중독에 의한 신경질환의 병으로 사지의 감각장해 · 운동실조 · 언어장해 · 경련 등을 일으키며 중증의 경우에는 사망하는 병이다. 1953~1959년에 걸쳐 미나마타 지방에서 공업 폐수에 의한 유기수은에 오염된 어패류를 먹음으로써 미나마타병 환자가 집단적으로 발생했다. 이후 니가타현에서도 같은 유형의 공해병이 발생했으며 이를 제2의 미나마타병으로고 부른다. 미나마타병과 제2의 미나마타병, 이타이이타이병, 욧카이치 천식을 4대 공해병이라 하며, 전후 일본의 급속한 경제발전에 따른 부작용으로 알려져 있다.

고 한 것은 이로카와다운 평가다. 질소 미나마타 공장이 생겨 지역 사회에서 커다란 변동이 생기고 또한 미나마타병이라는 가혹한 체험이 지역사회를 직격하자 사람들의 생활 경험에 갖가지 의미 전환이 생겨 일상성의 바닥에 가라앉아 있던 관행과 전승에도 새로운 의미가 부여되어 버리는 것이다.

요시모토 다카아키와 '대중'

이로카와보다 1년 위인 요시모토 다카아키吉本隆明의 경우 전쟁 체험의 과정이 이로카와와는 다르며, 계몽적 근대주의나 마르크스주의에 대해서도 더욱 완고한 거절의 입장을 고수하면서 전후를 살아왔다. 요시모토가 안보투쟁에서 급진파 학생들과 행동을 함께하는 길을 선택한 이유는 그들의 정세 분석과 정치 전략에 동의했기 때문이라기보다는 기존의 정치사상과 정치세력에 대한 거절이라는 점에서 공통점이 있었기 때문이었다. 전후 계몽주의와 마르크스주의를 비판할 때 요시모토의 키워드는 '대중'이지만, 이러한 거절의 강인성에 대응하여 그가 말하는 '대중'상은 완고하게 원리적인 것이었다.

요시모토의 '대중'론은 먼저 전향론으로 전개되었다(〈전향론〉, 1958). 요시모토에 의하면 전향이란 "일본의 근대사회의 구조를 총체적인 전망으로서 잘못 파악했기 때문에 지식인들 사이에서 발생한 사고 변환을 말한다". 전향이란 무엇보다도 사상적 패배인 것이다. 그것을 계속 파고 들어가면 "대중으로부터의 고립(감)이 최대의 조건"이 되어 일어난 현상이지 권력에 의한 강제 · 압박을 "최대의 요인"으로 하는 것은 아니다. 따라서 이른바 '비전향'도 대중의 현실적 동향과 접촉하지 않고 그 사상원리를 지켜나가는 데 지나지 않는 것이라면 역시 '전향의 한 형태'에 불과하다.[26] 여기서 요시모토는 마르크스주의도 포함하여 근대 일본의 갖가지 사상은 대중과 그 생활사상을 다루지 않는 모더니즘이며, 그런 까닭에 전향이 불가피하게 사상적인 사어死語의 연쇄를 낳을 수밖에 없었다고 엄격하게 비판한다. 이러한 견해를 요시모토는 다양한 형태로 되풀이해서 주장하나 〈자립의 사상적 거점〉(1965)은 이 점을 더욱 원리적으로 전개한 논고다.

> 내가 과제로 삼고 싶은 사상적 언어는 이 각 시대의 첨단과 토속 사이에서 펼쳐져 있는 언어 공간의 구조를 하강하고, 또한 상승할 수 있는 곳에 있다. 우리나라에서는 대중적인 언어에 고집하는 사상은 반드시 세상을 등진 사람의 사상이다. 마찬가지로 첨단적인 언어에 고집하는 사상은 반드시 모더니즘의 사상이 되지 않을 수 없다.[27)]

이러한 방법적인 입장은 전후 실용주의pragmatism의 언어사상, 특히 쓰루미 슌스케鶴見俊輔의 그것과 대립하는 것으로 이해된다. 요시모토의 입장에서 보면 쓰루미 등은 전시기 모더니즘의 사상적 패배를 바탕으로 토속의 언어에 주목한 점에서 평가할 수 있지만, 토속의 언어가 어떻게 굴절하여 환상으로 전화하고 표현과 현실을 뒤바꿔어 버리는가를 파악할 수가 없다. 실용주의 언어사상은 그 기능주의로 인하여 이 '뒤바뀜과 굴절의 구조'를 대상화하는 논리를 가지고 있지 않다는 것이다.[28)]

그렇다면 대중의 토속적 생활사상은 어떤 형태로 사회적으로 존재하는 것일까. 그것은 거꾸로 서기와 굴절을 거쳐 "그 거울을 지배자의 사상과 지배의 양식 속에서 가장 잘 발견할 수 있다"[29)]고 요시모토는 말한다. 내셔널리즘, 특히 초국가주의가 바로 그런 것으로 "궁극적으로는 천황을 초월적으로 받드는 자연적인 공동체의 관념으로 수렴한다". 국가는 본원적으로는 종교를 원천으로 하여 종교에서 법 · 국가로 전개하는 환상 과정인 것이며 초국가주의는 이러한 환상 과정을 원리적으로 추구한 형태로 표현한 것이다. 이렇게 볼 때 초국가주의를 '반동의 논리와 심리'의 문제로 환원한 마루야마는 잘못되었다.[30] 마르크스주의의 이론적 우위를 인정하면서 그것을 보완하려 한 사르트르의 《방법의 문제》 등도 토속의 언어를 언급하지 않아도 되는 행운의 전통 위에서 그 논리를 전개하는 데 지나지 않는다. 요시모토가 이렇게 말하는 것은 토착의 언어와 지식인의 언어가 불가피하게 괴리하는 '긴장의 구조'를 살아가지 않을 수 없다는 점에서 자신의 사상성이 사르트르보다도 훨씬 근원적일 수 있다고 자부하기 때문이다. 곧 일본 사회의 후진성은 오히려 요시모토라는 개성을 통해서 사상의 원리적인 투철성으로 이어진다는 말이다.

요시모토는 또한 국가와 정치가 대중의 생활사상을 뒤바뀌게 한 환상 과정에 속하는 데 대하여 '이에' 내지는 가족과 관련된 환상은 성을 매개로 한 '대환상對幻想'이며, "인간 존재의 구체성을 벗어날 수가 없다"고 한다. 두 개의 환상은 원리적으로 대립하며 국가라는 환상을 의심하는 자는 '이에' 내지는 가족이라는 형태에서만 "현실적인 사상을 가질 수 있다".[31] 요시모토는 이 가족을 축으로 하는 대중의 생활과 생활사상을 옹호하여 "여기에 '자립'주의의 기반이 있다"고 한다. 이것은 전시체제 하에서 옥중의 공산주의자에 관한 쓰루미의 기술에 대해서 언급한 것으로, "일본의 대중은 조건에 따라서는 적이 될 수도 있다고 인식하는 쓰루미의 단정에 반대하고 싶다"고 한다.[32] 구체적인 차원에서는 생활자로서 훈련된 건전한 사람들을 존중한다는 생각이 요시모토에게는 뿌리 깊다. 요시모토는 훗날 생활하는 대중이 요구한다는 이유로 고도성장 하에서 자본주의 사회의 현실에 긍정적인 발언을 하게 되었다. 그러면서도 "자신의 사상적 자립은 여전히

'대중의 원상原象'을 근거로 하고 있으며 그 외의 것을 근거로 한 사상은 모두 무효라는 것이 지금 더욱 확실해 지고 있다"[33]고 단정하는 입장이다.

요시모토가 '대중'의 생활사상과 지식인의 사상은 정반대의 서로 다른 차원에서 이어져 있다고 말했을 때, 거기에는 우리들의 사상이라는 것이 실은 안이한 자부심에 지나지 않는 것이 아닌가 하고 위협하는 충동의 힘이 있었다. 요시모토의 사상이 60년대에 급진적인 젊은 이들에게 수용되었던 것은 이러한 단절과 단념의 감각 때문이었음이 틀림없다. 그러나 요시모토는 원래 일본이라는 민족국가를 전제로 하여 그 환상 과정을 대상화하려고 생각했으며, '대중의 원상'에서 '대중'은 어디까지나 일본의 '대중'이다. 따라서 요시모토가 고도 자본주의사회라는 일본의 현실을 사고의 전제로 받아들여 "국민 대중이 사치를 할수록 좋다. 그럴수록 불황에 빠지지 않는다"[34]고 말했을 때, 이제까지 그의 사상을 특징짓던 단절감과 심연을 내다보던 감각이 완전히 상실된 듯하여 놀라울 뿐이다.

쓰루미 슌스케의 '대중'

쓰루미는 요시모토를 튼튼한 체질에 투사형이며 편집광적이라고 평가한다. 거기에는 "편집광적인 성격 특유의 좁은 시야"가 있으나, 그런 까닭에 대부분의 일본인들이 가지는 변하기 쉽고 타자지향적인 성격에서 자유로움으로서 엄격하게 일관된 비판성이 있다고 평가한다.[35] 쓰루미는 요시모토를 전후 일본이 낳은 가장 중요한 사상가의 한 사람으로 높이 평가한다. 그러나 요시모토의 위와 같은 사상의 특징으로 인하여 《마태복음 시론》*에서 말하는 '관계의 절대성'이 그

* 《マチウ書試論》은 유태교에 대한 원시 기독교의 증오의 파토스와 반역의 윤리를 추

후의 사상적 영위에도 도입되어 현실의 제 관계에 대한 끈질긴 변혁의 노력을 불가능하게 했다고 비판한다.[36] 앞서 말했듯이 요시모토는 쓰루미의 실용주의의 언어사상을 비판함으로써 자신의 입장을 내세우려고 했다. 그러나 쓰루미의 입장에서 보면 사람들의 일상 언어 속에야말로 풍부한 가능성이 내포되어 있다. 우리들의 일상 사고를 분석하는 '일상 논리학'을 만들어 내는 일은 전후의 쓰루미가 출발점에 서 있던 과제이며, 이러한 입장에서 사상가의 사상을 정밀하게 분석하는 마루야마와 자신을 구별하기도 한다. '대중의 지적 전통'의 존재를 전제로 하는 것이 쓰루미의 입장이며, 거기에는 '단편성'이나 '행위' 따위도 매우 중요하다고 본다.[37] 이러한 입장에서의 쓰루미의 작업은 다채롭고 풍부한 내용으로 가득 차 있으나 여기서는 《전후 일본의 대중문화사》가운데 만화와 만담에 관한 부분에 주목하고자 한다.

만화는 1920년대에 미국에서 수입되었지만 〈조수희화鳥獸戱畵〉*나 호쿠사이北齋 만화와 같이 오랜 전통에서도 유래한다고 쓰루미는 지적한다. 쓰루미가 특히 주목하는 작품은 시라토 산페이白土三平와 미즈키 시게루みずきしげる에서 시작되는 1960년대 이후의 작품이다. 시라토에게는 고도 경제성장에 매진하는 일본 사회를 허무주의와 원한의 감정으로 저변에서 올려다보는 시점이 있다. 미즈키 시게루는 남태평양의 라바울 섬에서 공습으로 왼팔을 잃은 상이군인으로 전후에는 도쿄 거리에서 흰옷을 입고 구걸하는 일도 있었다. 미즈키의 작품에는 애니

구한 요시모토의 출세작으로 알려져 있다.

* 두루마리 그림의 국보. 갑 · 을 · 병 · 정의 전 네 권으로 되어 있다. 현재는 갑 · 병권이 도쿄 국립박물관에, 을 · 정권이 교토 국립박물관에 기탁되어 있다. 각권의 화풍이 달라 복수의 작자에 의해 그려진 것이라는 설이 있으며, 제작 연대는 12~13세기로 추정되는 이른바 희화(戱畵)의 집대성이라 할 수 있다. 다분히 역사상 무명의 승려 등이 동물 등을 비유하면서 세상을 우려하여 풍자한 것으로 보인다. 동물과 인물을 희화적으로 그린 것으로 토끼, 개구리, 원숭이 등을 의인화한 갑권이 가장 유명하며 '일본에서 가장 오래된 만화'로 평가된다.

미즘과 민간신앙의 색채가 진하다. 국수집에서 숙식하며 점원으로 일하다 만화가가 된 쓰게 요시하루つげ義春의 작품에도 어두운 기괴함이 그려져 있다. 또 주인공이 '엄청나게 뚱뚱한 영양 과잉의 초등학생'으로 관심은 오직 '돈과 성에 집중'한다는 야마가미 다쓰히코山上たつひこ의 《개구쟁이 형사》도 고도성장 하의 일본 사회를 기괴한 모습으로 비추어 내고 있다.

만담도 연회의 여흥에서 유래하는 전통적인 예능인데, 1920년대에 라디오 방송을 타면서 유행하였으며, 도쿄대학생이자 좌익 활동가였던 아키다 미노루秋田実와 나가오키 마고토長沖一의 지혜를 빌려 새로운 예능으로 성장했다. 여기서 쓰루미는 미야코 조초ミヤコ蝶々와 난토 유지南都雄二, 교 우타코京唄子와 오토리 게이스케鳳啓助라는 이혼한 두 팀에 주목한다. 특히 시청자도 참가하는 '부부젠야夫婦善哉'라는 방송에서 대중은 평범하고 안락한 가정생활을 영위하는 사람들보다도, 복잡한 생활 경험을 거친 조초와 유지에게 결혼생활에 대한 고충을 의논하기 쉬웠다고 한다. 조초는 학교에 다닌 적이 없고 글도 읽지 못했다. 그러나 그런 인물이야말로 "사물을 말하지 못하는 사람의 지혜를 대표한다"고 지적한 것은 참으로 쓰루미다운 민중주의다.[38)]

흥미로운 일로 마루야마는 쓰루미의 철학(일상성의 사상)은 크게 신용하지만 그의 실제적인 '일상 감각'은 신용하지 않는다고 야유한다. 쓰루미가 일본 최고의 권력자 가계*에서 자란 것을 두고 마루야마는 자기가 훨씬 '전근대적'이라고 한 것이다.[39)] 이러한 발언에 마치 대응이라도 하듯이 쓰루미는 다른 곳에서 자신의 '대중으로부터의 고

* 쓰루미 슌스케의 조부는 메이지 · 다이쇼 시대의 유명한 정치가 고토 신페이(後藤新平), 부친은 쇼와시대의 정치가 쓰루미 유스케(鶴見祐輔), 동생은 사회학자이며 조치대학의 명예교수인 쓰루미 가즈코(鶴見和子), 인류학자로 유명한 쓰루미 요시유키(鶴見良行)는 사촌동생, 영문학자 요코야마 사다코(横山貞子)는 부인, 아들 쓰루미 다로(鶴見太郎)는 와세다대학 교수다.

립'을 인정하고 그것은 "생각하고 싶지 않기 때문에 생각하지 않는다"고 말한다. 이것은 쓰루미의 전후의 발자취에서 보면 뜻밖의 태도처럼 들리지만, 여기서는 오히려 만년의 쓰루미의 솔직한 입장 표명으로 받아들이고 싶다. 실체론에 의하든 이론에 의하든 대중을 총체적으로 파악할 수 있다는 입장을 취하는 것이 쓰루미가 가장 자부하는 사상이며, 그러한 독단론을 벗어난 곳에 선다는 것이 쓰루미의 일관된 입장이었다. 그리고 그러한 발상은 아마도 자신을 '악인'으로 평가하는 사상과도 결부되어 있을 것이다.[40] 악과 타협과 절충과 교활, 그것이 인간과 사회에 있어서 불가피한 지혜이기도 하다는 것을 자각한다면 세계는 훨씬 풍요로운 모습을 보여줄 것이다.

4. '시민'과 '대중'

'대중사회'론과 '시민'

'대중사회'라는 용어는 1956년부터 이듬해에 걸쳐 근대 정치학과 사회과학의 새로운 개념으로 사용되기 시작했다. 이 개념을 체계적으로 전개한 마쓰시타 게이이치松下圭一에 의하면 독점자본주의 단계에 달한 근대 사회에서 노동자 계급이 체제 안으로 들어가면서 새로운 '중산 계급'이 형성되었으며, 그러한 사회 구조의 변화에 소비사회와 대중 매체의 발달 등의 대중문화가 결합하여 20세기 초두에 '대중사회'가 성립했다. '시민사회'가 단순한 상품 교환 관계에 있는 독립된 자유로운 소생산자들의 사회를 원형으로 하는 데 대하여, 새롭게 성립한 '대중사회'에서는 사회 과정 전체가 기술화되고 정서화 한다. 보통선거권과 복지국가화는 노동운동과 사회주의운동을 체제 내로 들어오게 하여 '대중사회'의 성립을 촉진한다. 대중은 데모크라시의 주체이면서도 오히려 조작 대상이 되고 정치적 자유는 공동화할 가능성이 크다.[41)]

이상은 서구의 선진사회에 관한 마쓰시타의 개념이다. 그리고 이 이론을 일본 사회에 적용한 것이 황태자(현 천황)의 결혼 붐을 논한 〈대중천황제론〉(1959)이다. 여기서 마쓰시타는 황태자의 결혼을 전후해서 일어난 황태자비 붐이 과거의 천황제와는 이질적인 '대중천황제'의 성숙이며 "천황의 정통성의 근거가 '황조황종皇祖皇宗'*에서 '대중동의'로 변화했다"거나, "황태자 붐의 피해자는 과거의 천황제 사상이라고 할 수가 있다"고 지적하는 등, 지금 와서 보면 사태의 일면만을 지나치게 과장해서 논의를 전개하고 있다. 마쓰시타의 입장에서 보면 이러한 새로운 형태의 "카리스마 내지 스타를 낳기 쉬운 심리 상황"이 곧 '대중사회 상황'이었다.

그러나 마쓰시타와 같은 일본의 대중사회론자들은 대중사회화에 의해 개인은 전통적인 생활공간에서 해방되어 행동의 자발성이 가능해 진다는 측면도 강조한다. 이것은 56년의 경직법警職法** 반대투쟁과 60년의 안보투쟁과도 관련되는 견해로, 도시의 신중간층을 중심으로 하는 '시민적 저항'을 투쟁의 주요한 담당자로 보는 입장이다. 마쓰시타에 의하면 50년대 말의 일본에서는 구중간층에 의해 지배당하는 '무라상황'의 인구가 70%에 가까웠으며 '매스상황'***의 주된 담당자

* 황조는 일본의 조상신 아마데라스 오미카미(天照大神), 황종은 1대 진무천황(神武天皇)을 말한다.

** 정식 명칭 '경찰관직무집행법'은 경찰관이 경찰법에서 규정하는 "개인의 생명, 신체 및 재산의 보호, 범죄의 예방, 공안의 유지 및 기타 법령의 집행 등의 직권 직무를 충실하게 수행하기 위해서 필요한 수단을 정하는 것을 목적으로 한다"는 법률(동법 1조 1항)이다. 경찰의 책무를 달성하기 위한 수단을 정하는 것으로 주로 경찰관의 '즉시강제'에 관한 일반법으로 제정되었다.

*** 마쓰시타는 일본 자본주의를 '매스상황'과 '무라상황'이라는 모순된 이중 구조를 가

인 신중간층은 15%에 지나지 않았지만, 후자의 '사회적 위신'이 급속하게 상승해서 새로운 상황을 만들어내고 있다고(기대를 담은 표현이겠지만) 한다.[42]

'시민'이라는 말은 60년 안보투쟁 당시부터 널리 사용되기 시작했다. 구노 오사무久野収는 "'시민'이란 "직업'을 통해서 생활하는 '인간'으로 정의된다"고 한다. 이 정의의 특징은 직업의 공간과 생활의 공간이 분리되는 것을 중시하는 것이다. 즉 이러한 분리에 의해 국가 속에 생활권과 구별된 직업인들에게 고유한 사회관계가 만들어지고, 거기에 자율과 자유가 생긴다고 보는 것이다. 직업과 생활이 결합해 있는 것은 신분제에 적합한 사회이며, 거기에는 직업상으로도 생활상으로도 자율적인 사회라는 것이 존재하지 않는다. "시민운동이란 직업인으로서의 자각에 입각한" 운동을 말한다.[43] 구노는 적극적으로 전개하고 있지 않지만 직업과 생활의 장이 분리되면 생활자로서의 자각에 입각한 지역주민의 운동도 발생할 것이며, 이것이 또 하나의 시민운동이 된다고 본다. 마쓰시타도 안보투쟁 등의 경험을 바탕으로 60년대 일본에 "메이지 백년의 역사에서 처음으로 '시민'이 성립하는 사회적 조건이 성숙했다"고 '진단'했다.[44] 그러나 그 후의 사태의 추이에서 보면 60년 안보투쟁을 전후한 발언의 대부분은 기대감이 지나치게 앞

진 것으로 보았다. '매스상황'은 신중간계급이 증대하고 일본국헌법의 민주적 감각이 정착하고 있는 도시부에서 진행되고 있는 상황을 말한다. 그것은 안보투쟁과 같은 시민적 저항을 가능하게 함과 동시에, 그러한 저항의 에너지를 적절하게 조직하는 정치적 리더십을 결여할 경우 대중민주주의로 퇴행한다고 본다. 한편 '무라상황'은 농촌에서 전후의 농지개혁, 농업의 기계화, 오락의 침투 등에 의해 그 사회 형태가 급속하게 변모하고 있음에도 불구하고 전근대적인 행동양식과 사고형태가 뿌리 깊게 남아있는 상황을 말한다. 이와 같이 봉건적인 인간관계에 의거한 전통적인 정치가 소멸하지 않고 있는 상태에 있음으로써 보수정치의 강고한 지반을 제공하고 있는 것으로 본다. 결국 이러한 '무라상황'이 지배적이었기 때문에 혁신세력의 조직화가 저지되어 자민당의 지지기반이 되었다고 보는 것이다.

서 있어서 이제 와서 보면 거의 공허한 말에 가깝다. 구노가 말하는 직업인으로서의 자각에 입각한 운동은 가장 영향이 적으며, 공해 반대 운동 등과 같이 지역주민의 이해와 관련된 운동만이 고립과 분단에 처하면서도 끈질기게 계속되어 왔다고 말할 수 있다.

히다카 로쿠로의 '시민주의'

히다카 로쿠로日高六郎도 60년대 초까지는 '시민주의' 기수의 한 사람이었다. 그러나 훨씬 후일에는 60년 전후에 "눈에 보이기 어려운 산문적 변화"가 생겨 긴 안목으로 보면 변화한 쪽이 더 중요한 의미를 가진다고 말하게 되었다.[45] 히다카는 사회학자답게 의식조사의 자료를 인용하면서 국민의식의 추세는 '경제주의' 시대가 시작되는 58년을 경계로 '멸사봉공'에서 '멸공봉사'로 전환했다고 한다. 일본인의 이러한 의식 변화는 사상 · 이데올로기상의 논쟁보다도 "더욱 깊은 곳에서 발생하는 것"으로, "고도성장이 만들어 낸 현재의 생활양식을 유지 · 확대하고 싶다"는 것을 나타낸다. 얼핏 자유로운 선택이 존재하는 것처럼 보이지만, "생활수준과 생활양식의 유지 확대에 대한 집착이라는 점에서는 가치관의 획일화야말로 의식의 심부에서 진행하고 있다". 히다카가 가르치는 여대생들은 연애와 성과 결혼에 관해서 옛날보다 훨씬 자유로운 의식을 가지고 있는 것처럼 보이지만, 실제로는 "세상의 상식에서 벗어나지 않는다"는 점에서 결국은 부모를 안심시킨다. 도쿄대학에서도 60년경을 경계로 졸업 후에 노동조합이나 혁신정당의 활동가가 되는 길을 선택하는 사람은 거의 없어졌다. 젊은이들은 친절하고 어른스러워졌으나 "확신할 수 있는 '올바름'이나 '현명함'도 가지고 있지 않는 이상, '친절함' 이외에 무엇이 있는가"하고 히다카는 말한다.[46]

히다카는 《전후사상을 생각한다》에서 60년대 후반의 학생운동에 대해서 언급하지 않으며, 60년대에서 70년대 초에 걸쳐서 도쿄 · 오사카와 기타 많은 도시에서 혁신수장이 탄생한 것에 대해서도 언급하지 않는다. 60년 전후부터 70년대 초에 걸쳐서는 혁신계의 정치 동향에도 갖가지 가능성이 있었다. 그러나 히다카가 말하는 변화가 확실하게 나타난 것은 70년대 중반부터이며, 73년의 석유파동을 경계로 갖가지 차원에서 일본 사회 전체의 보수화가 진행되었다고 할 수 있다. 그리고 그것은 히다카도 지적하듯이 고도 경제성장과 그 성과를 향유하고자 하는 사생활주의의 만연이라는 국민의 생활의식 · 생활양식의 변용을 의미한다. 이러한 동향을 배경으로 70년대부터 80년대에 걸쳐서 전후 계몽주의와는 이질적인 일본 사회론 · 일본 문화론이 등장하여 널리 관심을 모았으며, 또한 기업사회의 해명을 지향하는 일본적 경영론이 유력해졌다. 이러한 새로운 동향의 특징을 파악하기 위해 여기서는 무라카미村上泰亮와 야마자키山崎正和의 저작에서 그 단면을 살펴보기로 하자.[47]

무라카미의 '신중간대중'과 야마자키의 '근대' 비판

무라카미의 《신중간대중의 시대》(1984)는 '전후 일본의 해부학'을 목표로 한 의욕적인 작품이다. 이 책은 무라카미가 '신중간대중'이라고 부르는 존재가 "사태를 결정할 것이라는 전망"[48]에서 집필된 것이었다. 무라카미가 말하는 '신중간대중'은 '중간계급'과는 엄밀하게 구별된다. '중간계급'은 일정한 소득과 자산을 가지며 자본주의 사회의 문화적 리더에 해당하는 지적 전문가 집단과 관리자층을 낳는 사회층이다. 이러한 사회층은 전전의 일본에서는 인구비로 3~4%, 최대한이 10% 정도로 일반 민중과의 사이에는 넘기 어려운 계급 장벽이 있었다. 그러나 전후의 경제성장 과정에서 계급간의 소득격차가 줄어들고 생활양식도 균질화되어 계급관계를 구조적으로 고정하는 요인이 적어졌다. 여기서 무라카미는 총리부의 〈국민생활에 관한 여론조사〉에서 '자신의 생활정도'를 묻는 질문에 '중'이라고 대답한 사람이 90%에 달한 사실과 SSM조사(사회층 · 사회이동조사)에서 나오는 같은 결과를 근거로 종래의 분석개념으로는 파악하지 못한 이 압도적인 다수를 차지하는 사회층을 '신중간대중'이라고 부른다. 이러한 새로운 사회층은 고도경제성장기 체제의 수익자라는 의미에서는 '유산자 아류'이지만, 그렇다고 해서 과거의 '중간계급'과 같이 기득권을 가지고 있는 것은 아니다. 이 계층은 계획성 · 능률지향 · 업무지향 · 사회적 관심 등의 '수단적 가치'를 싫어하고 현재중심 · 정서지향 · 여가지향 · 사생활 지향 등의 '즉자적 가치'로 경도되기 쉬우며, 그들의 비판이 "산업화를 지탱해 온 수단적 합리성 그 자체로 향해지고 있는 경우도 있다"고 한다.[49] 그러나 그들은 또한 경제성장의 성과를 향유하려는 경향이 강했는데, 그것은 1970년대 말 이후 보수정당 지배의 부활로 나타났다. 얼핏 자민당 지지가 증가한 것처럼 보이지만, 실은 이른바 '약한 지지자'의 증대에 의한 것으로 보수정당의 지배는 결코 안정된 것이 아니었다. 게다가 일본 경제의 고도성장을 지탱한 국제적 · 국내적 제반 조건이 상실되고 있는 점에도 유의할 때 보수회귀와 같이 보이는 현상도 결코 안정된 것은 아니다. 전통부활형 내셔널리즘과 이익지향형 정치는 그것만으로는 새로운 사태에 대처할 것 같지도 않다. 따라서 무라카미는 '새로운 보수주의의 원칙'이 필요하다고 끝을 맺는다.[50]

무라카미에게는 이밖에도 공저 《문명으로서의 이에 사회》(1979)와 《반고전의 정치경제학》(1992), 《반고전의 정치경제학 요강》(1994)

등의 역작이 있으며, 일본 사회의 특징을 파악하면서 산업사회의 일반 이론을 겨냥하는 성격이 강하다. 그러나 거기에는 일본 사회의 전통과 현상에 대한 적극적 평가와 결부된 극심한 위기의식이 있으며, '새로운 보수주의'를 위한 필사적인 모색이 엿보인다. 그러나 무라카미는 이 진정한 과제를 다 하지 못한 채 병마에 쓰러졌다.

야마자키의 '부드러운 개인주의'[51]라는 개념은 무라카미의 '신중간대중'에 대응한다. 야마자키가 특히 주의하는 것은 소비에서의 개인주의화라는 것이다. 즉 70년대에는 소비의 사회적 가치가 착실하게 높아지기 시작하면서 개인은 더욱 개별적인 기호에 따라 상품을 선택하고 물질적인 상품보다도 '개인적인 서비스'를 요구하게 되었다고 한다. 무라카미가 '즉자적 가치'라고 부른 것에서 소비라고 하는 더욱 성숙한 시대의 '개인주의'를 읽어낸 점에서 평가의 초점에 차이가 있다. 이 소비의 문화는 쾌락주의나 무질서와는 다른 것으로 일본에는 소비를 함께하는 '사교문화'의 오랜 전통이 있었다고 한다. "사람이 소비라는 행위에 관련하는 한 그의 자아는 본질적으로 타인을 그 안에 포함하여 성립하며, 더구나 그것은 타인과의 조화적인 관계를 포함하여 성립한다"고 야마자키는 말한다.[52]

기묘하게 낙관적인 소비문화관과 일본의 문화전통에 대한 즉자적인 긍정에 놀라게 되는데, 이것은 예를 들면 장 보드리야르 등의 근대를 비판하는 입장에서의 소비문화 비판을 염두에 두고 있다. 야마자키의 이러한 반근대적인 급진주의에 대한 비판은 이후의 저작《근대의 옹호》(1994)에서 주제가 된다. 여가와 '태평스러운 아마추어의 취미'를 비판하고 규율의 중요성을 강조하는《근대의 옹호》는, 논리상으로는《부드러운 개인주의의 탄생》에서 소비문화를 긍정한 것과는 모순되는 것처럼 보인다. 그러나 그것도 실은 질서 일탈적인 것을 거절하고 건전한 보수주의의 이론을 구축하려는 입장에서의 일관된 모색일 것이다.

'21세기 일본의 구상'과 국가의 역할

〈21세기 일본의 구상〉 간담회의 《일본의 프론티어는 일본 안에 있다》(2000)는 현대 일본 보수주의의 강령적 성격을 띤 문헌이다. 세계화 속에서 "이대로 가면 일본은 쇠퇴해 버리지 않을까"하는 위기의식을 바탕으로 전후 일본의 '성공 모델'이 '지금은 오히려 일본을 죽이는 결과'가 되고 있다고 본다. 집단의 화합을 존중하는 윤리에서 벗어나 "위험을 감수하며 자신이 지향하는 것에 선구적으로 도전하는 '늠름하고 부드러운 개인'의 시대가 도래해야 한다는 것이다. 그리고 이를 위해서는 '결과의 평등'에 이별을 고하고 '업적과 장래성을 평가하는 공정한 격차'의 원리가 필요하다"고 한다. 이는 곧 철저한 신자유주의 · 경쟁 원리의 주장이며 1970년대부터 1980년대에 걸쳐서 널리 지지를 받았던 일본 사회론 · 일본 문화론과는 대조적으로 다른 미래상이다.

그런데 이 책이 더욱 독특한 것은 야마자키를 좌장으로 하는 제5분과회에서의 교육에 관한 제언이다. 여기서는 교육에서도 국가와 시장이 협력하여 그 역할을 다해야 한다고 주장한다. 즉 각각 '통치행위'로서의 교육과 '서비스'로서의 교육을 담당하는 것을 의미한다. '통치행위'로서의 교육이란 귀에 익숙하지 않은 표현인데, 국가가 국민을 통합하고 사회질서를 유지하기 위하여 국민이 일정한 정도의 지식과 인식 능력을 가지도록 요구할 수 있는 국가의 권능을 말한다. 그런 의미에서의 교육은 "경찰과 사법기관 등에 허용된 것에 가까운 권능을 갖추고 그것을 보완하는 기능을 가진다"고 한다. 의무교육의 교과 내용은 압축되고 의무교육 주3일제가 제안되고 있는데, "국가는 이를 본래의 통치행위로서 자각하고 엄정하며 또한 강력하게 행하여야 한다."[53] 그리고 이러한 의무교육을 넘어서는 것이 '서비스'로서의 교육으로, 시장이 그 주요한 역할을 맡는다. 아마도 '늠름하고 부드러운 개인'은 후자에 의해 키워지며 그들은 '공정한 격차'를 향유하게 될 것이다. 그러나 한편으로 그러한 능력을 결여한 사람들(다수파)은 국가의 엄정한 '통치행위'의 대상이 되어 국가가 제시하는 교육질서에 복종해야 하는 것이다.

《일본의 프런티어는 일본 안에 있다》에서의 교육 개혁에 대한 제언은 실은 야마자키의《근대의 옹호》(특히 146쪽 이하)를 그대로 답습한 것이다. 얼핏 일반대중에게도 열린 것처럼 보였던《부드러운 개인주의의 탄생》에서의 소비문화의 긍정은《근대의 옹호》에서의 '경박한 급진주의'의 배제와 규율의 옹호를 통로로 하여 엘리트주의와 국가의 역할을 강조하는 것으로 귀결한다는 것을 알 수 있다. 그리고 신자유주의와 국가 역할의 강조를 접목한 곳에 현대 일본의 체제 이데올로기적인 특징이 있다. 야마자키 개인을 넘어선 하나의 커다란 시대사조에 우리는 당면하고 있는 것이다.

5. 주연성과 세계상世界像

이시무레 미치코와 미나마타병

이시무레 미치코石牟礼道子가 미나마타병의 문제를 "직시하고 기록해야 한다는 맹목적인 충동에 사로잡혀" 미나마타 시립병원의 미나마타 특별 병동을 처음으로 방문한 것은 1959년 5월의 일이었다. 그 후 이시무레는 이 문제에 관하여 뛰어난 '이야기꾼'이 되었다. 여기서는 그 최초로 정리된 작품《고해정토苦海淨土》를 살펴보기로 한다.

《고해정토》의 첫 부분은〈야마나카 규헤이山中九平 소년〉의 이야기로 시작한다. 미나마타병에 걸린 16세의 소년은 다리와 허리가 불안정해서 잘 걸을 수가 없다. 아버지는 대대로 내려온 어부였으나 1960년에 감기로 사망하고 누나는 56년에 미나마타병으로 사망하여 지금은 어머니와 단둘이 살고 있다. 시청 위생과는 미나마타병 환자들을 전용버스에 태워 검진을 위해서 미나마타시립병원으로 데리고 가는데, 소년은 검진받기를 거부한다. 위생과 직원이나 사람들이 방문하면 소년은 완고하게 등을 돌리고 라디오 다이얼을 돌려 야구방송이나 가요방송을 듣는다. 위생과 직원은 야구나 가요에 관한 이야기로 말을 걸면서 어떻게 해서라도 소년을 데리고 가려 한다. 어머니도 옆에서 말을 거든다. 환자 번호 16인 이 소년은 본인이 원하면 선진적인 재활치료 시설이 있는 시립병원에서 치료를 받을 수 있도록 되어 있었다. 그러나 소년은 검진의 권유에 등을 돌리고 라디오 다이얼을 돌리면서 마지막으로 "싫어, 날 죽일거잖아"하고 답한다. 이것은 미나마타병의 치료에 매진해 온 구마모토대학의 연구진과 시행정, 시립병원의 현상에 대하여 심히 온당치 못한 엉뚱한 발언이지만 이 짤막한 거절의 말은 우리들을 놀라게 한다.

이시무레는 환자들과 사귀면서 환자들의 표정과 신체의 움직임, 알아듣기 어려운 말 등에 익숙해져 간다. 미나마타병은 "독점자본의 지칠 줄 모르는 착취의 한 형태"와 같다. 그러나 그것이 환자들에게 무엇을 의미하는지를 알기 위해서는 대상에 객관적으로 대응하는 근대지近代知와는 별도의 감응 능력을 몸에 익혀야 한다. 이시무레는 "내 고향에 아직도 맴돌고 있는 죽은 영혼과 살아있는 영혼의 말을 계급의 원어原語라고 믿는 나는, 나의 애니미즘과 프리애니미즘preanimism* 을 조합해서 근대에 대한 주술사가 되어야 한다"고 말한다.[54)]

사카가미 유키坂上ゆき는 이시무레가 '일개 시민'으로서는 처음으로 방문한 미나마타병 환자였다. 사카가미와 그 남편은 둘 다 부부 인연이 맞지 않아서 사별한 후에 사카가미는 40세 가까이, 남편은 50세가 다 되어서 재혼했다. 결혼 후 두 사람은 작은 어선으로 어업을 하며 행복하게 지냈다. 그러나 그런 생활도 3년을 넘기지 못하고 사카가미는 심한 경련발작을 수반한 미나마타병에 걸렸다. 남편은 성의껏 아내를 간병 했지만 나중에는 자신도 지쳐 잘 부탁한다는 말을 남기고 병원을 나가버리고 사카가미는 착란상태에 빠진다. 1968년 9월 아마쿠사天草 출신의 소노다園田 후생성 장관이 재활치료 병원을 방문했을 때 사카가미는 격렬한 경련발작을 일으켰다. 세 명이 달려들어 억제하고 진정제를 놓자 그녀는 돌연히 "처, 처, 천황, 폐, 하, 만세"라고 절규하고 곧 이어서 엉망진창으로 음정도 맞지 않는 '기미가요'를 부르기 시작했다. 알아듣기 힘든 어음의 '기미가요'가 그 자리의 분위기를 압도하는 바람에 장관 일행은 기가 죽어 병원을 떠났다고 한다.[55)]

이것은 《고해정토》 가운데 가장 잘 알려진 일화인데, '천황폐하만세'와 '기미가요'가 이런 장면을 만들어낼 수 있다고는 꿈에도 생각지 못한 일이며, 아무리 잘 설명해도 이해하기 힘들 것이다. 미나마타병에만 안 걸렸어도 어부의 아내로 평범한 인생을 마감했을 사카가미 유키는 미나마타병의 발작과 광란 상태를 통해 우리가 사는 세계의 근원적인 잔학성을 소름끼치게 비추어 준 것이다.

---

* 비인격적인 신비력. 주술력, 생명력에 대한 신앙의 기반으로서 성립한 주술, 종교현상을 말한다.

이시무레 미치코의 생활환경과 '시민'

이시무레의 양친은 모두 아마쿠사 태생으로 이시무레가 갓 태어났을 때 미나마타로 이주해 왔다고 한다. 이시무레의 조부 시라이시 마쓰타로白石松太郎에게 데릴사위로 들어 온 아버지 가메타로龜太郎는 도로공사의 청부업자였다. 그러나 장인이 잇달아 재산을 팔아 사업에 쏟아붓는 바람에 가메타로는 그 뒤치다꺼리를 떠맡으면서 울적한 심정을 술로 달래며 지냈다.[56] 일가는 이윽고 몰락하여 공동묘지와 격리병원, 화장터 근방의 초가집 등지로 옮겨 살게 되었다. 집 가까이에는 사창가가 있었는데 이시무레는 그곳 매춘부들에게 귀여움을 받으면서 자랐다. 조모는 머리를 치켜 올린 눈먼 광녀로 어린 이시무레가 할머니를 돌봐야 했다. 조부 마쓰타로는 첩과 두 아이를 데리고 별거를 했으나 일가가 초가집으로 이사할 때 그들을 데리고 들어와 한 집에 동거하게 되었다. 이시무레의 어머니는 그들을 받아들여 처첩이 동거하는 가난하고 복잡한 일가가 되어 버린 것이다. 이시무레에 의하면 미나마타에는 유민이 많은데 특히 아마쿠사에서 이주 온 사람들이 많다고 한다. 1920년대 후반의 불경기에 그 중에서도 약간의 자금이 있는 사람은 여자들을 데리고 와서 음식점, 유곽, 카페 등을 열었다. 미나마타병에 걸린 어민 가운데는 아마쿠사 출신이 많았다.

이와 같이 이시무레가 생활하고 자란 세계는 앞 절에서 설명한 '시민'이나 '신중간대중' 등의 생활세계와는 전혀 다르다. 마을에서 떨어진 가난하고 차별받는 주변 지역, 유민, 거지, 매춘부, 광기, 그리고 미나마타병. 이러한 세계를 공공성, 시민권, 시민운동 등과 같은 단어로 설명하기는 어렵다.

> 시민이라는 개념에 관해서 계속 생각하고 있지만, 이것만큼 피상적이고 서구 근대주의를 직역한 개념이 그대로 조잡하게 사용되어 존재 그 자체

와 동떨어진 혼 빠진 말도 없을 것이다. …… 그렇기 때문에 이렇게 생각하는 나라는 존재는 아직도 결코, 시민 따위와 같은 것이 될 수 없는 그 무엇이다.[57]

이시무레는 이렇게 말하지만, 1968년 1월에 발족한 이시무레 등의 조직은 '미나마타병대책 **시민**운동'(강조 원저자)이라는 이름을 내걸고 그 규약에는 시민운동형 용어로 모임의 목적과 회칙을 규정하고 있다. 회장은 소학교 교감 출신의 사회당 시의원 히요시 후미日吉ふみ다. 히요시는 "우리는 말이죠, 자신이 정당하다고 생각하면 곧바로 앞뒤도 옆도 보지 않고 갈 수밖에 없어요"라고 말하는 '순정 정의주의'적인 사람이다.[58] 질소의 노동조합도 행정이나 지역사회도, 공장의 폐쇄와 축소를 우려하여 오히려 환자들을 비난하거나 차별하기도 하는 사회에서 이 모임은 처음으로 환자 상호부조회와의 진지한 연대를 추구해 간다. 여기서 작용하는 이념은 근대적 '시민'으로서의 자각에 의거한다고 말할 수 있다. 그럼에도 불구하고 이시무레가 피해자들의 내부 세계에 깊이 관여하려고 할 때 '근대에 대한 주술사'가 되어 '근대'라는 이름으로 다가오는 세계의 의미를 되묻는 길을 선택할 수밖에 없었을 것이다.

모리사키 가즈에와 '저변 민중'

모리사키 가즈에森崎和江는 식민지 조선의 대구에서 태어나 경주에서 소녀시절을 보냈다. 부친은 경주에 있는 중학교의 초대 교장으로, "조선인과 일본인이 같은 인간으로서 평등하다는 것을 일상 회화의 심지"로 삼은 인물이었다.[59] 경주에서 항일조직이 만들어지고 그 영향은 중학교에도 미치고 있었지만 그는 그것을 당국에 알리려고 하지 않았다. 패전 후 귀국한 모리사키는 탄광부, 하청 노동자, 날품팔이 등이 모여 사는 마을에 정착하면서 그들을 조직하려고 한다. 그리고 탄광부와 '가라유키상'* 등의 생활사를 듣고 시민도 농민도 아닌 주변인들의 의식을 통해서 일본 사회를 역으로 비추고자 했다.

갱부들은 직접 광업소와 고용관계를 가지는 것이 아니라 각자 십장과 계약하여 그 지배 하에서 일한다. 십장과 갱부들 사이에는 전통적인 상하관계가 있으며, 십장 중에는 의협심 있는 건달도 적지 않았다. 전후에 노동조합이 만들어질 때 이런 건달형의 인물들이 상당 수 진출하여 노동운동의 투쟁력 형성에 중요한 역할을 했다. 그러나 이런 재능 있는 건달과 달리 스카브라(게으름뱅이)라고 불리는 대다수의 건달들은 때로는 앞뒤 가리지 않고 일하기도 하지만, 목숨 걸고 싸움질을 하거나 달아나기도 한다. 모리사키에게 열심히 말을 걸어오는 여성 갱부 가운데는 이런 스카브라가 남편인 여자들이 많았다고 한다.[60] 모리사키는 그들의 삶의 방식과 이야기에 매료되었으나, 한편으로는 "무언가 결여되어 있다"고 통절하게 느끼기도 한다.

> 민중의 생은 힘에 의해서만 지속되고 있는가. 가장 저변에 있던 여자들은 힘과 무관하게 무언가를 전승하고 발전시켜오지 않았는가. 그것을 역사의 이면에서 그 표면의 원리로 교체하는 방법은 어디에 있는가.[61]

60년대 말에 모리사키는 위와 같이 자문한다. 이것은 다니카와 간谷川雁・우에노 에이신上野英信과 함께 창간한 《서클 촌》의 정신이기도 하다. 다니카와는 서클에 관하여 "자본주의에 의해 파괴된 낡은 공동체의 파편이 미래의 새로운 공동조직으로 용해해 가는 단계며, 그 용광로이자 다리다"[62]라고 규정한다. 이러한 입장에서 다니카와는 전통

---

* 19세기 후반에 동아시아, 하와이, 캘리포니아 등으로 팔려간 일본 빈민 가정의 여성들을 말한다. 그녀들은 노예나 창부와 같은 취급을 받기도 했다. 반대로 20세기 후반에 일본으로 팔려온 외국인 여성들을 '자파유키상'이라고 한다.

적인 우두머리 · 부하 관계를 동원하여 행동대를 만들고 탄광 합리화를 위한 투쟁에 매진했다. 그러나 모리사키는 낡은 공동체를 온존한 채로 새로운 사회가 만들어진다고 생각하지 않았고, 다니카와와의 사이에 골은 깊어진다. 모리사키는 "저 집단화의 자연발생성은 개個의 관념의 결락을 축으로 하기 때문에 자립된 의식은 자랄 수가 없다"고 집단의 전통적 체질을 비판하면서도, 여전히 "나에게는 저 일본 민중의 토민적인 체질에 대한 애정이 거친 새끼줄과 같이 침식되어 있다"고 한다.[63]

그 후의 모리사키는 노인이 된 전직 갱부이나 '가라유키상'과의 인터뷰, 영혼의 고향인 한국으로의 여행과 그곳의 체험 등에 대한 기록을 주된 일로 한다. 몇 명인가 인상적인 여성이 등장하는《가라유키상》(1976)과 그 외의 작품에서는《어머니 나라와의 환상혼幻想婚》(1970)에서와 같이 성급한 해결을 위한 모색은 보이지 않으며, 그 대신에 갖가지 만남을 통한 내적 대화가 심화되어 간다. 모리사키에게는 전후의 사회과학이나 사상보다도 존재로서의 대중과 그 심정 세계의 분야에 훨씬 깊이가 있다. 학자와 사상가는 그러한 존재에 의해 동요되어도 결국은 그것을 자신의 논리에 조합照合시켜 자신의 입장에 안정화를 꾀해 버리는 사람들이다. 모리사키는 전후 계몽주의와 진보주의를 66년에 만난 사르트르와 보봐르도 포함하여 그런 불신의 눈으로 인식하고 있다.[64]

지쿠호筑豊 지역의 갱부들에 관해서는 모리사키 이외에도 우에노 에이신의《쫓겨 가는 갱부들》(1960)과《땅 밑바닥의 우스운 이야기》(1967)가 있으며, 미나마타 민중사에 관해서는 조금 후의 일이지만 이로카와 다이키치의《부지화해민중사不知火海民衆史》가 있다. 약간 시야를 넓히면 미야모토 쓰네이치의《잊혀진 일본인》(1960), 가마타 사토시鎌田慧의 《자동차 절망 공장》(1973) 등이 곧바로 눈에 들어온다. 그리고 좀 더 넓게 내다보면 오키나와에서의 전쟁의 기억에 대한 기록과 사실의 발굴, 히로시마 · 나가사키에서의 피폭체험의 기록, 그리고 90년대에 들어와 '일본 군위안부'에 관한 갖가지 증언과 조사 등 많은 기록과 조사가 축적되어 왔다. 80년대 이후의 작품은 우선 차치하더라도, 이들 작품의 대부분이 일본 경제의 고도성장이 뚜렷한 자취를 남기게 되고 소비사회 · 대중사회라고 부르는 현상이 현저해진 1960년대 전후를 기점으로 하고 있다는 사실에 주목하고 싶다. 경제의 고도성장과 대중소비사회를 그 밑바닥과 주변부에서 바라보면, 그것은 앞 절의 논자들이 그려 낸 세계와는 대조적으로 전혀 다른 모습이라는 것을 이들 작품은 선명하게 보여주었다. 그리고 이들 작품에 나타난 방법 의식이 전후 사회과학의 그것과는 전혀 다르다는 점에 유의할 필요가 있다. 이시무레 · 모리사키 · 우에노 등이 모은 기억과 이야기에는 일회성에 그치는 것이 적지 않으며, 그렇지 않은 경우도 대부분은 오늘날 이미 사라진 것들이다. 그러나 역사를 평범한 일반성으로 개괄하지 않기 위해서는 역사를 그 갈라진 단면에서 다시 들여다 볼 필요가 있으며, 이시무레 등의 작품에는 그러한 방법을 가능하게 만드는 힘이 있다고 생각한다.

맺음말

이 장의 첫머리에서 나는 '민중'과 '대중'을 개념적이나 실체적으로 적절하게 정의하기 어렵다고 말했다. 그러나 나름대로 감히 정의하면 민중이란 생활자, 생활의 전문가라는 의미가 된다. 민중은 주어진 조건 속에서 온갖 조정을 되풀이하고 궁리와 노력을 거듭하면서 어떻게 해서라도 살아간다. 이를 위한 생활의 지혜가 민중의 사상이다. 따라서 민중의 사상은 생활에 입각한 극히 구체적인 것이며, 자기훈련과 결합한 일종의 통일성을 가져야 한다. 모든 정치사상 · 사회사상은 그런 의미에서의 민중사상을 일정한 방식으로 포섭하고는 있지만 거기에는 커다란 격차와 갈등이 있다. 이데올로기란 어느 정도 민중의 생활사상에 대응하는 부분이 있기는 하나, 본질적으로는 민중의 생활세계와 분리되고 재편성된 것이다. 연구자에게는 이데올로기와 생활사상과의 이러한 절합節合관계를 분절화하여 명시하는 것이 중요한 과제가 된다.

그런데 생활은 생존유지를 위한 일정한 형태의 공동체를 존재 단위로 하여 영위되는 것이며, 근대사회에서 이 단위는 기본적으로는 가족이었다. 따라서 민중의 생활과 생활사상을 탐구하기 위해서는 특히 가족의 분석에 초점에 둘 필요가 있다. 서로 성이 다르고 나이가 다른 사람들과 노인이나 병약자와 유아를 포함하는 것이 가족이기 때문에 이러한 구성원 전체의 생활을 유지하기 위한 공동체 원리가 가족을 관철하는 존재원리이며, 그것은 근대세계의 시장원리와는 정반대의 원리다. 시장은 일상 속에 침투해 와서 가족을 위협하고 있으며 가족의 내적 붕괴가 오늘날의 우리를 통감케 한다. 사회사 연구가 말해주듯이 가족도 또한 역사적 존재이며 특히 근대 세계와 대응해서 존재한다. 이렇게 볼 때 가족의 범주에서 일탈한 다양한 삶의 방식과 의식이 우리가 살아가는 사회를 위협하고 있는 불가피성을 잘 이해하게 해준다. 따라서 오늘날 우리들의 입장에서는 후자의 차원에 대응하는 주제를 적절하게 설정할 필요가 있다. 범람하는 대중문화, 젊은이의 일탈행위, 그리고 범죄와 병 등도 이러한 문제의 실마리가 될 것이다. 오늘날에도 갖가지 의식조사 등을 소재로 현대 일본의 일반적인 생활의식과 사회의식에 관해서 논할 수 있으며 또한 필요한 것이기도 하다. 그러나 그것은 반드시 여러 특이한 면에서 보충하고 거기서 다시 비추어봐야 한다. 그 경우 어떤 소재로 일반적인 동향을 논할 것인지, 그리고 거기에 어떤 특이한 면을 짜 맞추어 생각해 갈 것인지는 상당 부분 연구자의 선택에 관한 문제여서, 감히 말하자면 입장의 차이가 농후하게 드러나는 문제다.

'민중', '대중', '시민', '서민' 등의 용어를 사용할 때 사람들은 어느 정도 전략적이고 이데올로기적인 입장을 택하고 있으며, 이러한 용어의 사용방식에 중립적인 객관성을 취할 필요는 없다. 더구나 이데올로기성이 농후한 개념 쪽이 그렇지 않은 쪽보다 종종 발견에 도움을 주며 다른 입장에 대해서도 자극적이고 유익한 경우가 적지 않다. 자신의 이데올로기성을 뿌리치고 관찰하려는 각성된 눈은 중요하지만, 본론에서 언급했듯이 '민중'과 '대중'이란 우리들이 살아가는 세계의 전체성을 전망하는 데 필요한 방법적인 개념이다. 그리고 그러한 방법적인 개념과 거기에 고유한 입장성 없이는 우리는 의미있는 인식을 할 수 없다고 생각한다. 솔직한 말로 우리는 아무도 자신이 민중에 관해서, 예를 들면 일본의 민중에 관해서 잘 알고 있다고 말할 수 없을 것이다. 우리가 알고 있다고 믿는 것에 어느 정도의 내실이 있다고 하더라도, 그것은 극히 한정된 시각과 소재로 얻은 것에 지나지 않는다. 그러나 그렇다고 해서 자신이 충분하게 이해하지 못한 그러한 커다란 문제를 언급하지 않는 것이 지적으로 더 섬세하고 세련되었다든가, 또는 성실하다는 것은 아니다. 우리가 우리들이 살고 있는 세계로 향해서 살아가려는 한, 이 세계의 전체성과 민중의 생활을 매개로 표상하려는 노력을 멈출 수는 없는 것이다.

3장

천황제 비판의 전개

강좌파 · 마루야마 학파 · 전후 역사학

머리말

오키미大王라고 부르던 존재를 스메라미고토天皇라는 칭호를 사용하여 부르기 시작한 것은 7세기 말의 덴무天武 천황 때부터라고 한다. 이 경우 천황이라는 호칭은 중국의 황제에 대항하려는 권위적 호칭으로, 신라 등의 왕호보다는 격이 높다는 의미를 내포한다. 이 시기부터 황후, 황태자 등의 호칭이 사용되고 일본이라는 국호도 이 때 만들어졌다. 그러나 이 시대에도 오키미가 천황을 지칭하는 일상어였으며, 천황의 일본어 훈독에 해당하는 스메라미고토는 《만요슈万葉集》에서는 한 번도 사용되지 않았다.[1] 중세와 근세에도 평소에는 미카도, 다이리內裏, 주상主上, 천자天子 등의 용어가 사용되었으며 천황 칭호는 거의 사용되지 않았다.

오랫동안 사용되지 않던 천황 칭호가 다시 사용되기 시작한 것은 1841년 고카쿠光格 천황의 사거에 즈음해서 시호諡號로 사용되면서부터이지만, 그래도 천황이라는 칭호는 메이지유신 이전까지는 일반적이지 않았다. 그러나 메이지유신의 변혁이 국체론의 이데올로기를 근거로 천황의 초월적인 지위를 전면에 내세우고 수행되었을 때, 천황이라는 칭호는 그러한 권위적 성격에 적합한 용어로 간주되어 유신정권이 선택한 것이었다. 천황이라는 칭호가 "말이 사회에 미치는 마력을 조작하는" 교묘한 작위라는 것을 가메이 다카시亀井孝는 선구적으로 밝혔는데,[2] 구마타니 기미오熊谷公男는 최근의 연구에서 정치적, 종교적으로 성별聖別된 스메라미고토(천황)라는 칭호의 성립과 함께 천황, 즉 아라히토가미現人神*라는 이데올로기가 형성되어 다이죠사이大嘗祭** · 다이고쿠덴大極殿*** · 센묘宣命****, 기타 새로운 양식의 즉위식 등이 성립한 것도 덴무, 지토持統 천황 때였다는 점을 강조했다.[3] 천황이라는 칭호와 그것을 장식하는 갖가지 제도는 그 자체가 역사적 산물이며, 거기에는 일본 왕권의 권위주의적이고 절대적인 측면이 표상되고 있는 것이다.

'천황**제**'라는 개념은 천황에 겨우 한 글자를 더했을 뿐인데도, 이러한 권위적 천황 관념을 비판하는 개념으로 1930년대에 마르크스주의 정치이론 속에서 성립했다. 그리고 전전에는 공공연하게 사용된 적이 없었던 이 용어가 패전과 함께 빈번하게 사용되어 "천황제를 찬성하느냐 반대하느냐"하는 식의 여론조사 항목에까지 들어가게 되었다. 그 때문에 옹호파는 천황제라는 용어 그 자체에 반대하여, "'천황제'

---

* 신이 인간의 모습을 하고 이 세상에 나타났다는 의미의 말. 고대국가가 확립되는 시기에 왕권을 강화하기 위해 만든 말이지만 일반적으로는 근대 이후 주로 패전까지 천황에 대한 극존칭으로 사용되었다. 패전 후에는 점령군 사령관 맥아더의 양해 하에 천황이 직접 '인간선언'을 하고 자신의 신격을 부정했으나 지금도 일부 우익에서는 천황을 '현인신'으로 신성시하는 자들이 있다.

** 천황 즉위 후 첫 해에 조상신에게 신고를 하는 대제사. 일대에 단 한 번 지낸다. 7월 이전에 즉위식을 올리면 연내에, 8월 이후에 즉위식을 올리면 이듬해에 지낸다.

*** 궁중의 정전(正殿)으로 즉위식과 국가적인 의식이 행하여지던 곳으로 고대 헤이안시대(8~12세기)부터 화재 등으로 인하여 소실을 되풀이하여 중세에는 폐절되었다.

**** 천황의 명령을 전하는 문서의 한 양식.

라는 용어를 사용하는 것은 황실의 존립을 반대하고 그것을 전복하고 타도하려는 공산당의 의향이 포함되어 있다"[4]고 지적해 왔다. 일본의 패전을 목전에 둔 미국에서는 Emperor Institution, The Imperial Institution 등의 용어가 사용되었다.[5] 당시 이 제도의 존폐가 중요한 검토사항이었기 때문에 천황제에는 그 번역어라는 의미도 있었다. 어쨌든 천황제라는 용어 자체는 이 제도에 대한 비판적인 의미를 내포하고 있으며, 이러한 용어가 일반적으로 사용되기 위해서는 패전이라는 결정적인 전환이 불가결했다는 점만은 분명한 사실이다.

1. 권력 규정으로서의 천황제

32년 테제에서의 천황제 개념

1922년에 창립된 일본 공산당 〈강령 초안〉은 프롤레타리아 혁명에 이르기까지의 '과도적 슬로건'으로 '천황 정부의 전복 및 군주제 폐지'를 내걸었다. '정치 분야에 대한 요구'를 열거하면서도 '군주제 폐지'[6]를 그 첫머리에 실었다. 천황은 '일본 정부의 원수' 및 최대의 지주라고도 지적하고 있으나, 이것은 일본 군주제의 구체적인 모습이 천황 · 천황가라는 의미다. 27년 테제에서는 13개 항목의 행동강령 가운데 6번째에 '군주제 폐지'가 들어있었으며, 28년의 제1회 보통선거에서는 '천황제 정부의 타도, 노동자 농민 정부의 수립'이라는 표어를 내세웠다. 31년 테제에서는 천황제라는 용어가 되풀이해서 사용되었다. 이러한 사실에서 '군주제 타도'라는 일본 공산당의 투쟁 목표가 일본의 현실 속에서는 천황제 타도라는 표현으로 정착된 것으로 이해할 수 있다. 그러나 이 경우의 천황제는 반드시 근대 일본의 국가권력에 관한 특질을 집약하는 추상개념으로서 사용된 것은 아니다. 전후 일본 마르크스주의에 있어서 천황제 인식의 발자취를 폭넓게 전망한 이누마루 기이치犬丸義一도 "그 당시의 코민테른과 일본 공산당에서는 천황제를 군주제 일반의 개념과 분리하지 못하고, 천황 · 원로 · 추밀원이 등이 제각기 파악된 채로 천황제는 금융자본 독재의 도구에 지나지 않는 것으로 간주되고 있었다"7)고 평가한다.

32년 테제*에서는 "일본에 대한 구체적 정세 평가의 출발점으로 삼아야할 첫 번째는 **천황제**의 성질 및 비중이다"(강조 원문. 이하 인용문에서의 강조는 원저에 의한다)고 하여 천황제의 결정적인 중요성을 강조하고, 천황제는 지주와 부르주아에 바탕을 두고 그 이익을 대표하지만, 양 계급에 대해서도 독자적이며 '상대적으로 커다란 역할'을 하는 절대군주제라고 하였다. 이것은 천황제를 군주제 일반과 구별되는 절대주의 권력으로 규정한 것으로, 그 후의 역사 연구를 이끈 중요한 정의다. 그 권력지배의 지주는 관료제와 군대이며, 의회제도는 "사이비 입헌적 형태로 가볍게 분식된 것에 지나지 않는다"고 평가되었다. 이러한 파악 방식으로 보아, 32년 테제는 '천황제의 전복'을 주요임무의 첫 번째로 내세웠으나 이 규정은, 또한 상황 전환의 징조를 "예를 들면 천황의 즉위식에 대한 항의 시위(이러한 일은 이전에는 결코 일어나지 않았다)나, 천황의 '신성'한 사진을 안치한 건물을 촌민이 파괴하는 것과 같은 예가 그것이다. …… 천황제 반대의 혁명적 기운은 육해군을 비롯한 학생층 등등에 침투해가고 있다."8)고 보고 있

* 1932년 코민테른의 지도하에서 결정된 일본 공산당의 강령문서 〈일본의 정세와 일본 공산당의 임무에 관한 테제〉를 말한다. 여기서는 일본의 지배적인 제도를 절대주의적 천황제 · 지주적 토지소유 · 독점자본주의의 세 가지 요소의 결합으로 특징짓고, 천황제 국가기구의 분쇄에 일본 혁명운동의 제1의 임무가 있다고 했다. 그러나 테제는 일본의 혁명적 결전이 절박했다고 하는 주관주의적인 정세평가와 사회민주주의자 전체를 적대시하는 '사회파시즘론'의 섹트주의 등의 오류가 포함되어 있었다고 지적된다.

듯이, 반천황제적 기운을 극단적으로 과대평가 하고 있었다. 이러한 과대평가는 모스크바에 가 있던 공산당 간부가 일본의 정세를 과장해서 보고한 탓도 있겠지만, 또한 코민테른 지도부가 차리즘tsarism과의 투쟁에서 얻은 경험을 바탕으로 일본 정세를 유추해서 파악하려했기 때문이기도 하다.

일본 공산당의 최초의 강령 초안이 심의된 샤쿠지이 대회石神井大會* 에서 대역사건**을 경험한 야마카와 히토시山川均는 천황제에 대해 논의하는 것을 강하게 반대했으나, 야마카와보다 젊은 다른 참가자들이 일제히 야마카와의 의견에 반대한 결과 '군주제 폐지'가 결정되었다.[9] 당시 일본에서 천황제 문제를 정면에서 내걸고 싸우는 것은 불가능하다고 생각한 야마카와는 머지않아 공산당의 전열에서 이탈해 버렸으나, 그 후 일본 공산당의 전략 문제 가운데 천황제의 비중이 점차 높아져 32년 테제에서 위와 같은 규정에 도달하게 된 것이다. 그 당시 좌익적 노동조합운동에서도 천황제 타도가 강요되었으나, 실은 이에 앞서 정부의 공산당 탄압이 강화되고 있었으며, 32년 테제 당시 이미 조직은 괴멸 상태에 있었다. 또한 사노 마나부佐野学와 나베야마 사다치카鍋山貞親의 전향轉向*** 성명(1933)에서는 천황제 문제가 가장 중요

---

* 1923년 3월에 샤쿠지이에서 열린 일본 공산당의 임시대회. 샤쿠지이는 도쿄 시내의 지명.

** 1882년 시행된 구 형법 116조 및 대일본제국 헌법 제정 후인 1908년에 시행된 형법 73조(1947년 삭제)에서 '천황 · 황후 · 황태자 등을 노리고 위해를 가하거나 가하려 한 죄'를 이른바 대역죄에 적용한 사건의 총칭을 말한다. 근대 일본에서 대역사건은 1910년의 고도쿠 슈스이(幸德秋水) 사건, 1923년의 도라노몬(虎の門) 사건, 1925년의 박열(朴烈) 사건, 1932년의 사쿠라다몬(桜田門) 사건(일명 이봉창 사건)의 4건이 있으며, 일반적으로 대역사건을 말할 때는 1910년의 고도쿠 슈스이의 사건을 말한다. 이 사건은 메이지 천황을 암살하려한 계획이 발각되어 일어난 것이지만, 실은 사회주의, 아나키즘을 우려한 정부가 운동을 탄압하기 위한 구실로 날조한 것이라는 사실이 후일의 연구에서 밝혀졌다. 이 사건으로 고도쿠 슈스이를 비롯한 12명의 사회주의자 · 무정부주의자가 처형되었다.

*** 사상이나 정치적 입장, 주장을 바꾸는 것을 의미하지만, 근대 일본에서는 특히 권력의 탄압(치안유지법)에 의해 검거된 공산주의자들이 그 사상을 포기한 것을 말한다.

한 근거가 되었다. 오늘날의 입장에서 보면 천황제를 둘러싸고 과장된 정세론과 그에 따른 강제적인 전략론은 운동 붕괴에 커다란 요인의 하나로 평가할 수 있다.

《일본 자본주의 발달사 강좌》에서의 천황제 개념

1932년부터 이듬해에 걸쳐서 간행된 《일본 자본주의 발달사 강좌》에서는 천황제라는 용어를 사용하지 않으나 그 역사인식의 기본 틀은 32년 테제에 거의 조응하고 있었다. 이 《강좌》에서 국가론을 담당한 것은 히라노 요시타로平野義太郎인데, 그는 폐번치현廢藩置縣*을 거쳐 성립한 근대 일본의 '국가형태'는 "반예농 체제를 기초로 하여 자본의 본원적 축적을 강행한다는 점에서 역사적 범주인 서구 절대주의 국가형태의 역사적 법칙과 본질을 같이한다"고 지적하고, 이 '국가형태'의 본질은 그 후 줄곧 변화하지 않은 채, "국가의 자본주의가 급속하게 제국주의로 전화하면서도 여전히 반예농적 반봉건적 제국주의 지배로서의 그것을 형태지운 것이다"고 규정하고 있다.[10] 이는 경제적 범주를 중심으로 한 번잡한 개념 조작 속에서 '국가 형태'를 논한 것이라고 하겠다.

야마다 모리타로山田盛太郎의 《일본 자본주의 분석》은 근대 일본의 경제구조적인 전체상을 훌륭하게 그려낸 역작인데, 여기서는 국가권력에 '선회기축'으로서의 역할이 주어져있으며 국가론·혁명론으로서의 성격이 강하다. 히라노가 국가론을 경제구조론적인 범주 구성으로 논하고 있는데 대응이라도 하듯이, 야마다의 경제구조론은 국가론으

1930년대 전반 치안유지법으로 검거된 공산주의자들은 7만 명을 넘으며 그 대부분이 전향했다.

* 메이지유신 이후 1871년에 메이지정부가 이제까지의 지방할거 정권이었던 번을 폐지하고 지방 통치를 중앙정부 관할 하의 부와 현으로 일원화시킨 행정 개혁을 말한다.

로서도 읽을 수 있는 내용이다.

이렇게 해서 《일본 자본주의 발달사 강좌》로 대표되는 강좌파 마르크스주의의 역사이론은 ① 메이지유신 이후의 일본 근대사 전체를 경제적 범주에 기초를 두고 수미일관하는 구조로 파악한 점, ② 이때 근대 일본을 반봉건적인 농촌을 기조에 둔 절대주의 국가로서 파악하고, 천황제는 그것을 집약하는 권력규정으로 파악한 점, ③ 전체적으로 전근대성의 강조가 모순의 격화 · 혁명적 전망의 강조와 결합되어 있었다는 점 등에 현저한 특징이 있었다. 그러나 그것은 현실의 정치 상황이나 사회의식과는 동떨어진 경제적 범주에 의한 지식인들의 개념논의로 전개되었기 때문에, "강좌파의 혁명적 외장外裝은 실천적 패배의 대상代償이었던 것이 아닐까"[11]하는 평가를 받을 수도 있는 성격을 가지고 있었다.

《일본 자본주의 분석》에는 자작농의 중견 · 중농상층을 담당자로 하는 '나폴레옹적 개념'에 관한 기술이 있으나, 이것은 천황제를 지탱하는 사회적 기초에 관해서 아전인수격으로 선택한 모호한 표현이다. '나폴레옹적 개념'을 특히 농촌 공황 하에서의 양잠업의 붕괴와 결부하여 논하는 것[12]으로 보아, 이러한 표현 속에 농촌 문제를 배경으로 초국가주의로 전환할 가능성을 전망하는 것이다. '나폴레옹적 개념'에 관해서 이 책에서 되풀이해서 논하고 있는 점을 보더라도 이 문제에 대한 관심이 컸다는 것을 알 수 있다. 그러나 거의 동일한 개념의 표현이 반복되면서 일종의 이미지가 구성되는데, 이러한 추상적 표현에서 결코 벗어나지 않는 것이 《일본 자본주의 분석》에서 보이는 기술양식의 특징이다. 《일본 자본주의 사회의 기구》에도 절대주의 권력의 물질적 토대로서의 '반예농 체제'와는 구별하여 "절대주의 정권의 사회적 기초"로서의 "가장적 사회와 그 제 관계에 적응하는 사회 상태"

에 관한 기술이 있으나,[13] 이 또한 이러한 '사회 상태'에 관한 구체적 기술과는 거리가 먼 개념적 규정에 그치고 있다. 프랑크푸르트 학파의 권위주의적 성격론과 대비할 필요도 없이, 일본 마르크스주의에 있어서 사회적 · 의식적인 것에 대한 구체적인 분석이 취약하다는 것을 말해주는 사례다.

천황제의 '반半종교적' 성격에 대한 이해

전전 일본의 마르크스주의 역사이론에서 나타나는 천황제 인식의 발자취를 총괄한 이누마루는 천황제의 '상대적 독자성'을 인식한 32년 테제의 획기적인 의의를 인정하면서도, 32년 테제에서는 천황제의 이데올로기적인 성격, 특히 그 '반종교적 역할'에 언급하지 않는 점이 한계점이라고 했다.[14] 이누마루에 의하면 이 한계를 극복한 사람이 중국으로 망명한 노자카 산조野坂参三였다. 1937년 노자카가 그의 논문 속에서 **'국민의 반종교적 숭배의 표적'**이 되고 있는 천황제에 관해서 언급한 부분이 마르크스주의 문헌에서 처음 나온 것이었다. 노자카는 45년 4월 중국 공산당 제7회 대회에서의 보고 〈민주적 일본의 건설〉에서도 '봉건적 전제독재 정치기구'로서의 천황제와 현인신 천황의 '반종교적 역할'을 구별하여 전자는 즉시 철폐해야 하지만 후자에 관해서는 "우리는 주의 깊은 태도를 취해야 한다"고 했다. 노자카는 일본군 포로에 대한 질문조사에서 일본의 승리를 확신하는 자는 절반이며 최고 지휘관을 신뢰하는 자는 31%에 지나지 않는데 비하여, 거의 모든 자들이 천황을 숭배한다는 사실을 들어 이러한 결론을 도출해냈다. 일본군 포로가 군국주의적 침략정책과 상관 등을 비판하게 된 후에도 천황숭배가 극히 강했다는 점은 루스 베네딕트의 《국화와 칼》에서도 경이로운 눈으로 기술되고 있으며, 이러한 인식은 전후 미국의 대일 정책에도 반영되었다. 이누마루는 천황제의 '반종교적 역할'에 주목한 노자카에게서 패전 당시까지 일본 마르크스주의자의 천황제 인식의 '최고의 도달점'을 본 것이지만, 노자카도 왜 그러한 '반종교적 역할'이 형성되고 어떻게 기능했는지를 깊이 분석한 것은 아니다. 천황제 문제의 이러한 측면을 파헤쳐 고찰하는 이론적인 틀은 앞서 지적한 '나폴레옹적 관념' 등에 관한 간단한 언급을 제외하면 32년 테제나 강좌파 마르크스주의에 아예 빠져있었다고 할 수 있다.

강좌파 마르크스주의의 연구사적인 의의는 일본사, 특히 일본 근대사에 관해서 어느 정도 일관성 있고 설득적인 역사상을 구성했다는 점에 있다. 《일본 자본주의 분석》과 《일본 자본주의 사회의 기구》에서의 번잡하고 모호한 표현방법도, 하나의 정리된 역사상의 본보기로 삼는 데는 오히려 유효했을지도 모른다. 우리들과 같은 구세대의 연구자들은 대체로 《분석》과 《기구》, 핫토리 시소服部之総의 저작 등을 통하여 거대한 역사상을 배우고, 자신의 구체적인 연구를 그러한 연구들과 관련지으면서 어딘가에 위치를 부여하려고 한 것이다. 전후 가장 먼저 출판된 역사학연구회의 《역사가는 천황제를 어떻게 보는가》[15]를 보더라도, 그 과반을 차지하는 이노우에 기요시井上清의 〈천황제의 역사〉는 황실 재산 등에 관한 약간의 기술을 제외하고는 강좌파의 입장에 의한 일반적인 역사서술과 다르지 않다는 인상을 받는다. 전시기의 연찬研鑽을 바탕으로 전후 강좌파가 이룩한 연구 성과에서 가장 양질의 부분은 일본 근대사에 한정해서 말하자면 도야마 시게키遠山茂樹의 《메이지유신》[16]과 이노우에 기요시의 《일본 현대사 1권 메이지유신》[17]과 같이 한 시대의 전체상을 선명하게 그려내는 역사서술로 결실을 보았다고 할 수 있다.

2. 정신구조로서의 천황제

전시기 마루야마 마사오의 사상사 연구

〈초국가주의의 논리와 심리〉(1946)로 시작되는 마루야마 마사오의 초국가주의와 군국주의에 관한 연구는 앞서 지적한 강좌파 마르크스주의에서 결락된 부분에 대응하는 것이었다. 그것은 마루야마가 자신의 연구 의의에 관해서 "나와 동시대의 마르크스주의자들의 전체적인 시야를 확대하려고 시도한 점에 있다"[18]고 한 점에서도 확인된다. 이를 크게 개관해 보면 천황제를 그 경제적 기반과 권력기구에서 파악한 강좌파와, '사상구조 내지 심리적 기반'에서 분석한 마루야마 및 마루야마 학파는 전후 일본의 사회과학을 상호 보완하는 역할을 했다고 할 수 있다. 따라서 여기서는 마루야마의 이러한 방면의 연구 의의에 대해서 생각해 보고자 한다.

마루야마가 1944년에 쓴 〈국민주의의 '전기적' 형성〉에는 "우리나라 국가체제의 특성에 의거한 신국관념 내지는 민족적 자긍은 건국 이래 면면히 국민의 가슴 속에 흘러 왔다"는 표현이 있다. 그 이전인 1942년의 〈신황정통기神皇正統紀에 나타난 정치관〉에서도 "건무중흥의 위업과 그 비관적 결말"이라고 운운하는 서술이 있다. 그러나 이러한 말은 마루야마의 입장에서 보면 당시의 시대 상황 속에서 논문을 발표하기 위한 수식어일 뿐이다. 〈국민주의의 '전기적' 형성〉의 주제는 '일군만민의 이념' 하에서 정치적 집중과 국민적 침투의 두 계기가 진전했다는 점, 그러나 거기에는 집중의 계기의 압도적 우위라는 명백한 한계가 있었다는 점이며, 〈신황정통기에 나타난 정치관〉의 경우는 중세 봉건제의 전개 과정에서 '민중을 위한 정치'의 이념을 추구한 정치사상으로서 《신황정통기》를 논하고 있다. 두 논문의 주제는 그 후의 마루야마의 연구에서도 일관되게 나타나는 원리적 내실을 기하고 있으며, 《신황정통기》의 경우에는 특히 전시기의 저항 작품으로서 평가할 수 있다.

그러나 전시기의 마루야마에게는 군국주의에 대한 대항 축으로서 쇼와 천황과 그 주변의 중신 리버럴리즘*에 기대하는 측면이 있고, 〈국민주의의 '전기적' 형성〉에서의 "일군 만민적인 절대주의 사상에 대한 평가"에는 '안이함'을 벗어나지 못했다고 후일 회고한다.[19] 미노베 다쓰기치美濃部達吉, 쓰다 소키치津田左右吉, 와쓰지 데쓰로和辻哲郎 등과 같은 한 세대 위의 대가들과 마루야마와의 분기점이 명확해지는 시점은 패전을 경계로 역사와 현실을 받아들이는 자세에 차이를 보이면서부터였다. 그만큼 패전까지의 마루야마는 군국주의나 초국가주의에 대해서 어느 정도 비판적 거리를 취하고 있던 구세대의 위대한 지식인들과 마찬가지로 체제 내 비판파로서 공통점이 적지 않았다. 패전 직후에 참모의 질문에 답하여 민주제는 독재체제의 대립개념이지 군주제의 대립개념은 아니라고 답한 것도, 마루야마의 "당시 생각의 솔직한 표현"[20]이었다.

마루야마의 근대 천황제의 정신구조에 대한 연구

군대에서 돌아온 마루야마는 1946년 2월 도쿄제국대학 헌법연구위원회에 참가했으나, 거기에서 진행된 헌법 개정 논의도 메이지헌법의 기본 틀과 명확하게 결별하면서 출발한 것은 아니었다. 그러나 같은 해 3월 6일에 GHQ의 지시에 의한 헌법 초안의 골격이 '헌법 개정 초안 요강'으로 발표되자, 헌법연구위원회는 새로운 헌법의 이념을 적

---

* 흔히 궁중 그룹이라고 하며 원로, 중신, 내대신, 비서관장, 시종장, 궁내대신 등의 천황 측근 및 이들과 공식, 비공식으로 결합하여 행동하는 사람들을 말한다.

극적으로 받아들였으며 마루야마의 사상은 이 시점에서 크게 전환했다. 요네타니 히로시米谷匡史에 의하면, '요강'이 발표된 3월 6일부터 3월 22일 사이에 〈초국가주의의 논리와 심리〉가 집필되었으며, 전후의 헌법학을 대표하는 미야자와 도시요시宮沢俊義는 마루야마의 제언을 받아들여 '8월 혁명설'을 제창하고, 나중에는 마루야마 자신도 8 · 15를 전후 민주주의의 원점으로 하는 발언을 되풀이했다. 요네타니에 의하면 미야자와나 마루야마도 점령군에 의한 강요 이후에 그것을 추인하는 형태로밖에 전환을 자각할 수 없었으며, 8 · 15를 전후 민주주의의 원점으로 본다는 이야기를 사후에 만들어 냄으로써 "전후 민주주의의 '기원'에 대한 은폐와 위조"를 행한 것이다.[21]

그러나 그 점은 차치하고라도, 46년 3월경의 마루야마는 '근대적 사유'의 형성에 관한 흔적을 추적한다는 이제까지의 사상사 연구의 과제에서 근대 천황제와 그것을 지탱한 정신구조의 탐구로 연구 대상의 중심을 크게 전회시켰다. 그것은 후일의 마루야마가 "생리학적인 접근이라기보다는 병리학적인 그것으로 경도되고 있었다"고 말한 것과 같은 것이었다. 그러한 인식의 바탕에 있었던 것은 "일본을 그 파국적인 전쟁으로 몰고 간 내적 요인은 무엇이었는가?"라는 하나의 커다란 의문에 대하여 혼신의 힘을 발휘한 응답의 시도였다.[22] 권력구조나 계급적 기반과 구별되었던 '내적인 요인'에 대한 해부학으로서 선명한 분석력을 발휘한 마루야마 사상사가 널리 관심을 모은 것은 당시의 시대 상황 속에서는 오히려 당연한 일이었다.

마루야마가 이 방면에서 거둔 성과는《현대 정치의 사상과 행동》(1957)의 1부 〈현대 일본 정치의 정신 상황〉에 수록되었으며, 이것을 더욱 보편적인 형태로 서술한 것이 〈일본의 사상〉[23]이다. 이시다 다케시의《메이지 정치사상사 연구》, 후지타 쇼조의《천황제 국가의 지배원리》, 가미시마 지로의 《근대 일본의 정신구조》 등, 마루야마 학파를 대표하는 연구들도 위의 마루야마 저작을 전후해서 1950년대, 특히 그 중반 이후의 짧은 기간에 집중해서 출판되었다. 이들 저작의 내용은 기본적으로는 마루야마의 〈일본의 사상〉에 대응하고 있으며, 때로는 용어와 사료조차도 공통된다는 인상을 받는다. 당시는 때마침 일본 공산당 제6회 전국협의회, 소련 공산당 제20회 당 대회에서의 스탈린 비판, 헝가리 동란 등이 발생하여 지식인과 젊은이들 사이에서 기존의 마르크스주의가 가지고 있던 권위가 흔들리고 새로운 방향이 모색되던 시기에 해당한다. 마르크스주의의 영향력이 후퇴한 만큼 마루야마, 시미즈 이쿠타로清水幾太郎, 다케우치 요시미竹内好, 구노 오사무久野収, 쓰루미 슌스케鶴見俊輔, 히다카 로쿠로日高六郎 등의 근대주의적 지식인의 역할이 증대하였으며, 마루야마와 마루야마 학파에 의한 근대 일본의 정신구조론적 연구는 강좌파 마르크스주의에 대체하는 근대 일본사 연구와 같은 의미로 받아들이기조차 했다.

마루야마의 장대한 일본 정치사상사 구상

마루야마와 그 학파의 연구가 근대 일본의 정신구조론적인 연구로서 거대한 이론적 틀을 제시하면서 영향력이 커져가고 있을 때 마루야마에게 또 다시 커다란 전환이 찾아왔다. 그것은 '전후'의 종언이 의식되고 일본 경제의 고도성장이 주목되기 시작한 시대에 해당한다. 15년 전쟁기의 체험에 대한 성찰에서 형성된 마루야마 학파의 학문은 경제성장과 대중사회화라는 현실에 발목을 잡혀 문제 설정과 방법을 재검토하지 않을 수 없는 상황이 된 것이다. 마루야마 자신은 이 시기에 정치학과 시사문제 등의 '부업'을 거두고 '본업'인 일본 정치사상사 연구에 집중하기 시작한다. 그 성과를 우리는 오늘날 《마루야마 마사오 강의록》의 4권 이하에서 엿볼 수 있다. 거기서는 원시 고대까지 거슬러 올라가는 일본 사상사의 장대한 전체상을 구축하려는 시도가 보인다. 그 특징을 한마디로 말하면 매년 첫 강의에 '원형'론을 두고, 이어서 매년 그 대상을 바꾸면서 '원형'에 대항하는 여러 사상을 논한다는 구상으로 되어 있다는 점이다. 불교, 특히 가마쿠라 불교의 창시자들, 중세 무사의 에토스, 근세 기독교, 유교에 있어서 천리·천도의 관념 등은 후자에 해당한다.

《강의록》에서의 '원형'론은 《일본 정치사상사 연구》의 주자학적 질서관에 유래함과 동시에 패전 직후의 초국가주의론에서 논한 '정신구조', '일본의 사상'의 '공동체'와 '국체'를 재편성하여 훨씬 멀리까지 일본적 사유의 원형이 만들어지는 시대를 상정하여 일반화한 것이었다고도 할 수 있다. 〈일본의 사상〉에서 구체적 소재의 대부분은 근대에서 취하고 있지만 내용상으로는 근대 일본의 기저에 있는 '전통'에 관하여 논하고 있으며, '원형'론은 이 발상을 거슬러 올라가 고대 문헌 속에서 구체화하고 있다. 그러나 여기서 문제관심의 초점은 15년 전쟁기의 초국가주의나 군국주의의 고유한 '병리'에 있기보다는 경제성장과 거기에 순응해 가는 일본 사회의 현실에 있으며, '원형'론은 60년대 일본의 정신 상황을 역사적으로 거슬러 올라가 재검토한다는 논리다. 농업공동체의 성립기 주변을 대상으로 하고 있던 '원형'론이, 한편으로는 또한 그 내용이 부연되어 "'원형'적 사고의 특징은 실체적 사고보다도 기능적 사고가 우위에 있다는 점이다. 그것은 형이상학 형성의 약점을 나타냄과 동시에 일종의 실용적인 적응성이 풍부하다는 암시implication를 가진다", "공동체적 공리주의의 기준은 그 공동체에 있어서의 복지·재액災厄이며, 특별주의particularism다. …… 특정한 공동체와 구체적 인간관계를 초월한 보편적인 윤리규범으로의 승화가 저지된다"[24]고 하는 것은 '원형'론을 통해서 현대 일본을 비추어 낸 것에 불과하다.

만년의 마루야마는 쇼와 천황의 와병과 '자숙' 소동에 대해 언급하면서 "대부분의 논자가 과거의 천황제는 조금도 바뀌지 않았다고 비평하지만 내가 보기에는 당치도 않는 커다란 변화다", 다이쇼 천황 때에는 "조그만 마을의 축제까지 '자숙'하는 진풍경은 내가 기억하는 한 전혀 없었다"고 하고 '자숙의 전체주의'에 관해서 말하고 있다. 마루야마의 입장에서 보면 "병의 쾌유를 기원하는 신하의 내면적인 심정이 상실되는 데 반비례하여 주변을 살피면서 '이번 기회에 우리도 해두자'라는 위선과 외면적 획일화가 확대된 것"[25]이라고 한다. '내면적인 심정'이 상실된 만큼 '원형'적인 것이 한층 노골적으로 드러나 시스템적인 강인성을 발휘한 것이다. 〈초국가주의의 논리와 심리〉 이하에서 전개된 주제는 마루야마의 후반생을 통하여 재편되고 심화되어 더욱 포괄적인 일본 사회론과 정신구조론으로 재구축된 것이다. 일본 사회에 대한 이러한 특징 부여를 넓은 의미에서의 천황제적 정신구조라고 부른다면, 메이지유신에서 패전까지의 근대 천황제나 전후 사회의 거대한 변동도 마루야마의 입장에서는 이러한 정신구조를 기저로 한 현상적 변화라는 말이 된다. 이렇게 볼 때 이후의 대부분의 천황제 연구도 이러한 구조의 심부에까지는 도달하지 못했다는 말이 될 것이다.

3. 주체와 구조 사이에서

하시카와 분조의 일본 낭만파 연구

마루야마와 마루야마 학파의 천황제론이 명확한 윤곽을 띠게 될 즈음, 하시카와 분조橋川文三는 이들의 계보를 이으면서 주제를 정신사에 내면화하여 새로운 문제제기를 했다. 하시카와의 문제제기는 먼저 야스다 요쥬로保田与重郎에 대한 생각과 비판의 상반되는 인식을 굴절된 문체로 서술한 《일본 낭만파 비판 서설》26)에서 전개되었다. 하시카와는 일본 낭만파가 "**비정치화**되고 정서화된 형태에서의 **혁명**사상"이며, "이른바 정치에서 소외된 혁명 감정이 '미'를 향해서 후퇴 · 분출된 무모한 비약이었다"고 한다. 또한 일본 낭만파는 그 시대의 지식층에게 고유한 매개고리 속에서 형성된 특수한 사상 감정의 표출이기는 하지만, "더욱 광범한 우리나라 중간층의 일반적인 실망 · 억압 감정에 대응"하는 것이 거기에 있었다고 한다. '탐미적 애국주의'라고 부르는 이 정신구조는 "국가구조의 저변 세포를 이루는 가족과 부락공동체에서 균등하게 관철"되는 천황제 지배의 원리이며, '본래적인 정치 동학動學'의 성립을 가로막는 것이다. 그리고 그 사회적 기저를 '정치 동학動' 운운이라고 설명하는 점을 보면 하시카와는 열렬한 마루야마 학파이지만, 그럼에도 같은 대상에서 '혁명 사상'을 이끌어낸 점에 하시카와만의 입장이 있다.

하시카와의 마루야마 비판이 더 명시적으로 나타나는 논문 〈쇼와 초국가주의의 제상諸相〉을 보기로 하자. 마루야마에 대한 주된 비판은 두 가지인데, 먼저 마루야마에게는 일본의 초국가주의를 메이지 이래의 국가주의 일반과 구별하는 시점이 결여되었다고 지적한다. 마루야마는 일본의 경우 독일이나 이탈리아와 같은 명확한 파시즘 혁명이 없이 점진적으로 초국가주의화가 진행되었기 때문에 우익사상 · 국가주의사상 일반에서 초국가주의 그 자체를 끌어내는 것은 곤란하다고 한다. 그러나 하시카와에 따르면 이는 일본의 초국가주의를 파시즘 일반과 구별하는 특질적 분석이지, 일본의 초국가주의를 일본의 국가주의 일반과 구별하는 관점은 아니라고 한다.[27] 또 한 가지는 테러리즘을 야기한 '암흑의 충동', '테러리즘의 문화 형태'에 관해서는 아직도 거의 알려져 있지 않다는 점이다. 이 두 번째 문제에 주목함으로써 첫 번째 문제도 풀어보고자 하는 것이 하시카와의 방법적 궁리다.

구체적인 분석에 들어가면 하시카와는 먼저 쇼와 초기 테러리즘의 선구자로서 아사히 헤이고朝日平吾를 꼽는다. 아사히는 1921년에 야스다 젠지로安田善次郎를 암살한 인물인데, 직후에 이 사건에서 직접 영향을 받은 나카오카 곤이치中岡艮一가 하라 다카시原敬 수상을 암살했다. 하시카와에 따르면, 아사히는 메이지의 테러리스트와는 그 개성에 커다란 차이가 있으며, 사회적으로 말하자면 '하층 출신의 파멸형'이다. 또한 구노 오사무가 말했듯이 천황이 '전통의 상징'이라기보다도 '변혁의 상징'으로 보였던 점에도 전통적 국가주의와의 차이는 명백하다. 아사히가 체현했던 것과 같은 문제를 한층 발전시켜 수미일관하는 세계관을 구성한 것이 이노우에 닛쇼井上日昭와 다치바나 고사부로橘孝三郎이며, 이것이 더욱 완성된 형태는 기타 잇키北一輝와 이시하라 간지石原完爾에게서 볼 수 있다. 그들의 사상적 특징은 '현상의 총체적인 변혁을 겨냥한 **혁명**' 사상이자 '가장 적敵이 없는 반역자'였다는 점이며, 자아의식을 깊이 파고들어가 획득한 종교적 세계관이 그러한 사상을 지탱하고 있었다. 이노우에와 기타의 카리스마적인 영향력은 극히 한정된 급진파 청년들에게 그치고 있으나, 그들은 "메이지 국가의 정통적 인간상으로서 지정된 갖가지 제도적 도덕과는 무관"한 사람들이었다.[28] 이 논문에서 하시카와는 '기괴'라는 말을 자주 사용하는데, 쇼와정신사의 이 '기괴'한 비밀을 정면에서 파헤쳤다는 점에서 하시카와의 진면목을 발견할 수 있다.

그러나 이노우에와 기타의 사상은 시대 상황을 움직이는 충동력은 될 수 있어도 상황 전체를 장악하는 지도력은 될 수 없었다. 그렇기 때문에 그 후의 하시카와는 황도파와 통제파의 대항을 논하거나 혁신 관료의 역할에도 관심을 가지는 방향으로 나아갔다. 그러한 방향은 시야의 확대와 역사의 구체화이기는 했다. 그러나 여기서는 "결국 일본 파시즘은 파시즘이라고 할 만한 정도의 이상異常성을 표현하지 못했으며, 근대 일본의 전통적인 관료제의 비정상적인 전시 적응에 지나지 않았다"[29]는 결론이 도출되어 결과적으로는 마루야마설과의 구별이 소실되고 있다.

쓰쓰이 기요다다의 마루야마 비판

쓰쓰이 기요다다筒井清忠는 《쇼와기 일본의 구조》의 1장 〈'일본 파시즘론'의 재고찰〉에서 마루야마설을 전면적으로 비판한다. 쓰쓰이에 의하면 마루야마가 논하는 파시즘의 특징은 스탈린주의에도 그대로 적용할 수 있으며, 그것은 더욱 일반적인 '전체주의론' 속에 포섭해야 하는 것이다. 이러한 일반적 전제를 바탕으로 쓰쓰이는 마루야마가 2·26 사건* 이전과 이후를 엄밀하게 구별하지 않는다고 지적한다. 마루야마는 일본 파시즘의 이데올로기적인 성격으로 가족주의적 경향, 농본주의적 경향, 대아시아주의적 경향의 세 가지를 들지만, 쓰쓰이는

---

* 1936년 2월 26일에서 29일에 걸쳐 육군 황도파 청년 장교들이 1483명의 병력을 이끌고 자신들의 사상 신조인 '쇼와 유신', '존황토간尊皇討奸'을 내세우고 무력에 의한 국가 개혁을 기도하여 일으킨 쿠데타 미수 사건. 반란의 수모자와 이들에게 사상적인 영향을 미친 기타 잇키 등은 처형되었으며 황도파 관계자들도 대다수 처분되었다. 이를 계기로 통제파가 주도권을 잡고 정치적 발언권을 더욱 강화해 나갔다.

그것만으로는 일본의 초국가주의를 국가주의 일반과 구별할 수 없다고 보았다. 2 · 26 사건의 운동기에 이 세 가지 특징은 '혁명'적인 내실을 가지고 있었지만, 거기서 '반혁명'을 읽어내는 것은 '혁명'과 '반혁명'에 대한 마루야마의 선입관 때문이라는 의미다. 쓰쓰이가 〈일본개조법안대강〉*을 실현하기 위해 결행했다는 2 · 26 사건은 그의 평가에 중점이며, 위의 책에서는 2 · 26 사건에 관한 상세한 분석에 많은 양을 할애했다. "(연구사를 오랫동안 지배해 온) 청년 장교들의 '무계획성', '비현실성'을 비판함으로써 이 사건에 관한 일체의 검토를 끝낸다는 식의 발상은 근본부터 바꾸어야 한다", "그들의 계획은 성공하기 일보직전이었다", 다만 기도 고이치木戸幸一와 쇼와 천황 등 "천황 주변의 뛰어난 정치력" 때문에 청년 장교 측은 기회를 잃은 것이라고 쓰쓰이는 주장한다.[30)]

《쇼와기 일본의 구조》는 정신사론으로서는 하시카와의 초국가주의를 바탕으로 하면서 그것을 사회학적으로 재정리하고 쇼와기의 군벌사와 2 · 26 사건에 관한 상세한 분석적 기술을 가한다는 목적에서 쓴 책이다. 구체적 기술에서는 배울 바가 적지 않지만, 동시대의 사상 상황에 관한 폭넓은 전망은 군벌사와 사건사의 배후에 밀려있다. 2 · 26 사건의 경우 결론적으로는 '천황형 정치 문화'에 때문에 당했다는 것인데, 이 개념은 천황과 그 주변부를 매우 한정된 의미로 사용한다. 또한 2 · 26 사건의 혁명성이라는 말은 기다와 이소베 아사이치磯部浅一 등의 극히 한정된 사람들의 사상과 행동에 한정된 말이다. 이러한 쓰쓰이의 분석방법을 보고 있으면 이 사건의 역사적 평가를 위해서는

* 1930년대 군부와 우익에게 커다란 사상적 영향을 미친 기타 잇키의 저작으로 일본의 국가사회주의적인 개조계획을 논한 것. 계엄령의 시행, 헌법 정지, 의회 해산, 재향군인회를 기초로 한 개조 내각, 사유재산 제한, 대기업의 국영화, 화족제도와 귀족원 폐지 등을 내용으로 하며 등사본으로 청년 장교들에게 배포되어 2 · 26 사건에 영향을 미쳤다.

훨씬 커다란 역사적 문맥에서의 분석이 필요하다는 생각이 든다. 마루야마의 주제는 하시카와에서 쓰쓰이로 전개되면서 분절화되고 구체화되었다고 말할 수 있지만 무언가가 상실되어 버린 것은 아닐까.

간 다카유키의 마루야마 비판

1970년대부터 80년대에 걸쳐 간 다카유키菅孝行는 천황제에 관한 다수의 논고를 발표했다. 그것은 예컨대 현행 헌법 하에서의 천황제야말로 '천황제의 최고 형태'라는 것이다. 간에 의하면 "(전후 일본에서) 상대화되고 무화되고 붕괴로 향한 것은 정치지배의 기구 · 제도로서의 '천황제'이며, '패전'에도 불구하고 지속된 것은 주민의 의식과 존재의 토속적인 양식으로서의 '천황제'다". 천황제는 정치적인 제도이지만 "정신적인 권위의 기축을 지속적으로 보증하는 내면화된 '제도'"이기도 하며, 후자의 의미에서는 오히려 "**마치 자연과 같이**" 거의 무자각적으로 존재하는 편이 훨씬 유효하다. 천황친정天皇親政과 결합한 천황제는 이러한 시점에 서면 '위기에 처한 천황제'이며, 전시체제 하에서의 그것은 '가장 위기적인 천황제'다. 이 위기를 극복한 전후 일본의 천황제는 "의식화된 영역에서의 천황을 한없이 숨김으로써 무의식의 영역을 끝없이 천황에게 끌어당기는 천황제"로 완성되었다. 그것은 타민족 · 타 지역에 대한 억압을 배제하고 체험하는 양식이며, 제국주의적 통합의 이데올로기와 다름없다. 전후 일본의 존재양식에 가장 근간을 이루는 이 부분을 "감히 '천황제'라고 불러야한다"고 간은 말한다.[31)]

1987년부터 이듬해에 걸쳐서 간은 《논총 일본 천황제》 전3권을 편집했다.[32)] 여기서도 그의 입장은 변하지 않는다. 간의 주제는 권력을 권력이게 하는 민중의 '집합적 심성'에 있으며, 천황의 권위는 극히 오랜 시대부터 계승되고 있는 '원시적 민속종교'에 기초한다는 것이다. 현대 일본에 있어서도 체제 통합의 중심은 "내용을 상실한 완전히 공허한 존재로서의 천황제 이외에는 없다"고 결론을 내린다. 간은 의도적으로 마루야마와 마루야마 학파가 전후 사회에서의 근대 천황제 해체와 민주주의적 계기의 전진을 보는 시각에 대한 비판을 염두에 두고 자신의 논리를 전개한다. 사실 이러한 주장은 앞 절의 후반에서 설명한 마루야마가 후반생에 시도한 주제에 조응하며, 간에 의한 마루야마와 그 학파에 대한 비판은 50년대 중반까지의 마루야마 등에 대한 비판과 다르지 않다. 간의 마루야마 비판을 전후해서 마루야마 자신은 '원형'론, 〈역사의식의 고층〉(1972), 〈정사政事의 구조〉(1975) 등에서 간과 같은 주제를 줄곧 탐구하려고 부심했던 것이다.

요시모토 다카아키와 아미노 요시히코의 천황제 연구

요시모토의 경우 천황제는 무엇보다도 종교적 권위이며, 그것은 특히 즉위 의례로서의 대상제大嘗祭에 집약된다고 보았다. 대상제는 토속적인 농촌 의례를 의식화儀式化한 것이며, 이는 아마도 대륙에서 도래한 이민족이 토착민의 의례를 왕권 의례에 포섭함으로써 그 지배를 정당화하려고 한 것이다.[33] 이 의례의 근간을 이루는 부분은 농경 공동체에서 유래하기 때문에, 그것은 율령제 이전의 고대국가에서 성립되며 일본 사회가 벼농사에 규정되어 있는 한 존속한다는 전망이 나온다.

아미노 요시히코는 잘 알려져 있듯이 일본 사회를 벼농사 중심의 단일민족 사회로 보는 선입관을 비판하고 벼농사 이외의 다양한 생산 활동의 존재, 상업과 각종 직공 등 비농업민의 비중, 산야와 강, 바다로 이동하는 사람들의 다양성 등을 강조하여 새로운 일본 사상日本史像

을 만들어 냈다. 아미노의 설은 많은 부분이 통치공권으로서의 왕권·천황과 결부되어 있다. 그리고 일본 사회를 특징짓는 이러한 다양성·복합성은 일본 역사의 커다란 흐름 속에서 점차 통제를 강화하면서 그 일부분은 배제되거나 차별되기도 한다. 아미노에 의하면 그 커다란 획을 긋는 계기가 남북조 시대며, 억압이 강화되어 온 비농업민과 직공 등을 조직해 강화되어 가는 막부의 지배에 대항한 것이 고다이고後醍醐 천황이었다. 천황제는 그러한 사람들에 대한 억압 강화에 따라 붕괴의 위기를 맞이하는데, 이 '중대한 위기'에서 천황제를 구해낸 사람이 고다이고 천황이라는 것이다. 아미노는 "고다이고와 남조가 없었으면 천황제는 확실하게 멸망했을 것이다"34)라고 단언한다. 아미노는 그 후의 천황제에 관해서 구체적으로 설명하지는 않지만, 피차별민을 비롯한 주연적인 사회가 천황제를 지탱하고 있으며 메이지유신 이후의 황국사관이 남조를 정통으로 삼은 것도 이러한 고다이고 천황과 남조의 역할에 대응하는 것이라고 생각하는 것 같다.

요시모토와 아미노는 천황제의 연속성을 강조하는 점에는 공통된 성격을 가진다. 그러나 흥미로운 것은 그 근거를 요시모토는 벼농사의 농경사회에서, 아미노는 비농경적인 직공 등에서 구하고 있어서 서로 정반대의 입장에 있다. 또한 천황제 연구는 근대 천황제에 어떤 시사를 부여하는가에 따라서 그 유효성이 테스트를 받는 것이라고 한다면, 두 사람의 설명은 공통적으로 선험적 본질주의로 논하고 있으며 근대 천황제에 입각해서 논의하기 위한 논리적인 차원이 결여되어 있다. 역사 연구자 가운데도 이 두 사람에게 영향을 받은 사람이 적지 않을 것이다. 그러나 이상과 같은 거대한 담론은 요시모토와 아미노라는 막강한 힘의 소유자들에게나 가능한 일이며, 역사학적인 천황제 연구는 이와는 다른 방법과 위상으로 전개되었어야 했다.

4. 권력 과정의 내재적 분석

전근대 천황제 연구

마르크스주의 역사이론의 입장에서 천황제는 국가권력의 본질을 규정하는 추상개념이다. 이러한 입장에서 볼 때 천황제라는 개념은 고대와 근대에 한해서 타당하다. 즉 중세와 근세의 조정 · 천황은 무가 권력의 '시녀'이며, 패전 후의 천황제는 주로 이데올로기적인 역할을 가진 존재라는 말이다. 이러한 이론적 틀을 기계적으로 적용하면 중세와 근세의 조정 · 천황은 역사학의 중요한 관심사가 아니며, 특히 근세에서 조정 · 천황은 관위 수여 및 연호와 역曆의 제정에 관한 형식적 권위만 가진 명목적인 존재라는 말이 된다. 아사오 나오히로朝尾直弘는 패전 후 천황제에 대한 연구가 자유로워진 후에도 이러한 견해가 일반적이었기 때문에 한동안 근세 천황제의 문제는 정치사나 권력구조론에서 거의 무시되어 근세사의 중요한 개설서에서도 언급되지 않았다고 지적했다.[35)]

전후의 근세사 연구 속에서 이러한 상황에 변화가 생긴 것은 1970년대 중반부터였다. 1974년에 후카야 가쓰미深谷克己의 〈막번제*와 천황〉이 발표되고 이듬해에는 아사오의 〈막번제와 천황〉과 미야치 마사토宮地正人의 〈조막朝幕관계에서 본 막번제 국가의 특질〉이 나왔다.[36)] 아사오는 이러한 새로운 연구 동향이 탄생한 하나의 계기로 교과서재판**을 들고 있다. 즉 문부성 측이 "(근세의) 천황은 여전히 군주로서

* 에도 시대(1602~1867)에 장군이 집권하는 중앙정부로서의 막부(幕府)와 영주들이 지배하는 지방정부로서의 번(藩)의 지배체제가 공존하는 이원적 정치 시스템을 막번제, 또는 막번체제라고 한다.

** 역사학자 이에나가 사부로(家永三郎, 1913~2002)가 자신이 집필한 일본사 교과서의 남경대학살, 731부대, 오키나와전투 등에 관한 기술을 인정하지 않는 문부성에 대하여 검정제도는 위헌이라고 반발하여 3차에 걸쳐 일으킨 교과서재판(1965, 1967, 1984)을 말

의 지위를 가지고 있었다"고 판정하여 이에나가 사부로家永三郎의 교과서를 불합격 판정하여 발생한 교과서재판을 계기로 근세 천황제에 대한 연구가 본격적으로 시작됐다는 것이다. 근세사 연구자들은 문부성의 판정을 용인하기 어려웠지만, 그렇다면 이미 오랜 기간 권력과 권위를 상실하고 있었음에도 불구하고 천황 · 조정이 근세에도 존속해 왔고 근대에 들어와서 다시 부상한 계기는 무엇인가 하는 의문에 답하기 위해서는 종래와 같이 권력의 '시녀'나 고대적 권위의 잔존과 같은 설명으로는 불충분하다는 것을 연구자들이 인식하기 시작한 것이다.[37)]

그 후의 근세사 연구에서는 "근세의 국가권력을 막부와 번에 의한 막번 영주 권력에 그치지 않고 천황 · 공가 · 문벌 등을 포함한 광범위한 의미에서의 조정을 범위에 넣고 그 특질을 밝히고자 한 다카노 도시히코高埜利彦,[38)] 메이지 유신기를 전망하여 막부 말기의 정치사 속에서의 천황의 존재 의의를 밝히고자 한 후지타 사토루藤田覚[39)] 등의 연구가 발표되고, 중앙공론사의《일본의 근세》(전15권) 시리즈 중 한 권은《장군과 천황》이라는 제목으로 이 문제를 다루었다. 이제까지 연구사적으로 영향이 적었던 근세의 조정 · 천황은 80년대 이후에 실증연구가 심화되어 사회사적인 시각을 바탕으로 다양한 연구가 시작된 것이다.

중세사 분야에서는 왕조와 종교 세력을 포함하여 권력 이데올로기에 관하여 논한 구로다 도시오黒田俊雄의 권문權門체제론 · 현밀顯密체제론이 큰 영향력을 발휘했다. 또한 실증적인 수법으로 아시카가 요시미쓰足利義満에 의한 '왕권찬탈계획'을 밝힌 이마타니 아키라今谷明의 연구

한다. 소송에서 최대의 쟁점이었던 '교과서검정은 헌법위반'이라고 하는 이에나가 측의 주장은 대법원에서 "일반 도서로서의 발언을 방해하는 것이 아니며, 발표 금지의 목적이나 발표 전의 심사 등의 특질이 없으므로 검열에 해당되지 않는다"고 하여 1997년 실질적인 패소가 확정되었다. 1차 소송에서 대법원판결까지 32년 걸렸으며, '가장 긴 민사소송'으로 기네스북에 올랐다.

도 널리 읽혔다.[40] 1992년부터 95년에 걸쳐서 간행된 《강좌 전근대의 천황》 전5권은 이 문제에 관한 실증연구의 집대성이었다. 또한 막말부터 메이지 전기에 관해서는 국가신도와 국가의례에 관한 중요한 연구가 1980년대 이후에 축적되어 90년대에 잇달아 출간되었다.[41] 그러나 이들의 다양한 연구에 대해서 구체적으로 언급하는 것은 불가능하기 때문에 여기서는 근대 일본의 국가권력 내부로 들어가 천황제를 논한 한 몇 가지 작품을 보기로 하자.

근대 천황제의 권력구조에 관한 연구

스즈키 마사유키鈴木正幸는 1980년대부터 근대 천황제 국가의 지배질서에 관한 저작을 발표했다.[42] 스즈키는 전전의 천황은 강대한 천황대권을 가지고 있었던 것처럼 보이지만 실은 "국가 의사에 군주 의사가 종속되어 있어 군주의 개인적(자의적)인 독재가 곤란하다는 문제"가 있으며, "이는 '근대의 천황'을 생각하는 데 있어서 기본적 문제"라고 한다.[43] 천황은 막말과 메이지 초년의 정치사에서는 국권 확립을 위한 수단이었으며, 정치적 실권자가 가지고 있던 국가 의사와 천황 개인의 의사와의 사이에는 심각한 대립이 존재하지만, 이러한 경우에 개인으로서의 군주 의사가 종속되는 데는 오랜 역사적 전통이 있었다. 메이지헌법도 표면적으로는 천황친정을 표방하지만 실제로는 헌법 55조* 등으로 정부에 대한 천황의 권한을 제한하고 있으며, 메이지헌법 하에서 권력 구조의 실태는 점차 정부와 의회의 타협을 통해서 실현되었다. 그것은 천황의 실질상의 불친정이 천황의 신성불가

---

* 1889년 제정된 대일본제국헌법 제55조는 "① 국무 각 대신은 천황을 보필하며 그 책임에 임한다, ② 모든 법률, 칙령 기타 국무에 관한 조칙은 국무대신의 부서(副署)를 요한다"다고 되어 있다. 패전 후 도쿄재판에서 천황의 전쟁책임 논의에 대응하여 군주에게는 책임이 없다는 '군주무답책'의 논리를 제시할 때 이 조항이 중요한 근거가 되었다.

침을 보장하는 것과 같은 시스템이며, 천황제는 오히려 정당정치 하에서 안정화되었다. 그러나 1926년 박열 사건* 당시부터 정당이 황실과 국체를 정치적으로 이용하면서 우익과 군부의 반발을 초래하여 초국가주의적인 천황 신격화가 우세를 차지하면서 정치적 이성을 넘어선 전쟁으로 돌진하는 결과가 되었다고 보는 것이다.

야스다 히로시安田浩도 스즈키와 매우 비슷한 논지를 정치사적으로 구체화하고 있다. 야스다에 의하면 근대의 천황은 다원적인 보필자와 기구에 의거하여 행동하는 '수동적 군주'이지만, 천황의 친재親裁가 국가의 최종 의사를 결정한다는 명분을 가지고 있는 이상, "한정적으로는 자신의 의사로 직접 권력을 행사하는 능동적 군주로서도 나타나는 존재"였다. 따라서 근대 천황제의 정치사적인 연구의 과제는 각 시기의 '실태적인 국가 의사 시스템'을 '미시적인 정국 대립의 구도' 속에서 파헤치고 천황의 언동이 그 속에서 어떤 역할을 했는지를 구체적으로 추적하는 데서 구한다.[44] 왕정복고의 쿠데타에서 시작하여 1940년대의 전시체제까지를 야스다는 위와 같은 시점에서 세 명의 천황의 역할을 순차적으로 검토한다. 야스다는 헌법이 규정하는 주권 원리로서는 절대군주제라고 하더라도, 그러한 이데올로기적인 구성물에서 국가의 성격을 일의적으로 규정할 수 없다고 말한다. 명분상으로는 친정 군주 · 대원수 · 신적인 군주라고 하더라도, 국가권력의 내부에서는 '제도로서의 군주'며, 천황의 개인 의사가 작용할 여지는 적었다는 것이다. 스즈키는 가사야 가즈히코笠谷和比古의 연구[45]를 응용해서 군주 의사의 국가 의사로의 종속이라는 전통이 존재했다는 것을 중요한 설

* 1923년 9월 1일 발생한 관동대지진 이틀 후 계엄령 하에서 재일 조선인들이 민중들에게 학살당하는 혼란기에 '보호검속'의 명목으로 검거된 아나키스트 박열(1902~1974)과 내연의 처 가네코 후미코(金子文子)가 이듬해 1924년 2월 15일 폭발물 단속 위반으로 기소되어 1926년 대역죄로 사형 판결을 받은 사건이다.

명원리로 한 것인데, 야스다도 이러한 가사야에서 스즈키로 이어지는 설에 따라 근대 천황의 '수동적 군주'로서의 성격을 설명하고 입헌제의 전개도 이러한 전통적 구조의 내부에서의 변용이었다고 본다. 이는 군신 간에 서로 의지하는 '무책임의 체계'이며, 이러한 시스템 때문에 1920년대 중반부터의 국체 이데올로기가 고양되는 가운데 책임 있는 정치 판단이 사라지는 결과를 초래했다고 보는 것이다.46)

마스다 도모코增田知子는 호쓰미 야쓰카穗積八束와 미노베 다쓰기치美濃部達吉 등의 논저를 분석하면서 근대 일본의 국가체제를 국체 이데올로기에 기초해서 세워진 군주전제주의 및 이와는 원리를 달리하는 입헌주의의 복합구조로 파악했다. 그리고 이 두 계기의 균형이 무너진 것이 1920년대 후반이며, 그 결과 국체 이데올로기에 의한 일원적 지배로 귀결했다고 한다.47) 두 계기의 원리적 구별과 그것을 연결하는 천황의 대권정치에 대한 규정과 분석 소재의 독자성 등에서 배울 바가 적지 않다. 그러나 연구의 커다란 흐름으로서는 스즈키와 야스다의 방향을 더욱 심화시킨 것으로 볼 수 있다. 국체 이데올로기에 근대 국가기구와는 구별되는 특별한 위치가 부여되고 있는 것은 이해할 수 있지만, 왜 그러한 것이 현실의 정치 과정과는 구별된 차원에서 근대 일본을 규정하면서 1920년대 후반에 전면에 나오게 된 것일까. 마스다는 헌법 해석과 국가기구론에 한정해서 논리를 전개하기 위해서 국체 이데올로기는 외재적으로 분석틀의 밖에서 살피는 데 그치고 있다는 인상을 준다.

천황의 권위, 의사, 역할을 몇 가지 차원으로 나누어 파악하는 것은 천황제 연구를 심화하기 위해서는 불가결한 일이다. 스즈키 · 야스다 · 마스다 등의 연구는 권력구조와 정치 과정의 내재적 분석 속에서 그러한 과제에 답을 제시했다. 이들의 연구는 분석 영역을 한정함으로써 더욱 엄밀한 사료 조작을 시도하여 역사 연구의 수준을 향상하는 데 공헌했다. 1970년대 중반 이후 역사학에서의 천황제 연구는 개략적으로 말해서 이러한 특징이 현저하다. 그 중에는 치밀한 실증으로 예기치 못했던 사실을 밝혀 우리들을 놀라게 한 부분도 적지 않다. 그런 점에서 이들의 연구는 최근 역사학 연구의 커다란 흐름 속에서도 가장 빛나는 분야의 하나였다고도 말할 수 있다. 이상의 연구 성과에 비추어볼 때, 과거 강좌파의 사회구조론적인 천황제론과 마루야마 학파의 정신구조에서 파악되었던 천황제론은 지나치게 추상적이며 개념적인 본질주의에 빠져 조정 · 천황과 이를 둘러싼 갖가지 세력과 상황에 관한 구체성과 사실성을 결여했다고 할 수 있다. 다이쇼 천황과 쇼와 천황에 관해서도 최근에는 갖가지 사료가 공개되어서 연구는 더욱 세밀하게 전개되고 있다.

강좌파와 마루야마 학파의 교훈

그러나 여기에서는 과거의 강좌파와 마루야마 학파의 천황제론이 역사적 세계의 전체성에 관한 권력규정론과 정신구조론이었다는 점에 역시 유의해야 한다. 특히 근대 천황제의 문제는 복잡한 역사적 사회의 전체성에 관한 문제이며, 실증적으로 검증할 수 있는 제반 영역도 그러한 전체성 속에서 위치지우고 의미부여를 추구해야 한다고 생각한다. 개별 영역에서의 검증이 진행되어도 어딘가 중요한 문제가 빠진 것은 아닐까, 여기서 검증되고 있는 것의 전제에는 무엇이 있는 것일까 하고 느끼는 데에는 천황제 문제의 이러한 성격 때문일 것이다.

예를 들면 근세 후기에 국체론이 급속하게 이데올로기적인 역할을 하면서 유신 변혁이 어린 천황의 권위를 전면에 내세우고 수행된 것은 무엇 때문이며, 1920년대 중반 이후 국체론의 이데올로기가 중대한 의미를 가지게 된 배경은 무엇이었는지를 생각할 때, 권력구조와 정치 과정에 입각한 분석만으로는 설명하기 어렵다. 평소에는 거의 의식하지 못하는 사회의 구성원리가 위기적인 상황 속에서 급부상할 수도 있으며, 국가의 정통성 원리와 그러한 우주론적인 근거 속에서도 복잡한 갈등이 있는 법이다. 위기 상황에서는 그러한 제반 계기가 예기치 못한 의미를 가지게 되어 권력 구조의 규정 요인이 될지도 모른다. 일상적으로 존재하는 개인으로서의 천황과 그를 에워싼 인간관계와 세력들, 헌법과 법률에 규정된 그 자체에 커다란 모순을 포함한 권력구조로서의 천황제, 천황제를 둘러싸고 그것을 지탱하는 이데올로기와 우주론으로서의 국체론, 또한 그 예외 상황에서의 특수한 역할, 민중의 생활 의식에 뿌리를 내리고 있는 권위 숭배와 신관념. 이러한 제 계기는 중층적이고 매개적으로 기능하고 있으며, 또한 상황에 따라 크게 변동한다. 그렇기 때문에 구체적인 연구는 각각의 대상영역에 입각하여 상세하고 치밀한 것이어야 한다. 그리고 동시에 다른 제반 계기와 관련지어 역사적 세계의 전체성이라는 장으로 돌아와 다시 파악해야 한다.

역사가는 연구 주제를 한정하고 사료에 입각하여 탐구를 심화하는 직업이다. 따라서 국가권력의 본질을 추상적으로 개념 규정하는 식의 연구 수법과는 일정한 거리를 두어야 한다. 그것은 연구의 분절화와 구체화를 위해 불가결한 일이다. 그러나 그런 경우에도 역사가가 가지는 문제의식의 근저에 있는 천황제란 15년 전쟁기에 맹위를 떨친 바로 그 천황제이며, 혹은 그러한 천황제를 만들어 낸 갖가지 역사의 문맥이 아닐까. 또한 그 천황제를 현대 일본과 어떠한 맥락에서 이해해야 하는가. 나는 구체적인 연구가 면밀하고 치밀해지면서 이른바 이러한 근원적인 문제가 순환적으로 연구자에게 되돌아온다고 생각한다.

2부

사상사의 방법론

■■ 4장

표상과 의미의 역사학

1. 문화와 의미로

마르크스주의 역사학의 이론에 의거한 전후 일본의 역사학을 좁은 의미에서의 전후 역사학이라고 부른다면, 1970년대 중반에 사회사가 대두한 이후 역사학의 새로운 동향을 현대 역사학이라고 부를 수 있을 것이다. 이 두 가지 역사학 사이에는 역사의식과 문제설정, 방법, 연구소재 등에서 결정적인 전환이 있었다. 이 전환의 의미를 어떻게 자각적으로 생각할 것인지에 관한 문제는 우리 역사 연구자들에게 매우 중요한 일이다. 여기서는 이러한 문제와 관련해서 역사라는 것을 어떻게 표상하고 기술할 것인가 하는 방법적인 문제에 초점을 맞추고 그 전환의 의미를 정리해 보기로 한다.

이런 주제를 설정할 경우 일본의 연구 상황에만 입각해서 논하는 것이 어느 정도 의의가 있을지 심히 의심스럽다. 왜냐하면 70년대 이후의 현대 역사학은 외국에서의 연구 상황과 사상 동향에 의지하는 바가 크며, 나로서는 이해하기 어려운 외국의 연구 문헌을 살펴봐야

하기 때문이다. 따라서 이하에서는 몇 가지 중요한 번역서를 염두에 두고 나름대로의 관점에서 설명해 보고자 한다.

새로운 역사학의 전개에 커다란 영향을 미친 서구의 연구 동향으로는 아날학파,* 영국의 사회운동사 연구, 미셸 푸코Michel Foucault의 문화사, 문화인류학 등이 있다. 여기서는 아날학파를 중심으로 한 니노미야 히로유키二宮宏之의 정리를 참고해 보자. 니노미야는 먼저 70년대를 경계로 한 '거대 담론'의 해체가 역사가에게 역사에 대한 질문을 새삼 되던졌다고 한다. 이 질문은 역사가에게 문제설정의 방식을 되물으면서 동시에 인식론적인 재검토를 요구했다. 여기서 우선 니노미야의 설명에 의거해서 문제설정의 차원만을 다루어보면 그것은 요컨대 연구대상의 사회사적인 확대다. 예를 들면 일상생활과 민중생활의 갖가지 차원이 거론됨과 동시에 근대를 통해서 억압되어 왔던 여성, 신체, 병, 죽음, 주술, 범죄, 폭력, 피차별민, 소수 언어집단 등이 주제화되었다. 니노미야는 이러한 새로운 연구대상을 신체, 마음, 행동양식의 3차원으로 정리해서 새로운 연구영역의 조감도를 제시한다. 또한 공간적으로도 국민국가와 결합한 근대 역사학의 전제를 해체하여 세계를 좁은 의미의 '지역', 더 광역적인 '지권地圈', 그리고 세계 시스템이라는 세 가지 차원의 중층성으로 파악할 필요가 있다고 한다.1)

이러한 니노미야의 정리는 새로운 연구 동향의 다양성과 풍부함을 잘 말해준다. 그러나 연구영역이 너무 다양해서 도대체 자신은 무엇을 초점으로 연구하면 좋을지, 자신의 연구에 어떤 위치와 의미가 있는 것인지 우리들을 당황하게 만들기도 한다. 그렇지만 니노미야가 새로운 사회사적 연구 가운데 '가장 뛰어난 성과'로 평가하는 알랭 코르뱅

* 1929년 프랑스 역사학자인 페브르와 블로크가 창간한 《사회경제사 연보》(1946년에는 '아날 · 경제 · 사회 · 문명'으로, 1994년에는 다시 '아날 · 역사와 사회과학'으로 제명 변경)를 중심으로 형성된 학파를 말한다.

Alain Corbin의 《냄새의 역사》[2]를 보면, 오늘날 우리가 간단하게 지나쳐 버리는 냄새라는 현상이 18세기 말에서 19세기에 걸쳐서 전환하고 있다는 것을 훌륭하게 그려냈는데, '근대란 무엇인가' 라는 커다란 문제를 전혀 예기치 못한 방향에서 새롭게 고찰할 수 있음을 알 수 있다. 니노미야가 소개하는 아날학파의 대부분은 심성의 장기적 변용을 파악하는 넓은 의미의 문화사라고 할 수 있으며, 일상의식의 의미 분석을 지향하는 점에서 인류학 · 민속학과도 교착交錯된다. 필립 아리에스 Philippe Aries의 《'아동'의 탄생》[3]과 노베르트 엘리아스Norbert Elias의 《문명화 과정》[4]도 오늘날 우리들이 통념으로 받아들이는 갖가지 관념과 감성이 장기적으로 보면 역사적으로 형성된 것이라는 사실을 밝히고 있다. 또한 약간 시점을 바꾸어 살펴보면 일본 민속학에서의 심의心意 현상에 관한 연구에 비추어 이해할 수도 있다. 가족, 조상숭배, 마을 공동체, 와카모노쿠미若者組,* 제례, 민속종교 등은 모두가 역사화 함으로써 장기적인 변용과 구조를 함께 이해할 수 있는 성격의 것이다. 그러나 가와무라 구니미쓰川村邦光의 몇 가지 귀중한 작품들을 예외로 하면 역사학과 민속학을 방법적으로 결부시킨 연구는 일본에서는 아직도 본격적으로는 전개되지 않고 있다.

푸코의 경우에는 사회사에 대한 안이한 참조를 거부하여 담론의 계보학, 병열성과 확산 등을 강조한다. 푸코의 《광기의 역사》[5]와 《감옥의 탄생》[6] 등은 서양 근대문명의 '정신구조적인 변화의 장기적 추세'[7]에 관한 수미일관된 분석이라고 생각한다. 푸코가 특히 주목하는 것은 권력이다. 이 경우의 권력이란 국가권력이 아니라 인간이

---

* 일본 전통사회에서의 연령 집단의 하나. 근세의 '무라'(자연촌, 부락)에서 지역사회를 지탱하는 집단의 하나로 기능했다. 일정한 연령(15세)이 되면 와카모노쿠미에 가입하며, 가입에는 엄격한 시련이 부과되었다(가입 의례). 와카모노쿠미에 가입한 청년들이 숙박을 하거나 공동으로 작업하는 경우도 많으며, 마을 내의 경비나 갖가지 작업, 친목 등을 꾀했다. 일정한 연령이 되면 여기서 탈퇴했다.

주체화되는 갖가지 양식 속에 작용하는 기술이라는 것과, 그것은 진실과 사랑, 인간성까지도 만들어낸다는 것이 푸코의 주제이고, 근대의 학문이나 지식의 자명한 전제와 생각에 대해서 원리적인 비판을 제시한다. 푸코는 사료에 의거해서 구체적인 분석을 하는 것처럼 보이지만, 실은 위와 같은 원리적 추상의 차원이 그의 주제이기 때문에 역사가의 관심과는 크게 다른 방향에서 논리가 전개된다고 보아야 한다.

역사학이 세심한 부분에 입각해서 구체적인 기술을 지향하는 학문이라고 한다면, 푸코의 장대한 논의보다도 클리포드 기어츠Clifford Geertz의 상징인류학이 참고가 된다. 기어츠에 의하면 인간은 "의미의 그물망 속에 갇혀있는 동물"이며 문화란 이 그물과 같은 것이기 때문에 그물의 눈에 대한 의미론적 독해로 사회적 현실을 이해할 수 있다. 인류학의 서술은 정보 제공자가 가져다주는 정보나 인류학자 자신의 관찰에 대한 인류학자의 해석이며, 그러한 의미에서 연구자에 의한 '창작'이다. 이것은 얼핏 지식의 객관성을 위협하는 것처럼 보일지도 모른다. 그러나 이 위협은 표면적인 것일 뿐이라고 기어츠는 단언한다. 기어츠가 말하는 '두터운 기술'만이 '실제로 일어난 일'을 이해할 수 있게 하기 때문이다. 기어츠 자신도 해석학적 방법의 결함으로서 "개념적 조작을 방해하는 경향"이 있으며, "체계적인 검토를 벗어날 우려가 있다는 것"을 지적한다. 그러나 《문화의 해석학》에서의 내셔널리즘, 혁명, 문화 통합 등에 관한 논문들을 보면 제3세계에서 근대화가 가져온 사회변용이 비교사적으로 거론되고 있어 역사학적인 분석에 상당히 가까운듯한 인상을 준다. 기어츠가 대상으로 삼는 현대의 제3세계는 근대화 혁명에 관한 역사적 전망을 제외하고는 논할 수가 없는 것이다.[8] "페미니스트와 마르크스주의자가 억압을 찾아낸다면 상징주의자는 의미를 찾아낸다"[9]고 신랄하게 말할 수도 있겠지만, 여기서는 그러한 기어츠의 분석에도 세계사적인 구조 속에서의 이해가 불가결한 계기로서 받아들여지고 있다는 점에 유의해 두고 싶다.

1960년대부터 1970년대에 걸쳐서 세계 각지의 천년왕국주의적인 민중운동연구, 홉스봄Eric John Ernst Hobsbawm과 톰슨E. P. Thompson 등의 영국 사회운동사 연구, 홉스봄 등의 '창출된 전통'이라는 파악 방식, 나탈리 데이비스Natalie Zemon Davis의 근세 초기 프랑스 민중운동 연구, 마샬 사린즈Mashall Sahlins의 인류학적 방법과 역사학적 방법을 결부시킨 구조적 역사인류학, 로버트 단턴의 《고양이 대학살》,[10] 《어둠의 역사》[11]를 비롯한 카를로 긴즈부르크Carlo Ginzburg의 저작, 린 헌터Lynn Hunt의 《프랑스 혁명의 정치문화》[12] 등은 넓은 의미에서의 민중문화를 대상으로 하며, 표상과 의미에 관한 사회사적 분석이라고 할 수 있다. 이러한 연구에서는 기어츠도 말하듯이 장르의 경계가 희박해지고 있으며, 갖가지 학문 분야를 교착한 분석방법이 현저해지고 있다. 일본에서의 일본사 연구도 방법적 자각 여하는 별도로 하더라도 70년대를 경계로 이러한 학문적 동향에 영향을 받아 크게 변모하고 있다. 1999년부터 간행된 《근대 일본 문화론》 전11권의 편자들은 일본 근대사 연구는 지금도 여전히 하부구조에 관한 연구가 중심이며 '문화경시'의 경향이 있다고 생각하는 모양이지만, 최근의 근대 일본사 연구는 오히려 문화와 표상에 관한 학제적이며 다채로운 연구에 그 특징이 있다고 보아야 할 것이다.

문화 · 표상 · 담론에 관한 연구는 대상으로 하는 소재를 구체적으로 입각할 수 있다는 점에서 편리한 부분이 있으며, 현상 기술로서 나름대로 실증성이 높은 성과를 올릴 가능성이 있다. 그러나 이상에서 개관한 우리에게 커다란 영향을 미친 연구들은 거대한 문맥 속에서 논의되고 있는 방법의식이 강하다. 특히 푸코의 정신사적 기술은 물론 기어츠의 '두터운 기술'의 경우에도 이론은 구체적 기술의 표층에서 괄호 속에 들어있을 뿐이라고도 말할 수 있다. 따라서 역사가의 경우에도 무엇을 참조하여 어떤 시각과 틀에서 문화와 표상을 논하는 것이 역사학에 적합한 것인가 하는 문제가 생기지만, 그것이 또한 역사학의 이론과 인식론적 근거에 관한 까다로운 되물음과 연동한다는 것이 현재의 상황일 것이다. 이러한 물음은 특히 국민국가(비판)론의 입장에서 제기되어 종래의 역사학이 가지는 본래 모습을 원리적으로 비판하는 방향으로 전개된다. 다음 절에서는 국민국가론의 입장에서 역사학에 대한 비판이 어떻게 전개되는지 살펴보자.

2. 국민국가와 표상세계

니시카와 나가오西川長夫는 국민국가론의 입장에서 역사학 비판을 가장 명쾌하게 설명한다. 니시카와는 "근대 역사학이 국민국가와 함께 형성되어 제도적 이데올로기로 국민국가에 의해 지탱되거나 또는 국민국가를 지탱해 온 것은 의심할 여지가 없는 사실"이라고 말한다. 니시카와의 입장에서는 국민국가와 역사학의 이러한 결합에는 반체제적인 역사학도 포함하는 것이 중요하다. 역사학도 "결과적으로는 항상 국민국가를 강화하는 기능을 해왔다"고 보는 것이다. 니시카와의 입장에서 보면 민중사, 젠더사, 차별사 등도 결국은 국민국가를 지탱하는 기반을 확충 강화하는 것이라는 말이 된다.13)

국민국가라는 개념은 1980년대 이후 빈번하게 사용하기 시작한 용어로 좁은 의미에서 보면 전후 역사학에서 현대 역사학으로 전환하는 데 핵심어 중 하나였다. 그것은 비교사와 발전단계론을 방법론으로 삼고 뒤떨어진 일본을 비판적으로 대상화해 온 전후 역사학에서 근대 국민국가라는 보편성으로 근대 일본을 파악하는 방향으로의 시좌 전환이기도 했다. 그러나 국민국가라는 용어는 대개가 모호하게 사용되어 왔으며, 명쾌하게 체계화된 것은 (일본에서는) 니시카와 뿐이라고 말할 수 있다. 니시카와의 파악 방식은 〈일본형 국민국가의 형성〉[14]과 〈제국의 형성과 국민화〉[15]라는 두 개의 포괄적인 논문에서 명백하게 드러난다. 니시카와는 여기서 근대 일본이 국민국가의 한 유형이며 기본적 특징은 프랑스혁명 이후의 프랑스와 매우 흡사할 뿐만 아니라, 오히려 일본이 더욱 철저하다는 점을 갖가지 비교 축을 이용해서 밝혔다. 니시카와의 이러한 국민국가론은 프랑스를 모델로 근대 일본을 비판해 온 전후 역사학의 통념을 전도시켰다는 점에서는 명쾌하다. 그러나 국민국가 속에서의 대항·갈등·모순 등의 문제는 주제화되지 않고 기껏해야 국민국가적인 편성으로의 매개환으로 처리하는 파악 방식을 취하고 있다.

근대의 제도와 문화가 국민국가의 산물이며, 또한 그것을 지탱하고 있다는 점을 강조하는 니시카와는 누구보다도 철저하게 국민국가의 틀 속에서 근대 일본을 파악했으며, 니시카와 자신도 "국민국가의 붕괴 현상을 우리는 국민국가라는 언어로 논하는 어려움에 시달리고 있다"[16]고 술회한다. 니시카와는 1989년을 기점으로 국민국가가 급속하게 붕괴되어갔다고 보았다. 그러나 니시카와의 경우 그것을 구체적으로 표현하는 것은 이민 등과 같이 국경을 월경하는 현상과 관련되는 한에서의 일이지, 국민국가를 그 발생의 근원까지 거슬러 올라가 해체의 위상에서 논하는 방법은 아니다. 그 때문에 1999년 역사학연구회 전체회에서 역사학 비판의 원리적인 엄격함과 니시카와 자신에 의한 역사학적 기술과의 사이에 무언가 커다란 단절이 있는 것처럼 현장의 연구자들에게 보였던 것이다.

일본사 분야에서 70년대 이후의 경험을 바탕으로 전후 역사학을 재검토하는 기운이 고조되어 사학사에 대한 관심이 증대되고 있다. 이러한 방향을 자각적으로 추진해 온 선각자는 나리타 류이치成田龍一이고, 최근 그 성과는 《역사학의 스타일》[17]과 《'역사'는 어떻게 이야기되는가》[18]라는 두 권의 책으로 나왔다. 책 제목에도 나타나듯이 나리타의 관심은 역사가 이야기되는 방식과 서술양식에 있으며, 갖가지 역사서술을 도마 위에 올려 극히 포괄적인 비평을 전개한다. 나리타가 구체적으로 주목하는 것은 특히 1930년대의 갖가지 역사서술로, 이제까지의 역사서술에 공통적으로 보이는 '국민의 이야기'로서의 성격을 원리적으로 비판한다.

나리타에 의하면 1930년대를 전후해서 일본에는 내셔널리즘, 아카데미즘, 마르크스주의라는 세 가지의 서로 다른 이데올로기적 입장의 역사학이 정립하고 있었다. 내셔널리즘과 마르크스주의 역사학(히라이즈미 기요시平泉澄와 하니 고로羽仁五郎)은 이데올로기적인 대립에도 불구하고 모두가 특정한 입장에서 '구성적'인 역사서술을 자각적으로 취사선택했다. 그러나 제각기 자기 입장의 정당성이 자명한 전제가 되어버렸기 때문에 역사를 서술하는 주체에 대한 자기 성찰이 부족하다. 아카데미즘 역사학의 경우(구로이타 가쓰미黒板勝美)에도 실증주의와 역사적 상대주의를 그 입장으로 하면서도 실은 '국민'과 '국체'라는 틀을 자명한 전제로 해 버렸다. 나리타에 의하면 1930년대에 그 이전과의 단절의식을 가진 새로운 역사학의 조류가 등장하여 3파의 정립이 대항하게 된 것인데, 이 상황은 형태를 바꾸어 현재에도 계속되고 있다. 3파는 모두 역사인식에 우위를 두고 역사서술이라는 표상, 서술의 형식에 주목하지 않으며, 그 때문에 자기 자신이 가지는 역사인식의 특징을 스스로 대상화할 수가 없었던 것이다.

서술에 주목하여 정립하는 3파를 모두 돌파해서 대상화하는 나리타는 같은 방법으로 역사학과 문학의 경계를 쉽게 넘은 듯 보인다. 실제로 나리타는 위의 두 저서에서 오에 겐자부로大江健三郎의 《만연원년의 풋볼》, 시바 료타로司馬遼太郎의 《언덕 위의 구름》, 나카자토 가이잔中里介山의 《대보살고개》*, 시마자키 도손島崎藤村의 《새벽 전》**, 히노 아시헤이火野葦平의 군대 소설, 오가와 마사코小川正子의 《작은 섬의 봄》, 도요타 마사코豊田正子의 《글짓기 교실》 등을 정력적으로 논하고 있으며 분석 수법도 예리하다. 문학작품이라고는 하나 거의 역사소설과 르포에 한정시켰다. 그러나 나리타의 입장에서는 문학작품의 쪽이 완성도나 강약의 변화가 확실한 장르이므로 분석 소재로 삼기에는 훨씬 적절했을 것이다. 나리타의 기본 시점은 니시카와와 비슷한 국민국가론의 입장에 있으며, 대부분 무자각적으로 선택되고 있는 국민주의적인 입장(성)이 국민국가에서의 차이와 동요, 그리고 인간들의 생활에 관한 구체적인 상을 배제하는 것으로 본다. '현장'을 기술하려는 히라노 후미코平野婦美子의 《여교사의 기록》과 《글짓기 교실》에서도, 현장의 개별적 경험이 일반성으로 번역되어서 당사자가 가지는 목소리의 고유성이 상실되어 버렸다고 나리타는 말한다. 히노의 군대 소설, 하야시 후미코林芙美子의 종군기 등도 일기와 서한이라는 형식을 취하여 사실을 묘사하듯이 보이지만, 실제로는 '개인을 전체로 회수'하여 전쟁에서의 구체적인 체험이 '일본'이라는 민족의 이야기에 갇혀 있다고 지적한다. 이러한 국민국가의 이야기에서 벗어나는 길을 나리타는 전쟁체험과 같은 한층 더 직접적인 증언에서 구하고 있다. 원폭과 오키나

* 장편 연재소설로 1913년부터 1941년까지 각 신문에 연재되었다.

** 장편소설로 일본 근대문학을 대표하는 소설의 하나로 손꼽힌다.

와전에 관한 증언에는 '역사' 이야기의 절단이 있으며, 그러한 증언을 해독함으로써 연구자에게 새로운 견해가 가능해진다고 나리타는 말하고 싶은 것 같다.

최근 국민국가론을 비판하는 오카도 마사가쓰大門正克는 주로 니시카와와 나리타를 염두에 두고 있다. 오카도에 의하면 국민국가론에서는 국가가 주어이며, **'민중은 항상 수동'**(강조는 오카도)적인 입장이다. 그러나 실은 국민국가 속에 "서로 갈등하는 관계, 갈등하는 장"이 구성되고 있으며, 그것이 사회가 가지는 공동성의 구체적인 모습이라고 강조한다. 사람과 사람의 관계는 국민국가에 포섭되면서이기는 하지만, "관련 속에서 모순되는 존재"이며 그러한 '모순적 관계'를 분석하는 데에 '역사 연구의 진가'가 있다고 한다. "인간성의 '조각'이 남은 '조그만 장소'에서 생각할 수밖에 없다"고 한 이치무라 히로마사市村弘正의 말을 인용하여 논의를 매듭짓는 오카도는 현장에서의 증언을 중시하는 나리타와 중복되는 문제에 관심을 가지면서도 국민국가에 관해서는 대국적인 입장에서 논한 것이다.[19]

또한 나리타와 오카도는 모두 현장에서의 증언을 중시하는 입장에서 역사가의 이야기에 비판을 가하고 있다. 그러나 역사가에게 고유한 인식과 기술記述의 양식이 선택되고 있는지, 만약 선택되고 있다면 그것은 어떻게 특징지을 수 있는지에 관해서는 거의 언급되어 있지 않는 것처럼 보인다. 구체적인 경험의 장에 맞추어서 기존의 이야기를 해체해 나갈 때 우리는 분명히 일종의 사실성을 다루기는 한다. 그러나 역사가로서의 우리는 역사가에게 고유한 이야기를 어디에서 확보하고 있는 것일까. 아니면 더욱 해체적으로 탐구하는 것만이 재생으로의 실마리라고 니시카와, 나리타, 그리고 오카도 등은 호소하는 것일까.

3. '재고'하는 역사학

1999년도 역사학연구회 전체 대회가 '재고 · 방법으로서의 전후 역사학'을 주제로 많은 연구자의 관심 속에 개최되었다. 고타니 히로유키小谷汪之 위원장이 보고집 서문에서 말했듯이 그것은 '과학적 역사학'의 인식방법 그 자체가 커다란 회의에 처해있다는 상황 인식과 한편으로는 그것이 역사를 '과학적 지식'에서 분리하여 민족 내지는 국가의 '이야기'로 전환하려는 동향과 연동하고 있는 것이 아닌가하는 초조와 불안을 배경으로 설정된, 자못 역사학 연구회다운 주제였다.

이 대회에서 먼저 이시이 간지石井寛治는 〈전후 역사학과 세계사〉[20]에서 전후 역사학에서 세계사의 법칙적 이해가 실제로는 유럽중심사관적인 성격을 가지고 있었다는 것을 비판하고, 그 후의 지역사와 이매뉴얼 월러스틴의 세계 시스템론도 비판하면서 세계사 전체의 '발전단계론'적인 파악의 재구성을 시도했다. 이시이는 마르크스를 인용하여 '직접 생산자의 사회적 존재 형태'를 귀납적으로 파악하고 '생산력 = 파괴력의 발전'의 다섯 단계로 세계사를 파악할 수 있다고 한다. 그것은 마르크스주의적인 발전단계론과 법칙적 파악의 재구성에 다름없지만, 이시이는 신중을 기해서 이러한 파악 자체가 "역사가에 의한 주체적인 구성 개념"이며, 그런 의미에서 가설이라고 양해를 구하고 있다. '구성 개념'을 운운하는 것만 보면 이시이가 포스트모던적인 구성주의의 입장을 취하는 것처럼 보일지도 모른다. 그러나 이시이는 가설과 그 귀납적인 검증이라는 근대 과학의 고전적인 방법을 취하고 있는 것이며, 이러한 입장에서 실증연구를 거듭하여 역사의 전체 과정을 포괄하는 '구조적인 세계사'가 구축될 것으로 보고 있다.

두 번째 보고인 니시카와 나가오의 〈전후 역사학과 국민국가론〉

은 앞서 거론했듯이 포스트구조주의적인 입장에서의 전후 역사학에 대한 전면적 비판으로, 그 비판이 맞으면 맞을수록 우리에게 강한 폐색감을 느끼게 하는 것이었다. 이에 대하여 니노미야의 〈전후 역사학과 사회사〉는 니노미야 자신의 연구 체험을 회고하면서 사회사 연구가 어떻게 전개되어 왔는지를 논한 것으로, 그는 이시이와 같은 법칙관을 가설로서도 전제하지 않는다. 또한 근대 역사학의 담론이 국민국가에 제약되고 있는 것은 승인하지만, 사람들의 생활세계와 그 표상에서 항상 출발·재출발하는 니노미야는 국민국가에 관련된 담론만을 특별시해서는 안된다고 한다.

이 세 사람의 보고를 총괄한 마키하라 노리오牧原憲夫는 이들의 보고가 모두 구성주의를 취한다는 점에서 '기본적으로 공통의 방법적 기반'이 있다고 지적한다. 그리고 그렇게 되면 특정한 요인이 구조를 특권적으로 규정하는 것이 아니며, 그렇다면 "역사학은 미래를 말할 수 있는가하는 난문"에 직면해 버린다고 엄격하게 추궁한다. 마키하라의 입장에서 보면 발전단계론이 개개의 연구자의 주관적인 예측과 원망願望을 초월하는 것이나 국민국가론이 우리들의 미래를 구체적으로 전망하는 것, 사회사가 개별성을 초월한 역사상을 구성하는 것은 모두가 지극히 곤란한 일이다. 마키하라의 견해에 의하면 역사의 구성주의적인 파악과 언어론적인 전회는 인식론적인 상대주의와 가치허무주의를 이끌어 내고 역사 연구의 성립 근거를 불안정하게 만든다. 그렇게 되면 역사 연구가 본래 가져야 할 우리들의 삶과 관련되는 근원적인 의미를 상실하게 된다는 것이다.

그러나 언어론적인 전회 이후의 역사학에 대한 인식론적 비판은 역사학의 외부에서 가해졌기 때문에 전문적인 역사 연구자에게 끼친 영향은 대부분의 경우 상당이 한정적이었다. 역사가에게는 사료를 상대로 '사실'을 탐구하는 현장이 주요한 작업장이며, 그 작업장에는 자신만이 지금 이 특정한 사료를 취급함으로써 새로운 발견을 하고 있다는 감각이 있기 때문이다. 그것은 사료에 의거한 사실史實의 발견·확정이라는 근대 역사학의 기본적인 전문영역과 결합한 감각이며, 여기에는 근대의 학문 세계 전체 속에서도 특별한 실증주의적인 신념의 강인함이 있다. 언어론적 전회 이후의 역사학 비판에 관해서 넓은 시야에서 검토한 제럴 노와리엘Gerard Noiriel의 《역사학에 대한 '위기'》21)와 리처드 에반즈Richard Evans의 《역사학의 옹호》22)에서도 기본적으로는 포스트구조주의적인 비판에 대항하여 근대 역사학의 전통을 옹호한다는 자세를 엿볼 수 있다. 우에노 치즈코上野千鶴子가 편집한 《구축주의란 무엇인가》23) 속에서 〈역사학에 있어서 구축주의〉를 논한 오기노 미호荻野美穂도 이러한 새로운 동향에 "전면 항복하지 않고 있다"는 것이 역사학계의 동향이라고 한다. 그래도 오기노는 젠더사를 중심으로 논하기 때문에 포스트구조주의와 언어론적 전회가 역사학에 끼친 영향을 크게 평가하고 있는 셈이다. 그러나 일본에서의 일본사 연구에 한정하면 역사학의 아성은 오기노의 평가보다도 훨씬 확고한 것처럼 보인다.

아마 이러한 역사학계의 상황을 배경으로 2000년도 역사학연구회 전체회는 주제를 〈세계사 인식과 전체사의 가능성〉으로 정했을 것이다. 그 두 번째 보고인 기시모토 미오岸本美緒의 〈현대 역사학과 '전통사회' 형성론〉24)에서 기시모토는 역사학을 둘러싼 '최근의 동향'에 대하여 현장 연구자의 입장에서 반비판을 하고 역사 연구자에게는 그것에 어울리는 '자연스러운 태도'가 있다고 주장했다. 기시모토에 의하면 포스트모더니즘 등의 역사학 비판에는 "생생한 역사학적 흥미와 괴리된 내성적 자기 언급"에 대한 폐색이 보이며, 그것은 역사 연구로서는 본말전도인 것이다. 역사학은 "구체적인 타자와 조우했을 때 나타나는 자연스러운 놀라움"을 출발점으로 한 탐구인 것이며, 그것이 역사학자의 고유한 '자연스러운 태도'와 다름없다는 것이다.

'자연스러운 태도'라고 하면 혼동하기 쉽지만, 기시모토는 오히려 기성의 역사학적인 통념은 연구의 현장 감각을 예리하게 연마함으로써 타파할 수 있다고 주장하는 것 같다. 역사학자로서는 포스트모던과 국민국가론에서의 비판에 귀를 기울일 부분이 있다고 할 수 있다. 그러나 그것은 다만 역사가가 대상에 직면할 때의 '반응과 놀라움'을 출발점으로 전개해 가는 역사학적 구상력에 암시와 자극을 주는 한에서의 일이다. 역사가의 '자연스러운 태도'는 유형론과 발전론을 선험적으로 가지고 시작하는 것과는 반대로, '인간의 동기와 행동'을 내재적으로 '이해'하는 것을 통해서 당시의 사회를 파악하는 것을 의미한다. 그것은 "일종의 현상학적 접근"이며, "공유된 의미적인 구조야말로 사회"라고 기시모토는 말한다. 그러나 그것이 역사학의 방법이라고 한다면, 그것은 아마도 그 당시 사람들의 삶의 현실과 현실감각 그 자체라기보다는, 그것에 관한 연구자의 이해 · 해석을 매개로 해서만 존재하는 것이다. 그런 까닭에 그러한 이해와 해석을 성립하는 기제는 무엇인가를 순환적으로 되묻는 것과 같은 문제가 되지 않을까.

4. '역사의 이야기성'에 관해서

역사인식의 객관성을 의심하고 역사 연구의 근거를 뒤흔드는 논의가 점차 그 영향력을 증대시켜 온 것은 시대의 정신상황에 깊은 유래가 있다. 그러나 이를 이른바 언어론적 전회와 역사의 이야기성에 관해서 생각하고자 할 때 헤이든 화이트Hayden White의 《메타 히스토리》25)에 관해서 언급할 필요가 있다. 따라서 여기서는 먼저 이 책에 대해 개괄적으로 설명해 보겠다.

이 책은 19세기 유럽의 역사의식이 가지는 특징을 네 명의 역사가와 네 명의 역사철학자에 입각해서 그 저자들이 거의 의식하지 못한 심층 차원에서 논한 것이다. 화이트는 역사학의 거장들의 역사서술과 철학자들의 역사철학적 성찰은 유형적으로는 공통된 시점에서 논할 수 있는 것으로 네 가지 유형으로 분류할 수 있다고 한다. 네 가지 유형은 각각 다른 것보다 역사의 설명원리로서 더욱 더 현실적이라고 주장하지만, 이들은 인식론적이라기보다는 미적 내지 도덕적 기준으로 선택되는 것이며, 인식론적으로는 어느 쪽이 더 뛰어나다고 말하기 힘들다. 네 유형은 역사의 줄거리로서 로망스romance, 희극comedy, 비극tragedy, 풍자satire라는 이야기 형식을 취하며, 설명원리로서는 형식주의자formist, 유기체론자organist, 기계론적mechanistic, 문맥주의자contextualist가 각각에 대응한다. 또한 각각에는 이데올로기적인 함의가 있어 위로부터 무정부주의, 보수주의, 급진주의, 자유주의에 대응한다. 네 유형은 역사가와 철학자가 역사 연구 속에서 만들어 낸 표상처럼 보이지만, 실제로는 구체적인 연구에 앞선 인식 목표에 맞추어 특정한 유형이 선택되고 있는 것이며, 한층 더 근원적으로는 시적인 언어의 네 가지 형식, 즉 은유metaphor, 제유提喩synecdoche, 환유換喩metonymy*, 아이러니irony라는 네 개의 유법喩法에 의존한다. 여기에 해당하는 역사가로서 거론되는 사람은 순서대로 미슐레Jules Michelet, 랑케Leopold von Ranke, 토크빌

* 제유는 사물의 한 특징적 요소를 가지고 그 대상 전체를 비유하는 것. 예를 들면 '펜은 칼보다 강하다', '빵보다 자유를 달라' 등에서 '펜'이나 '빵'은 학문이나 식량의 한 부분을 통해서 전체를 의미하는 것으로 제유에 해당한다. 이에 비하여 환유는 대상의 특성을 통해서 그 대상 전체를 나타낸다. 예를 들면 청와대, 백악관, 백의의 천사, 빨갱이 등이다.

Alexis-Charles-Henri Maurice Clérel de Tocqueville, 부르크하르트Jacob Burckhardt다. 예를 들면 랑케의 경우 설명원리는 유기체론적이며, 플롯은 희극적, 이데올로기는 보수주의, 그리고 유법은 제유다. 토크빌의 경우는 각각 기계론적, 비극적, 급진주의, 환유다.

우리가 역사 연구를 할 경우 아무리 실증적 입장을 고집한다고 해도 미리 역사에 대한 선입견을 가지고 사료를 대하며, 연구가 진전되는 과정에서 그 이미지가 바뀌고 한층 확신적으로 변해 간다는 것은 경험으로 미루어보면 쉽게 이해할 수 있다. 화이트는 이와 같이 미리 구성되어 있는 역사상pre figuration은 네 가지 유법으로 규정되면서 제각기 적합한 역사의 플롯, 설명원리, 그리고 이데올로기를 구성한다는 것이다. 유법이 가장 기저에서 역사기술을 규정하고 있다는 주장이라고 생각하면 '언어론적 전회'가 될 것이며, 로망스와 비극 등의 역사의 플롯에 주목하면 '역사의 이야기성'이라는 말이 된다. 그러나 여기에서 주목하고 싶은 것은 ① 유법, 플롯, 설명원리, 이데올로기의 어느 차원을 취하더라도 네 종류에 한정되며, 또한 네 가지 차원은 제각기의 모드 속에서 긴밀하게 결합되어 있는 점, ② 어느 차원도 역사 연구자가 자유로이 선택할 수 있는 것이 아니라, 역사가의 사고와 기술유형은 이른바 심층적으로 구성된 것이라는 점, ③ 따라서 또한 네 유형은 역사적 사회 속에서 생겨난, 역사와 사회를 파악하는 의식형태라고도 말할 수 있는 것이라는 점 등이다. '역사의 이야기성'이라는 표현이 유행하고, 역사서술은 역사가가 마음대로 조형造形해도 좋은 이야기라고 생각하는 사람도 있는 것 같은데, 그러한 자의성의 허용과 한없는 상대주의는《메타 히스토리》의 입장이 아니다.《메타 히스토리》는 우리들의 역사의식이 자각하지 못하는 사이에 받아들여지는 전前의식적인 독단을 주제화하려는 역사학에 대한 인식론적 비판의 책이다.

화이트에 의하면 역사서술과 역사철학의 네 가지 유형은 약 1세기 동안에 거의 법칙적으로 추이하고 있다. 18세기 말의 풍자적인 역사의 관점은 19세기에 들어와서 극복되고, 역사의 플롯으로서는 로망스에서 희극과 비극을 거쳐 풍자로 추이하였으며, 그것은 역사서술로서는 미슐레에서 랑케와 토크빌을 거쳐 부르크하르트로, 역사철학으로서는 헤겔에서 마르크스와 니체Friedrich Nietzsche를 거쳐 크로체Benedetto Croce로 전개한다. 1세기를 거쳐 19세기 말에는 재차 풍자적인 상황에 도달한 것이다. 20세기에 관해서는 구체적으로 설명하지는 않지만, 역시 세기말에 역사의 풍자적인 관점이 전문 연구자의 세계로 일반화되어 불가지론에 빠져있다고 한다. 흥미롭게도 화이트는 이 책에서 역사서술과 역사철학에 관한 극단적으로 형식주의적인 연구가 현대의 아카데믹한 역사기술의 풍자적인 상황을 반영한다는 것을 인정하면서도 풍자적인 관점도 역사인식의 하나의 형태임을 아는 것이 이러한 상황을 극복하는 기초가 될 것이라고 한다. 진정으로 뛰어난 역사서술은 역사가의 도덕적, 미적인 원망願望과 긴밀하게 결부된 시적 · 과학적 · 철학적이라는 3가지 특징을 겸비해야 한다는 것이 결론이다.

지즈카 다다미遅塚忠躬의 〈언어분석과 언어론적 전회〉26)는 이른바 언어론적 전회 이후의 역사학에 대한 인식론적인 회의에 관한 하나의 명쾌한 해답이다. 먼저 지즈카는 '진실truth' 내지 '현실reality'과 '사실fact'을 구별하고, '사실'의 상당 부분은 텍스트를 통해서 복원할 수 있다고 한다. 다만 '사실'이라고 하더라도 문화사에서는 텍스트에 표현된 사항 자체가 '사실'인 것이며, 문화사에 관한 한 "텍스트의 외부라는 것은 없다"고 하는 언어론적 전회의 선언은 그대로 승인할 수 있다. 지즈카는 자신이 전공하는 프랑스 혁명기의 담론 속에서 '아리스토크라트의 음모'라는 관념을 예로 들어 이러한 관념이 홀로 독립해서 혁명기에 특유한 '정치적인 것'이 만들어지며, 여기에 문화적인 것의 자립성이 있다고 한다. 이러한 문화사를 구조사와 사건사의 '교점交點'에서 세 가지 차원의 상호관계와 통합 속에서 역사를 파악하며, 그 가운데 문화사에서는 담론 그 자체가 가장 중요한 '사실'이라는 것이다.

지즈카는 프랑스 혁명사의 전문가로서 담론이 갖고 있는 고유의 역동성을 잘 알고 있어서 이와 같이 주장한다. 이는 언어론적 전회의 충격을 역사학적 전체상 속으로 수렴함으로써 역사학의 입장을 옹호하려는 것이라고 할 수 있다. 다만 이 때 지즈카는 "역사가가 사실을 소재로 구축하는 역사상은, 거기에 해당하는 역사가가 자신의 문제의식에 따라서 제반 사실을 주관적으로 선택 · 편성 · 구축한 가설로서 현실reality이나 진실truth과는 무관하며, 사실의 층 외부에 현실과 진실의 층이 존재하는지의 여부는 역사가가 알 바가 아니다", "제반 사실의 관련에 대한 설정 방식은 전적으로 주관적인 것이다"고 단언한다. 화이트의 설명에서 본다면 이것은 세기말의 아카데믹한 역사학에 특징적으로 나타나는 풍자적인 입장이라고 할 수 있으며, 지즈카의 프랑스 혁명사 연구를 지탱해 온 정열과 가치의식은 위와 같은 논리에서는 의도적으로 배제되고 있다는 점에 유의할 필요가 있다.

카를로 긴즈부르크는 역사가가 사용하는 말이나 사료의 용어도 수사적修辭的인 것이라는 점을 승인하면서, 수사학과 입증은 양립 가능하다고 한다. 긴즈부르크에 의하면 텍스트 그 자체는 수사적인 것이라고 하더라도, "텍스트의 외부는 이미 그 **내부**에 존재하며, 텍스트의 주름 속에 숨어있다"(강조는 번역서)고 한다. 따라서 "사람은 증거를 역이용하면서 그것을 만들어 낸 사람들의 의도에 거슬러서 읽는 방식을 배워야 한다"[27]는 것이다. 긴즈부르크가 대상으로 삼는 베난단티와 사바트*의 경우, 사료는 오늘날 우리들이 가지는 통념과는 현저하게 다른 수사학에 따라서 기술되고 있으며, 연구자는 그것을 자신의 수사학을 도구로 해독해 가는 것이다. 역사 연구자는 다른 세계에 대응하는 능력을 갖추어야 하며, 이러한 능력이 '이異문화와의 공생'이라는 과제에서 중요한 것이라고 긴즈부르크는 말한다. 문제의 초점은 어떻게 하면 이문화를 읽어내는 것이 가능하며, 이 때 우리들의 선입견, 수사학, 이데올로기 등이 어떻게 작용하는가 하는 점이다.

인도의 서발턴 연구*에 대한 입장의 확립을 선언했다고도 할 수 있는 라나짓드 구하의 〈반란 진압의 문장〉28)은 민중반란에 관한 지금까지의 연구를 기호론을 이용해서 순차적으로 비판하면서, 최후에 사료가 말하는 바에 따라 반란을 일으킨 민중의 종교의식(실은 반란 지도자의 그것)에 도달하여 "아무리 봐도 종교야말로 부족 반란의 핵심이었다"고 한다. 식민지적인 역사 기술이나 좌익적인 그것도 역사가가 현재 가지는 의식을 바탕으로 반란을 일으킨 사람들의 의식과 행동을 그려버리고, 사료가 말하는 사실을 왜곡해버린다는 것이다. 서발턴 연구는 투쟁하는 민중의식의 이러한 독자성을 실증적으로 검증함으로써 전개된다. 가야트리 스피박은 이러한 서발턴 연구에 인식론적 비판을 가하여 그것이 서발턴에 관한 실증주의적 본질주의에 빠져있다고 한다. 사키야마 마사키崎山政毅의 엄격한 표현을 빌리면 "서발턴 연구 그

---

* 베난단티는 중세 후기 이탈리아 북구 지방에서 밤중에 풍작을 기원하여 악마와 싸우는 마술사들을 말한다. 이 마술사들이 모이는 집회가 사바트이며, 사바트는 마녀와 마술사의 집회를 표현하는 일반적인 용어로 사용된다.

* '하층민', 또는 '종속민'이라는 의미. 그람시의 《옥중 노트》의 단장 《서발턴 제계급의 역사 – 방법적 기준》에 유래하는 명칭. 서발턴이 유효한 개념으로 전개되기 시작하는 것은 라나짓드 구하가 중심이 되어 1980년대 초두에 형성된 인도사 연구프로젝트 '서발턴 스터디즈'에서였다. 이후 이 서발턴 연구를 탈식민주의, 포스트모더니즘, 문화연구 등의 사상과 결부해서 국제적으로 확산시킨 것은 인도인으로 콜롬비아대학 교수 가야트리 스피박(1942~)의 공적이다. 그녀에 의하면 서발턴이란 '스스로 말할 수가 없는 자'이며 설령 말해도 그것을 해석하는 타자의 시점과 말 때문에 은폐되어버리는 것을 말한다. 1993년 북미에서 서발턴 연구협회가 만들어진 이래 서발턴 연구는 인도를 넘어 전 세계에 다면적인 영향을 주고 있다.

룹이 수행한 프로젝트에 내포되어 있는 대행주의代行主義는 인식론적인 폭력으로 표상을 점유하는 서발턴의 역사에 대한 착취가 아닐까?"[29]라는 말이 된다.

그러나 스피박은 또한 전략적으로 실증주의적인 본질주의를 취해야 탈구축적 인식이 가능하다고 보고 있으며, 사티와 '브바네스와리의 죽음'*에 관한 음영에 가득 찬 기술은 역사학적 상상력이라고 할 수 있는 능력을 구사한 모색이다.[30] 사키야마에 따르면 스피박이 개입한 이후 서발턴 연구에 커다란 변화가 생겨 반란 등의 집합 행위에서 범죄 기록과 재판 기록 등을 이용한 개인과 소수인의 한층 더 일상적인 모습으로 관심이 이동했다. 그러나 또한 이러한 경향에는 서발턴의 행위를 '일상구조' 속에 가둘 가능성이 있다고 지적한다. 사키야마는 이러한 경향에 대항하여 우리들의 지적 영위에 뒤따르는 본질 규정으로 빠지는 것을 부단하게 거부한다. 즉 "미완인 채로 멈추고, 그러나 변화를 계속하는 다중적이고 다성적多聲的인 '단편으로서의 단편'에 다름 아닌" 서발턴의 '주체화' 운동에 계속해서 주목한다는 것이 사키야마의 입장이다. 이는 아나키즘적인 영구혁명론자의 인식론이라고도 할 수 있는 입장이다. 그러나 나는 역사 연구자의 천성으로서 사키야마가 말하는 '단편으로서의 단편'이란 것이 역사와 사회와의 어떤 문맥 속의 '단편'인가를 이해하려고 노력할 것이다. 사키야마의 입장에서 보면 그것은 역사가에게 흔히 있는 방법적 보수주의라는 말이 될 것이다. 그러나 사키야마의 구체적인 기술을 읽어보면 그가 기술하는 개별

---

* 사티는 남편이 죽은 후 과부가 된 여성이 순사(殉死)하는 것을 말한다. 인도에서 힌두교의 순수한 전통을 표현하는 행위로서, 영국의 인도지배 강화에 따라 19세기 이후 증가했다고 한다. 브바네스와리는 1926년에 북부 캘커타에서 자살한 인도의 어느 독립운동 협회에 속한 여성의 이름. 그녀는 자신에게 주어진 임무를 도저히 실현할 수 없다고 생각하고 죽음을 선택했다. 이 때 자신이 불명예스러운 임신으로 인하여 자살하는 것이 아니라는 것을 증명하기 위해서 생리 중을 선택해서 자살했다고 한다. 스피박의 《서발턴은 말할 수 있는가》에 나오는 이야기다.

의 반란과 소요는 그 당시 사회의 역사적 문맥 속에서 기술되고 있으며, 또한 그러한 경우에 설득적인 내용이 되고 있다는 인상을 받는다.

맺음말

분명 '사료'는 일종의 '표상'이며 우리는 이 '표상'의 의미 작용을 통해서만 '사실'에 접근할 수 있다. 그리고 우리는 이러한 '표상'의 분석을 바탕으로 역사서술이라고 하는 하나의 '표상'을 만들어 내기 때문에 역사 연구는 이러한 '표상'과 '표상'과의 사이를 떠다니는 의미 구축 작업을 말하는 것이라고도 할 수 있다. 이상과 같은 것은 인간과 사회에 관한 사항의 대부분이 주관화 · 의미화를 매개로 존재하고 있다는 근원적인 사태에서 유래하는 것으로 전혀 이상한 일이 아니다. 다만 역사가란 시간과 장소라는 역사성 속에서 '표상'에 관하여 생각하는 공적인 기준을 선택하고, 그러한 기준 속에서 사고하여 인간과 사회에 관한 지식을 확대해 갈 수 있다고 믿는 사람이라고 생각한다.

새로운 지식에 대한 실마리는 사료를 읽어나가는 과정에서 소박한 놀라움과 의문 등을 통해서 얻어지지만, 그것은 또한 현대를 살아가는 한 인간으로서의 감수성과 관심으로 매개되고 있기도 하다. 우리는 사료에 나타나는 '이종혼합성異種混淆性'과 다원성을 중시하지만, 그렇다고 해서 그것을 병치竝置와 우연성이라고 말하지는 않는다. 역사적 전체성은 연구를 이끌어내는 방법적인 공준公準이며, 그것은 직접적인 사료가 결여되어 있는 갖가지 차원도 시야에 넣어 자신이 아직도 잘 모르는 문제군에 관여해 가기 위한 장치로서의 역사학적 상상력을 말하는 것이라고 하는 편이 좋을 것이다.[31] 수사학과 이데올로기는 우리들의 인식을 흐리게 만드는 원인이 되기도 하나, 실은 인식의 원점에 있는 구동력과 같으며, 구상력과 입장(성) 없이 뛰어난 역사 연구가 생긴 예는 없다. 역사 연구는 어차피 후세의 인간이 본 사후의 지혜이며 더구나 계속해서 다시 만들어지는 지혜이기는 하지만, 그것은 사후에 얻어진 식견을 바탕으로 사물을 다시 생각하는 것을 의미하며, 거기에는 평범한 우리들을 조금씩 현명하게 만들어 가는 효용성이 있다. 역사학적인 지식은 세계의 비밀을 일거에 풀어 헤치는 묵시록적인 것은 아니지만 우리가 살아가는 의미에 관해서 서서히 생각하게 하는 거울이 될 수 있다고 생각한다.

■ ■ 5장

마루야마 사상사학과 사유양식론

1. 마루야마 마사오에 대한 관심

내가 마루야마 마사오丸山真男에게 강렬한 관심을 가진 것은 《일본 정치사상사 연구》(이하 《연구》로 약칭)를 읽기 시작한 때부터다. 학부에서 일본사를 전공하고 대학원에 진학할 무렵이었다. 나는 일본 사상사를 전공하려는 생각을 하면서도 명확한 연구 지침을 가지지 못해 고민하고 있었고, 이 분야에서 높이 평가되는 마루야마에게서 무언가를 배우려고 한 것이다. 그 당시 나에게 《연구》는 굉장히 논리적이고 체계적이었으며 나는 그러한 특징에 매료되었다. 그러나 한편으로는 막연하게만 보이는 근세 사상사 속에서 어쩌면 이렇게도 명쾌하게 논리적인 체계를 구축할 수 있는지 전혀 가늠하지 못하고 당혹감을 느꼈다. 그런 생각을 품으면서 나는 마루야마의 세계에 조금씩 접근해 갔다.

그것은 1950년대 후반에서 1960년대 초의 일로, 마루야마와 그 학파가 가장 각광을 받으면서 전후 일본 사상계의 오피니언 리더와 같은 역할을 담당하던 시기에 해당한다. 육전협六全協*, 스탈린 비판,

헝가리 동란 등이 일어나 전후 일본의 지식인에 대한 마르크스주의의 영향력에 그늘이 드리우기 시작할 때, 마루야마는 그 후 오랫동안 읽히게 되는《현대정치의 사상과 행동》과《일본의 사상》을 상재했다.* 이어서 마루야마 학파의 투장鬪將들인 이시다 다케시石田雄, 후지타 쇼조藤田省三, 가미시마 지로神島二郎 등의 중요한 작품도 잇달아 발표되었다. 60년 안보투쟁 과정에서는 마루야마의 강연록 등도 널리 읽혀 전후 일본 민주주의의 이념적인 대변자로서의 마루야마라는 이미지가 형성되었다. 내가 마루야마에게 강렬한 관심을 가진 것은 이러한 상황 속에서의 일이었다. 그렇기 때문에 마루야마에 대한 관심도 일반적 상황에 이끌린 자그마한 단편이었다고도 할 수 있을 것이다. 그러나 당시 나는 일본 사상사를 전공하려는 학생의 입장에서 마루야마에 대한 관심을 가지는 측면이 강했으며, 정치적 이데올로기로서의 마루야마와는 약간의 거리를 두고 있었다. 아니, 실은 구체적인 역사 연구와 현대적인 제반 문제에 대한 관심과의 매개적이지만 분리할 수 없는 관련 속에서 마루야마의 특징을 읽어내면서도, 나는 마루야마와는 조금은 다른 방향에서 현대를 살아가는 한 인간으로서의 관심과 역사 연구를 관련지어 보고 싶었다.

50년대 후반부터 60년대 초에 가졌던 마루야마에 대한 나의 관심은 60년대 중반에서 70년대 초에 걸쳐 서서히 멀어져 갔다. 그 계기는 1965년에 〈일본의 근대화와 민중사상〉**이라는 논문을 발표한 일이었다. 이 논문 자체는 마루야마의 〈일본의 사상〉을 강하게 의식하고 쓴 것이었다. 이 논문을 발표해 보니 나와 마루야마와의 사이에 약간

---

* 1955년 7월의 '일본 공산당 제6회 전국협의회'를 줄여서 육전협(六全協)이라 부름. 저자 서문의 각주 참조.

* 丸山真男,《現代政治の思想と行動》, 未来社, 1964; 丸山真男,《日本の思想》, 岩波書店, 1961.

** 후일 安丸良夫,《日本の近代化と民衆思想》, 青木書店, 1975의 1장에 수록.

의 거리가 있다는 것이 보였고 나름대로 자신의 길을 걸을 수 있겠다고 생각했다. 그 당시 역사 연구의 분야에서는 후일 '민중사'라고 불린 연구 동향이 새로운 조류로 등장하고 있었고, 1965년에 발표한 논문도 이러한 새로운 연구조류 속에서 받아들여졌다.

1960년대는 전후 일본의 사상 상황에 커다란 전환기를 맞이하고 있었으며, 60년대 후반에는 마루야마와 같은 전후 일본의 대표적인 지식인들이 비판의 표적이 되었다. 신좌익적인 학생운동의 지지를 받은 요시모토 다카아키吉本隆明와 다니카와 간谷川雁 등이 이러한 사상 상황의 챔피언이 되었으며, 62년부터 《정본 야나기타 구니오집》이 간행되면서 야나기타에 대한 관심도 높아졌다. 이 시기에 야나기타의 저작은 민속학의 세계를 초월하여 커다란 영향력을 끼치기 시작했고, 요시모토 저작의 중요한 소재가 되거나 가미시마 지로와 하시카와 분조橋川文三에 의해 마루야마 체계와의 사이에서 독자적인 통합이 시도되기도 했다. 마루야마 자신도 실은 이 시기에 도쿄대학 법학부의 강의에서 독자적인 '원형'론을 바탕으로 한 장대한 일본 사상사의 체계를 구축하고 있었다. 이러한 사정은 훨씬 후일 《마루야마 마사오 강의록》1)이 간행되어 비로소 우리가 알게 된 것이다.

60년대 안보투쟁에 즈음하여 마루야마는 몇 번의 집회 참가, 강연, 데모 이외에도 가까이에 사는 미키 다케오三木武夫에게 자민당 탈당과 신당결성을 권했으며, 마루야마의 몇몇 강연은 60년대 안보투쟁에서 시민주의의 입장을 대표하는 것으로 받아들여졌다. 그러나 그러한 것들은 마루야마의 입장에서 보면 한 시민으로서의 위기의식에 의한 '예외적 활동'2)으로, 마루야마가 현실의 사회와 정치에 관해서 적극적으로 활동한 것은 패전부터 50년경까지의 비교적 짧은 기간의 일이었다고 할 수 있다. 〈초국가주의의 논리와 심리〉 이후의 초국가주의와 내셔널리즘 연구에 관한 논문들과 후쿠자와 유키치福沢諭吉에 관한 두 개의 중요한 논문은 이러한 활동 속에서 집필되었다. 그 가운데 몇몇 논문은 "며칠씩이나 줄곧 책상에 앉은 채, 밤에도 엎드린 채로 잠깐 졸다가 다시 일어나 쓰는 식으로"[3] 집필했다. 이 시기의 마루야마는 왕성한 활동력을 과시하며 대학 내외를 불문하고 사방팔방으로 활동하였다. 평화문제간담회에서의 활동은 그 중에서도 특히 주목할 가치가 있다. 이 간담회에서의 보고서 〈평화에 관한 세 차례의 대담〉(1950)은 마루야마의 현실 정치에 대한 발언 가운데 가장 뛰어나며, 전후 일본의 평화주의 · 중립주의를 이론적으로 기초를 정립한 중요한 저작이었다. 그러나 이 논문이 《세계》에 발표된 후 얼마 지나지 않아 흉부결핵이 판명되면서 마루야마는 질병과의 오랜 격투를 시작한다. 마루야마가 '부업'을 접고 일본 정치 사상사 연구에 전념하려고 했던 배경에는 이러한 개인적인 사정도 있었다.

그래도 60년대 중반까지의 마루야마는 우메모토 가츠미梅本克己 · 사토 노보루佐藤昇와의 정담 《현대 일본의 혁신사상》[4]을 내는 등 현실 정치에 대한 발언을 계속했으나, 60년대 말의 대학투쟁을 거치면서 마루야마의 현실 정치에 대한 발언은 거의 들리지 않게 되었다. 당시부터 마루야마는 전공투 운동*의 공격목표가 되었을 뿐만 아니라 70년대 일본에서는 구조주의와 기호론 등의 새로운 이론이 도입되어 마루야마 등의 '근대주의'는 젊은 연구자와 학생들에게 왠지 낡은 인상을 주었다. 나도 농민봉기와 민중종교 등에 관심을 쏟으면서 그러한 영역에서는 마루야마에게서 더 이상 배울 것이 없었다. 나는 〈역사인

* 1968년경부터 나타나는 학생운동의 한 형태로 '전학공투회의(全學共鬪會議)'의 약칭. 각 대학에 만들어진 자유로운 형태의 학생운동 조직이며 이제까지의 전학련과 같은 기존의 학생자치회에 의거하는 운동과는 별도로 학부와 정치사상의 당파를 초월하여 결성한 전국적인 연대로 활발한 학생운동을 전개했다.

식의 '고층'〉(1972)과 〈안사이학과 안사이 학파〉(1980) 등이 발표되었을 때, 마루야마가 쓴 논문에 대해서는 경의를 표한다는 습관에 따라서 일단 읽어 보기는 했지만 "허 참, 마루야마도 이상한 걸 쓰게 되었군"하고 생각했을 뿐, 이들 논문을 발표하게 된 이른 마루야마 내부의 탐구 과정을 추측할 수 없었고 논문의 의의를 평가할 수도 없었다.

이렇게 해서 긴 시간이 지나고 70년대 중반 이후부터 갖가지 새로운 사회 이론이 수입되었다. 역사 연구와 직접 관련있는 영역에 한정해서 보더라도 아날학파와 영국의 사회운동사 연구, 탈구축의 입장에서의 국민국가비판론, 문화연구와 탈식민주의, 페미니즘과 젠더사 연구 등의 성과가 도입되어 역사 연구의 현장은 크게 변모했다. 하긴 이러한 새로운 동향에 빠져있으면 보이지 않는 일이지만, 전후 역사학의 정통파 가운데 이러한 새로운 동향에 대항하기 위해 마루야마 학파에 접근하는 사람들이 적지 않았다는 것은 훨씬 시간이 지난 후에야 알았다. 그러나 70년대에서 80년대를 거치는 동안 마루야마와 그 문하의 영걸들도 모두 나이가 들어 그들의 실제적인 활동에 대해 언급하는 일이 적어지면서 나는 그들에 대한 관심을 잃고 있었다.

그런데 나는 90년대 초에 《근대 천황상의 형성》*을 집필 중 그 마지막 부분을 쓰고 있을 때, "아아, 이건 나 자신만의 '일본 사상'이 아니다. 마루야마 마사오의 '일본 사상'의 야스마루판이 아닌가!"하는 생각에 사로잡혀 곤혹스러웠다.

나는 1965년에 〈일본의 근대화와 민중사상〉이라는 논문을 썼을 때, 이 논문의 머나 먼 저편에 나름대로의 천황제론을 공상하고 있었다. 이 논문에서 나는 마루야마의 '공동체'에 해당하는 것을 마루야마와는 다른 방향에서 파악했기 때문에, 천황제론도 불가피하게 마루야

---

* 安丸良夫, 《近代天皇像の形成》, 岩波書店, 1991.

마와는 별도의 방향에서 구성해야 했다. 〈일본의 근대화와 민중사상〉과 《근대 천황상의 형성》 사이에는 나름대로 관련된 부분이 있기는 하지만 그래도 〈일본의 근대화와 민중사상〉을 선회 축으로 하여 나는 나름대로의 길을 걷기 시작한 것이며, 그러한 과정에서 하나의 도달점이 《근대 천황상의 형성》이었던 것이다. 그리고 사실 이 책을 읽은 사람은 그 분석방법, 다루는 소재(사료), 논리 구성, 그 어느 것을 보더라도 〈일본의 사상〉 등에서 전개되는 마루야마의 구상과는 현저하게 다르다는 것을 인정할 것이다. 그러나 얼핏 어디에도 닮은 것이 없는 것처럼 보이는 마루야마와 나의 입장도, 관찰의 차원을 단호하게 추상화해 보면 의외로 닮은 부분이 있다고 말할 수 있지 않을까. 《근대 천황상의 형성》을 집필하는 마지막 단계에서 나를 엄습한 "아아, 이건 나 자신만의 '일본 사상'이 아니지 않은가"하는 감개는 그런 차원에서 나온 말이다.

그렇다면 어떤 부분이 닮은 것인가. 나는 이 점을 아직 명쾌하게 논할 수 없으나 비슷하다고 생각되는 부분을 열거해 보겠다.

(1) 일본 사상사를 하나의 전체성으로 파악하고, 그것을 집약해서 논하기 위해서는 천황제 문제가 극히 중요하다고 생각하는 발상. 천황제 문제에 대한 강한 집착.
(2) 천황제 문제를 권력과 제도로서가 아니라 일본인의 정신구조의 문제로 파악하고 그 내재적인 분석을 목표로 하는 방법론.
(3) 위의 문제를 특히 민중의식과 관련지어 고찰하고, 천황제를 지탱하는 심층 구조를 밝히려는 민중과 그 의식구조에 대한 관심.

나 자신은 마루야마와 매우 다를 것이라고 생각했는데 묘한 방식으로 닮아있구나, 이건 도대체 무엇을 의미하는 것일까, 한 번 더 마루야마의 학문에 대해서 생각해 보아야 하겠다, 나는 어쩌면 마루야마의 손바닥 위에서 맴돌고 있었던 것은 아닐까. 위에서 말한 감개를 정리해서 말하자면 이러한 것이 아닐까.

내가 이렇듯 개인적인 감개에 사로잡힌 직후부터 마루야마론이 조금씩 활발해지면서 논단과 언론에 적합한 화제가 되어 많은 마루야마론이 나왔다. 이러한 마루야마론의 배경에는 패전 50년을 맞이하면서 전후 일본이란 무엇이었는가를 되묻는 문제의식이 있었다. 그것은 전후 일본의 정신사를 마루야마에게 집약해서 논하고, 자신들의 현재의 위상을 지켜보려는 지향이기도 했다. 또한 마루야마 마사오의 전집이 간행되어 마루야마 작품의 전체상에 접근하기가 쉬워졌으며, 곧 이어서 마루야마가 세상을 떠나고 같은 해에 오쓰카 히사오大塚久雄와 시바료타로司馬遼太郎도 죽어서 하나의 시대가 마감했다는 감개가 많은 사람들을 사로잡았다는 것도 그 배경에 있을 것이다. 그리고 가장 커다란 사회적 배경으로서는 버블 경제의 붕괴와 일본 사회의 미래에 대한 불안이 있었다.

60년대 초에도 마루야마는 '근대주의'를 대표하는 존재로서 많은 비판을 받았다. 그 때와 90년대 중반의 마루야마론과의 차이를 간단하게 정리하면 후자의 경우 두드러진 분극화 현상이 보인다. 마루야마를 읽고 그 사상을 현대의 상황에 대한 비판으로 되살릴 수 있다고 보는 마루야마 정통파, 마루야마의 이상주의와 일본 비판을 공허하다고 하는 우파들의 비판 = 정치적 현실주의, 이와는 반대로 마루야마의 이상주의와 규범성이 실은 국민국가를 보충하고 지탱하는 것이라고 보는 좌파들의 비판 = 국민국가비판론. 이 세 가지의 마루야마론이 거의 맞물리지 않을 정도로 분극화해 버린 점에 90년대 중반에 등장하는 마루야마론의 특징이 있다. 그러나 그런 점에 대한 의미를 묻거나 60년대 초의 마루야마론과의 차이에 관해서 살피는 것은 본고에서 의도하는 바가 아니다. 여기서 내가 지적하고 싶은 것은 90년대 중반의 다채로운 마루야마론의 대부분이 마루야마의 학문과 사상에 대한 이른바 이데올로기적인 평가에 지나치게 기울고 있으며, 마루야마의 일본사상사 연구의 방법과 내용을 파헤치고 들어간 비평은 그 어느 입장에서도 결여되어 있다는 점이다. 말할 필요도 없이 연구자로서의 마루야마의 '본업'은 일본 (정치) 사상사 연구에 있으며, 그 작품의 대부분도 이 방면의 업적으로 남아있다. 따라서 마루야마의 사상을 논하기 위해서는 마루야마의 이 방면에서의 작품에 내재하기 위한 궁리가 가장 필요하다.

일반적으로도 학문의 방법론은 연구 주체와 대상과의 관련이 집약적으로 표현되는 것이라고 말할 수 있다. 특히 마루야마와 같이 문제의식 · 방법의식이 강렬한 연구자의 경우에는 학문의 방법론 속에 그 입장성이 확실하게 표명되고 있을 터다. 그런 의미에서 마루야마 사상의 입장성을 파악하는 작업도 여러 가지 상황적인 발언을 추적하는 것만으로는 불충분하며, 학문적 인식의 내용, 특히 그 방법론적 검토라고 하는 매개성을 사이에 두고 진행해야 하는 것이 아닐까. 마루야마의 독자적인 문제구성을 근거로 하지 않는 마루야마 사상사에 대한 실증주의적 비판만으로는 마루야마의 학문적 내용을 파헤쳤다고 할 수 없다. 또한 마루야마의 사상사 연구 방법에 내재되어 있지 않는 추상 이론에 의한 마루야마 비판은 무매개한 초월적 비판으로 끝나 버릴 것이다. 이러한 두 가지 함정을 피하는 회로로서 마루야마의 사상사 연구 방법을 검토하는 것은 마루야마라는 특이한 대상에 어울리는 특별한 의의가 있을 것이다.

2. 마루야마와 만하임

주지하는 바와 같이 《연구》는 "유교사상의 자기분해 과정을 통한 근대의식의 성장을 사유방식의 변용이라는 관점에서 본다"[5)]는 방법적 입장에서 집필되었다. 마루야마가 근대의식의 형성을 사유방법(사유양식)의 변용 속으로 탐구해 들어가 "정치사상에서의 반대자적인 요소" 속에서 구하지 않았던 것은 근원적인 사유와의 연관을 결여한 갖가지 정치론에서 근대의식의 성장을 엿보는 것이 오히려 '자의적 결과'에 빠질 수 있기 때문이라고 한다. 따라서 근세 봉건사회의 가장 강력한 의식 형태인 유교의 "그 '외부에서의' 파괴가 아니라, 내부에서의 이른바 '예기치 못한 성과'로서의 해체 과정을 분석"[6)]해야 사상적 차원에서의 발전성을 가장 명확하게 검증할 수 있다고 설명한다. 구체적인 정치사상을 대상으로 하는 방법은 정치사상과 사유양식의 변혁이 '거의 병행했던' 유럽 근대사상사에서는 유효한 관찰방법일지 몰라도, 봉건사회 속에서 '시민적인 사회력'이 순조롭게 성장할 수 없었던 일본에서는 적절한 방법이 아니다. 이상은 《연구》 1장의 '맺음말'에서 인용한 설명인데, 2장에서도 "봉건적 사회질서의 관찰방법 내지는 기초를 다지는 방법"의 변용을 유교라는 '봉건적 관념형태의 내면적 부식과정'에서 찾고자 하는 것이기 때문에 기본적으로는 1장과 같은 방법을 취하고 있는 셈이다.[7)]

이러한 파악 방법을 사유양식론이라고 부른다면, 그것은 사상사의 대상을 커다란 일관성을 가진 관념구조로 파악하여 그 속에 구체적인 정치의식이나 사회의식과는 구별되는 것을 어떻게 파악하는지 찾아내고 그것을 독자적인 분석 영역으로서 조정措定하는 것이라고 할 수 있다. 이 때 근대 유럽에서는 정치사상에서의 근대성과 사유양식에서의 그것이 '거의 병행'하고 있었으나 근세 일본에서는 그렇지 않았기 때문에 특히 사유양식의 차원을 추출해 낼 필요가 있다는 설명은 상당히 안이한 생각으로 보이며 일단은 의문부를 달아두는 편이 좋다. 이러한 견해로는 근대적 사유양식이라는 것이 정치적으로는 오히려 억압적인 역할을 적극적으로 담당하거나, 낡은 사유양식이 오히려 비판적인 의식의 형성을 지탱할 수도 있다는 점이 사전에 분석 대상에서 배제되어 버릴 것 같기 때문이다. 그러나 특정한 사회를 지배하는 기본적인 관념 형태를 하나의 일관성으로 파악하고, 그것을 파헤치듯이 해체의 계기가 진행하는 가는 것을 분석할 수 있다는 점에는 독창적인 매력이 있다.

이러한 방법론의 유래에 관해서 마루야마는《연구》의 저자 후기에서 만하임Karl Mannheim, 베버, 보르케나우Franz Borkenau를 들어 설명하고 있으며, 후일에는《이데올로기와 유토피아》를 중심으로 한 만하임의 저작이 "나의 사상사 · 정신사로의 접근에 결정적인 '영향'을 미쳤다", "예를 들면 '사유양식Denkstil'이라든가, '시좌구조Aspektstruktur'와 같은 만하임의 독특한 용어를 …… 그대로 이용하고 있다"고 밝힌다.8) 《연구》의 1장에 한정하면, 보르케나우의《봉건적 세계상에서 시민적 세계상으로》의 첫머리 부분부터 시사 받은 바가 크다고 말할 수 있으나, 그것은 토마스 아퀴나스의 자연법 체계의 해체과정에 대한 분석이 주자학 체계의 해체과정을 구조적으로 파악하려는 마루야마에게 구체적으로 도움이 되었기 때문이다. 특정한 이론이나 학설 체계와 사고범주의 차원에 착목하여 그것을 하부구조와의 관계에서 파악하고자 하는 보르케나우의 방법 자체는 "이미 지식사회학을 빠져나온 나에게는 각별하거나 참신하게 비치지 않았다"고 마루야마는 회고한다. 세계상과 사고범주가 주제화되고 있는 점에서 보르케나우는 적극적으로 평가받기는 하지만, 보르케나우는 이러한 주제를 토대와의 "필연적인 구조관련 속에서 정립하는" 데 지나치게 집착하여 결국은 경제적인 마르크스주의의 파악 방식을 그러한 대상으로까지 확대하고 있는 데 지나지 않는다고 마루야마는 비판한다.9)

마루야마는 보르케나우에 비해서 만하임에 대한 공감을 사실 발생과 의미 발생의 구별, 원근법적인 방식이라는 두 가지 차원에서 설명한다. 이 가운데 마루야마가 특히 중시하는 원근법적인 방식이란 역사적, 사회적인 것에 대한 인식은 개개인의 입장에서 독자적으로 구성되기 때문에 같은 대상이라도 입장의 차이에 따라 다른 원근법으로 묘사되는 것을 의미한다. 만하임은 이러한 개개인의 고유한 원근법으로 파악된 인식을 제각기 사고의 존재 피구속성을 자각화하여 더 열린 것으로 할 수 있으며, 그러한 입장을 적극적으로 취함으로써 새로운 유효한 인식이 가능해진다고 한다. 그러나 이와 같이 원근법적 방식으로 존재 피구속성을 '중화中和'해서 새로운 인식에 도달할 수 있다고 하는 만하임의 주장에 대해서 마루야마는 극히 회의적이다. 마루야마가 공감하는 것은 입장의 차이에 의해서 시좌구조가 전환하면 사유양식과 사고범주의 내용에 의미전환이 발생한다는 것이며, 마루야마는 여기서 "정신사에 특유한 발전 형태를 밝히는 열쇠를 찾은 것처럼 생각"했던 것이다.10) 예를 들면 소라이학*에서의 공적인 측면과 사적인 측면과의 분열이 개념 체계의 틀로서는 고쿠가쿠**로 계승되면서도

* 에도 시대 유학자 오규 소라이(荻生 徂徠, 1666~1728)의 사상 체계를 말한다. 소라이는 주자학에 입각한 고전 해석을 비판하고 고대 중국의 고전을 해독하는 방법론으로서 고문사학을 확립했다. 8대 장군 도쿠가와 요시무네의 정치적인 조언자이기도 하며, 요시무네에게 제출한 《政談》은 소라이의 정치사상이 구체적으로 제시되어 있다.

** 고쿠가쿠는 에도시대 중기(18세기)에 발흥한 학문으로 이제까지의 유교 고전과 불전을 중심으로 한 학문적 경향을 비판하고 일본 독자의 문화, 사상, 정신 세계를 일본의 고전과 고대사 속에서 발견할 것을 주장한다. 고쿠가쿠는 에도 시대 후기에는 존왕양이 사상에 영향을 미치고 일본의 우월성을 강조하는 국수주의와 황국사관에도 영향을 미쳤다.

그 의미의 내실을 전환해 가는 사례는 이러한 시좌구조의 이론으로 명쾌하게 해명할 수 있는 것이라고 마루야마는 보고 있다.

마루야마가 대학교 3학년 때 집필한 대학의 현상논문 〈정치학에 있어서 국가의 개념〉은《이데올로기와 유토피아》의 압도적인 영향을 받은 후 썼다. 학부생 시절에 쓴 이 논문에서는 만하임의 저서에 대한 이해가 상식적인 것이었던 데 비해,《연구》에서의 만하임에 대한 관심은《이데올로기와 유토피아》에 반드시 조응하지 않는 것으로 보인다. 여기서 약간 우회하여《이데올로기와 유토피아》의 내용을 잠시 살펴보자.

오늘날 우리가 흔히 읽는《이데올로기와 유토피아》는 각각 독립된 세 개의 장과 장문의 영어판 서문으로 구성되어 있다. 이 가운데 영어판 서문은 나중에 썼기 때문에 우선은 먼저 〈이데올로기와 유토피아〉라는 제목의 1장에서 만하임이 구상하는 큰 틀을 이해할 필요가 있다. 여기서 중핵을 이루는 것은 이데올로기 개념이며, 그것은 부분적인 이데올로기 개념과 전체적인 이데올로기 개념으로 구별된다. 두 개의 이데올로기 개념은 특정한 이념 내용을 "주체의 존재위치와 관련지어 파악한다"는 점에서는 공통된다. 그러나 부분적 이데올로기 개념에서는 특정한 이념을 '이해관계의 심리학'을 이용하여 파악하고 특정한 담론의 자기변호적인 성격을 폭로한다. 이에 대하여 전체적 이데올로기 개념은 '정신론의 평면'으로 파악되기 때문에 특정한 사상에 관해서 그 구체적 내용뿐만 아니라 그 논리형식과 카테고리 장치까지도 주체의 '존재 위치'와 관련지어 파악하는 것을 의미한다. 전자는 개인을 대상으로 하여 우리가 일상적으로 체험하거나 실천하고 있는 것에 대한 견해인데 비하여, 후자는 개인을 초월한 집합적 주체와 관련한다. 그것은 개인에게는 무자각적인 전제가 되고 있는 차원을 다룸으로써 특정한 의식형태에서 주체의 "존재위치와 인식형식과의 사이의 대응관계에 대한 구조분석과 형태학"11)으로까지 진행한다. 특정한 사회층과 특정한 사유양식이 대응하고 있는 것이지만, 그것은 토대에 대한 이해를 상부구조로 직접 반영하는 것과는 엄밀하게 구별해야 한다. 특정한 사회층의 이해관심은 그 사회층의 특유한 세계관을 매개로 표현되며, 여기서의 카테고리 장치와 사유방법은 주체가 자유롭게 선택할 수 있는 그런 성질의 것은 아니다. 여기서는 집합적 무의식과 같은 차원도 중요한 내실을 구성한다.

《이데올로기와 유토피아》에서 마루야마가 결정적으로 받은 영향은 위와 같은 전체적 이데올로기 개념과 관련해 있다. 1장은 이러한 개념을 제시하고 여기에 도달하기까지의 이데올로기 개념의 의미변화를 이른바 인식론사로서 검토한다. 이어서 특정한 사회층과 결합한 전체적 이데올로기 개념을 일반화하여 자신의 입장까지도 하나의 이데올로기로 간주하는 전체적 이데올로기 개념의 '보편화'로 진행한다. 이렇게 보편화된 이데올로기 개념을 바탕으로 갖가지 이데올로기를 평가하고 시대를 진단하는 학문으로서 지식사회학을 수립한다는 결론으로 이끌어 간다. 이에 대하여 2장과 3장은 지식사회학적인 방법의 응용편이라고 할 수 있는 내용이다. 2장에서는 '이론과 실천'이라는 주제를 설정하고, 19세기와 20세기에 5개의 정치사상이 정치적 실천이라는 일견 비합리적인 활동영역을 어떻게 다른 이론적 틀로 파악했는가를 논하여 정치적 현실과 그 이론적 파악에 관한 지식사회학적인 인식의 유효성을 주장한다. 3장은 근대 유토피아 의식의 네 가지 유형을 분석한 것으로, 재세례파再洗禮派*의 열광적인 천년왕국설, 자유주

* 종교개혁에 수반하여 출현한 비자각적(非自覺的)인 유아세례(幼兒洗禮)를 비성서적이라 보고, 세례 지원자에게 다시 세례를 베푸는 프로테스탄트계의 종파. 재침례파(再浸禮派)라고도 하며 자각적인 신앙고백 이후의 세례만이 유일한 세례라고 주장한다. 이들의

의 – 인도주의의 이념, 보수주의의 이념, 사회주의 – 공산주의의 이념을 들고 있다. 이러한 것은 "존재위치와 인식형식과의 대응관계에 관한 구조분석과 형태학"의 구체적인 사례이며, 《이데올로기와 유토피아》 이외에 《역사주의》, 《보수주의》 등의 저작에서도 만하임은 같은 수법으로 흥미진진한 연구를 남겼다.

이렇게 해서 《이데올로기와 유토피아》의 구체적인 내용은 특정한 사회층과 존재피구속성에 결부된 세계관을 형태론적으로 분석한다. 이는 '세계관의 형태학'(골드만Lucien Goldmann)이라고도 할 수 있는데, 마루야마는 그런 분석에는 무관심한 듯하다. 마루야마의 관심은 '시좌구조' 이론에 있다. 즉 "사상사에서의 사유범주가 갖는 **내재적** 연관성과 후속하는 사상에서의 **같은** 범주의 의미전환(**비**연속성)"[12]을 파악할 수 있다는 분석차원으로 향한다. 그것은 한편으로는 신칸트파*적인 관념론에 대하여, 또 다른 한편으로는 경제결정론으로 치우치는 마르크스주의에 대하여 사상사 연구에서 독자적인 분석 차원을 확보하는 논리라고 할 수 있다. '의미관련의 기능변화'라든가 '구조적 · 원근법적'인 방법[13]은 실은 《이데올로기와 유토피아》를 전후해서 집필된 〈지식사회학의 문제〉와 〈지식사회학〉에서 논한 문제로, 마루야마에게는 이 두 개의 논문에서 나타나는 개념화가 한층 더 납득하기 쉬웠을지도 모른다.

만하임의 방법과 그것을 지탱하는 과제 의식은 《이데올로기와 유토피아》의 영어판 서문에서 가장 설득력 있게 전개된다. "여기서의

행동은 모든 국가권력의 간섭을 부정하는 등 지나치게 과격하여 가톨릭만이 아니라 프로테스탄트 쪽에서도 배격당하고 있다.

* 19세기 말부터 칸트의 비판주의 정신을 되살려 그 발전을 목표로 했던 독일을 중심으로 일어난 철학상의 학파. 그들은 "칸트를 이해하려는 것은 칸트를 극복하려는 것이다"라는 신조로 칸트가 확립한 비판주의를 더욱 철저히 하는 동시에, 그것을 널리 모든 문화 영역에까지 확대 적용하려 했다.

연구 목적은 사고가 논리학의 교과서 속에서 어떤 모습을 취하는지를 검토하는 데 있지 않고, 그것이 일반 사회생활과 집합적 행위의 한 수단으로서의 정치 속에서 현실적으로 어떻게 기능하고 있는가를 규명하는 데 있다"[14]고 만하임은 말한다. 이러한 입장에서는 '집합적 - 무의식적'인 차원이 특히 중요하다. 영어판 서문은 이와 같은 차원에 초점을 두고 그것을 이해사회학적인 방법으로 해명하려는 입장을 선언한 것이라고 할 수 있다. 베버의 종교사회학이 높이 평가되는 것도 갖가지 사회층의 종교적 경험을 구체적으로 분석했기 때문이다. 만하임의 기술에는 그가 살고 있는 시대 전체를 전환기를 맞이한 위기의 시대로 파악하여 그 총체적인 인식으로 접근해 가는 감동적인 정열을 느낄 수 있으며, '봉건적 관념형태의 내면적 부식과정'을 해명하고자 하는 마루야마와는 상당한 차이가 있다. 마루야마는 상부구조론적인 마르크스주의에 대항하여 사상사 연구에 독자적인 분석 차원을 확보한다는 방향으로 만하임을 축소하고 있는 것이다.

학생시절에 일본 사상사를 전공하려고 생각하면서도 스스로 납득할 수 있는 연구 방법이 발견되지 않아 곤혹스러웠던 나에게 《연구》는 한줄기 빛이었다. 근세 사상사라는 어수선하고 다양한 미로 속에서 《연구》는 명쾌한 논리력으로 대상을 해체하고 있었다. 《연구》의 저자 후기에서는 쓰다 소키치津田左右吉를 비롯하여 일본 사상사 연구의 선학들의 이름도 거론하고 있지만 한마디 언급하는 데 그치고 있으며, 《연구》는 그 논리성과 체계성에 있어서 선학들의 연구와는 전혀 다른 것을 실현하는 것처럼 보였다. 관념적 경향이 강했던 젊은 시절의 나는 《연구》를 그러한 방향에서 받아들이고 영향을 받은 것이지 만하임과의 차이점 따위는 당시 나의 시야에는 들어와 있지 않았다. 여기서는 《연구》가 달성했다고 생각되는 방법론적 의의를 지금의 내

관점으로 간단하게 정리해 두고자 한다.

(1) 정치사상 · 사회사상의 구체적인 국면과는 구별된 사유양식에 독자적인 분석 차원을 설정한 점. 근세의 제 사상은 거의 예외 없이 막번제幕藩制 사회의 질서를 긍정하고 있지만, 마루야마는 그 긍정 방식의 차이에 주목하여 일견 봉건적 사상 속에서 '시좌구조'의 전환 → 근대적 사유의 성장을 읽어 낼 수가 있었다. 뜻밖의, 그러나 핵심적인 분석 방법의 승리.

(2) 사유양식의 차원에 초점을 둠으로써 사상주체의 주관이나 이해관심과 분석 대상으로 하는 사상의 진리 가치와도 구별하여 사상을 하나의 일관성을 가진 사회의식 · 세계관으로서 체계적이고 구조적으로 분석할 수 있는 점. 이리하여 사상사 연구는 사상 주체의 주관과도, 경제사나 정치사와도 구별된 하나의 대상 세계를 조정措定하여 자립할 수 있다.

(3) 위의 두 가지를 연구 주체의 대상에 대한 대응 방식에서 다시 말하자면, 연구자가 주체적으로 문제를 구성하여 '문제사'적으로 연구를 진행할 필요가 있다는 점. 《연구》가 '본질적 문제사'라고 하더라도, 그것은 기본적으로는 '근대화의 패턴'[15]에 관한 문제로서 마르크스주의적인 사회구성사를 바탕으로 구성된다. 이 점에서 《연구》는 "역사적인 것에서 현재적인 문제와 의미를 자유롭게 헤아리는"[16] 것으로, 한층 더 '초역사적'인 논문인 〈개국〉, 〈충성과 반역〉, 〈안사이학과 안사이학파*〉 등과는 상당히 다르다.

---

* 에도 시대 전기의 사상가 야마자키 안사이(山崎闇斎, 1619~1682)는 승려였는데 주자학

하나의 구조적인 일관성을 가진 것으로서 대상을 거기에 내재하는 논리에 따라 분석하는 입장은 대상 영역에 관계없이 마루야마의 기본적인 방법이 되고 있다. 예를 들면 초국가주의의 '사상구조 내지 심리적 기반'의 분석이 중요하며, 이를 위해서는 "갖가지 단편적인 표현과 그 현실의 발현 형태를 통하여 저변에 숨어있는 공통의 논리를 찾아낼 필요가 있다"[17]는 〈초국가주의의 논리와 심리〉의 입장이나, 거의 같은 시기에 집필된 중요한 후쿠자와福沢론은 모두 기본적으로는 사유양식의 구조적 분석이라고 할 수 있다.

마루야마 자신의 말을 빌리면 초국가주의와 내셔널리즘에 관한 연구는 이러한 방식으로 자신과 동시대 마르크스주의자들의 전망을 확대하려고 시도한 점에 그 '특색'이 있다.[18] 마루야마가 말하는 마르크스주의는 그가 학생시절부터 일본에서 지배적이었던 토대와 상부구조론적인 마르크스주의를 말하는 것이지 마르크스 사상 자체는 아니다. 마루야마는《자기안의 대화》에서 '사상사의 자율성'에 대한 관심이나 '정치과정의 고유 법칙성'에 대한 관심도 거슬러 올라가면 결국 마르크스주의에 도달한다고 밝힌바 마르크스를 대단히 높이 평가했다고 할 수 있다. 그러나 연구자로서의 마루야마가 정면으로 대응해야 했던 그 시대의 마르크스주의는 마루야마의 관심과 거리가 있었다. 내가《연구》와《현대정치의 사상과 행동》을 읽기 시작한 1950년대 후반에는 정통파 마르크스주의의 영향력이 쇠퇴하고 마루야마 등의 근대주의적인 제반 이론의 영향력이 더욱 확대되고 있었다. 그러나 내가 속해 있던 일본사 연구의 세계에서는 여전히 토대와 상부구조론적인 마르크스주의와 그것을 바탕으로 한 계급투쟁사관의 영향력이 압도적

자로 변신하여 아이즈번 번주의 정치적인 조언자로 활동했다. 신도 연구에도 임하여 그가 제창한 주자학을 안사이학이라 하며 그의 신도설을 스이카신도(垂加神道)라고 한다. 에도 시대 말기에는 존왕양이 사상에도 영향을 미쳤다.

이었다. 그런 환경 속에서 일본 사상사를 공부하기 시작한 나에게 마루야마는 연구자로서 수련하는 과정에서 반드시 거쳐야할 상대로 보였다. 그러나 마루야마의 일본 사상사 연구가 《연구》와 그 계보의 근대적 사유에 관한 연구에 한정되었다면, 아마도 우리들이 마루야마에 대해 갖는 관심도 극히 한정되었을 가능성이 높다. 그러나 마루야마는 《연구》나 그 계보상의 후쿠자와 연구와는 전혀 계열을 달리하는 《현대정치의 사상과 행동》 1부와 《일본의 사상》에서 '일본인의 일상 행동과 그 사고 과정'을 "일상생활의 행위 속에 단편적인 방식으로 나타나는 무의식적인 전제와 가치를 포함하여" 거론했다. 즉 후자의 계열은 《연구》의 주제와 크게 다를 뿐만 아니라 오히려 《연구》의 내용에서는 전혀 상상할 수 없는 것이었다. 그리고 일본 사상사라는 어쩌면 뜬구름 잡는 것과 같은 영역에서 연구를 시작하려고 했던 나 같은 젊은이들에게 문제는 두 가지 계보를 합친 전체성이며, 더욱 요약해서 말하면 현재 자신의 정신 상태를 비추어 낼 수 있는 그런 사상사상思想史像이어야 했다. 그런 입장에서 마루야마 사상사의 방법론을 거론할 때 과연 어떤 문제점이 보이게 될까. 여기서는 만하임 – 루카치 Gyorgy Lukacs – 마르크스적인 문제구성을 염두에 두면서 사상사의 방법론에 관한 마루야마의 전개를 조금 더 추적해 보기로 하자.

〈사상사의 방법론에 관하여 – 유형 · 범위 · 대상〉은 사상사에 관한 마루야마의 생각을 알기 쉽게 설명한 강연록이다. 여기서는 종래의 사상사 연구를 몇 가지 유형으로 나누어 설명한 후 관념형태의 '성층'을 논리성의 정도에 따라 정리해 놓았다. 가장 위에는 고도로 추상화된 체계적인 이론 · 학설 · 교의가 있으며, 이어서 좀 더 일반적인 세계관 내지는 세계상, 세 번째는 구체적인 문제에 대한 의견이나 태도, 가장 아래에 생활감정과 분위기가 있으며, 이들은 더욱 하의식적인 차원으로 이어진다. 이러한 성층 전체가 사상인 것이며, 성층의 상위에서는 목표와 방향성을 부여하고 아래의 층위에서는 사상에 에너지를 공급한다. 성층의 위쪽일수록 논리화되어 있는 양은 적으며, 아래층일수록 논리성이 부족한 대신에 양이 많다. 논리성의 정도에 응하여 중층적인 피라미드로서 사상의 전체성을 파악하는 것이다. 1964년도의 《강연록》에서는 위의 강연록과 같은 네 개의 층을 설정하고 "사상사는 학설사와 세상사世相史를 양 극단으로 하여 그 사이에 성립한다"[19] 고 한다. 같은 생각은 그 후에도 《강연록》의 서론 부분에서 반복한다. 다만 성층을 네 개로 나누는 데는 구애받지 않고 피라미드형의 중층구조에 문화 접촉이 이른바 외부에서의 충격력으로서 부가되어 문화변용이 생기는 점을 강조한다. 59년에 발표된 〈개국〉부터 마루야마는 문화접촉에 의한 문화변용의 계기를 중시하며, 그만큼 "보편사적인 발전단계론을 부정"하지 않을 수 없었다고 회고한다.[20] 《강의록》 7권에 수록된 아래의 개념도는 마루야마의 이러한 방법적 입장을 요약한 것이다. 일본의 사상을 전체성에서 파악하면 사상의 성층 위쪽에서는 외래 문화와의 접촉이 빈번하여 문화 변용이 활발하게 일어나지만, 성층의 하부에서 그러한 변화는 용이하게 일어나지 않으며, 상층의 변용도

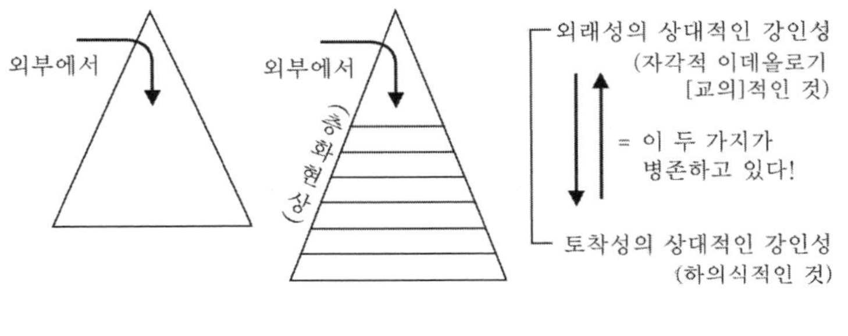

* 《록》 7, 31쪽에 의함

지속하는 하층으로 규정되고 있다는 말이다. "단순한 정체가 아니라, 변화하면서 기본적 패턴은 지속한다"[21]는 것이며, 이것이 바로 '원형' 론의 구상인 것이다.

사상의 성층과 문화 접촉에 의한 문화 변용이라는 이상의 설명은 상당히 이해하기 쉬우며 얼핏 보면 정말 그런 것처럼 보인다. 그러나 다시 생각해 보면 형식론적인 정서를 지나치게 우선하여 사상 형성의 다이너미즘을 파악하기 위한 그 무언가가 빠져있다는 인상을 받는다. 그 배경에는 서구로 유학遊學하거나 외국인 연구자와 접촉하는 일이 잦아지면서 일본 사상과 일본 문화에 관한 설명을 요구할 기회가 많아져서 형식론적인 정서의 방향으로 기울었다는 사정이 있었을지도 모른다. 또한 토대와 상부구조론적인 마르크스주의의 영향력이 감퇴한 결과 문화유형론, 사회학, 정치학 등의 새로운 조류가 마루야마에게 영향을 끼쳤을지도 모른다. 과연 《이데올로기와 유토피아》도 사회의식의 하의식적인 차원을 포함하여 사상을 그 전체성에서 파악하려고 했으며, 그런 점에서는 위의 개념도와 공통되는 부분이 있을지도 모른다. 그러나 만하임의 경우에는 사회층의 차이에 의해 다른 사회의식이 형성되기 때문에 사상 성층의 하층에 문화변용의 기동력이 요구된다고도 할 수 있다. 또한 만하임이 하나의 기하학적 피라미드로 사상상思想像을 정리했을 리가 없다. 사회의식의 성층을 설령 피라미드형으로 그린다고 하더라도 그것은 서로 갈등하는 복수의 피라미드가 될지도 모르며 그 가운데 어떤 것은 상부가, 또 어떤 것은 하부가 클지도 모른다. 사상사의 전체상은 교차하고 착종錯綜하는 기이한 구도가 될 것이며,[22] 완벽하게 단일한 기하학적 피라미드는 그러한 사상사상에 어울리지 않는 정태적인 정리라는 말일 것이다. 게다가 마루야마의 개념도에서는 일본을 단일한 문화공동체로 당연시하는 것을 전제로 하며, 시대 · 지역 · 사회층 등에 의한 이질성은 문화유형론적인 동질성 속에 파묻혀 부수적으로 처리된다. 또한 문화접촉과 문화변용을 중시하는 것은 그렇다 치더라도, 그러한 방향으로 진행하면 그만큼 발전단계론적인 파악방식에서 멀어진다고 하는 설명도 형식이론적으로 알기 쉬운 것에 안이하게 타협한 말투가 되고 있는 것이 아닐까.

그러나 마루야마가 말하듯이 우리들은 어려운 방법론적 논의에 전문가일 필요는 없다. 방법론은 구체적인 분석을 위한 실마리가 된다면 그것으로 족하다. 마루야마 자신에 의한 방법론적 논의에 발목을 잡는 식으로 가담하는 것은 내 본의가 아니다. 이 절에서 내가 주장하고 싶은 요점은 마루야마가 스스로 설명하고 있는 만큼 마루야마는《이데올로기와 유토피아》에 의거하지 않는다는 점이다. 마루야마는 토대와 상부구조론적인 마르크스주의에 대항하여 사상사 연구의 독자적인 영역을 확보하기 위한 이론적 근거 부여만을 만하임에게서 차용한 것이다.《이데올로기와 유토피아》에서 만하임이 주장하는 핵심은 '집합적 무의식'의 차원과 카테고리 장치도 포함하여 사회의식을 제각기의 사회층이 가지는 특유한 세계관 · 의식형태로서 유형론적으로 파악하는 데 있으며, 마르크스 – 루카치적인 이데올로기론을 사회연구의 방법론으로 일반화하려는 것이다. 이러한 문제구성과 마루야마의 그것은 현저하게 다른데, 그것도 실은 마루야마가 가지는 일본 사상사의 전체상과 깊은 관련이 있다. 따라서 다음 절에서는 마루야마식으로 확보된 방법과 영역이 어떤 사상을 그려냈는지, 즉 마루야마에게 있어서 일본 사상사상의 특질에 관해서 살펴보자.

3. 마루야마 사상사학의 문제구성

두말할 나위도 없이 《연구》에서는 주자학적인 사유양식 = 봉건적 사유양식 = 자연적 질서관의 해체 과정 속에서 근대적 사유를 파헤치고 있다. 문제설정의 큰 틀은 전근대 대 근대의 이항대립으로 명쾌하게 개념화하여 주자학적 사유양식에 대해서는 헤겔의 '아시아적 정체'라고도 할 수 있는 특징을 읽어내고 있다. 그러나 주자학(또는 유학)을 막번제 국가의 지배와 결부해서 전근대성만을 강조하는 파악 방식은 근세 초기의 실태와 상당히 동떨어져 있을 뿐만 아니라, 주자학에서의 보편주의적인 이념성이라는 측면을 간과하기 때문에 마루야마는 곧바로 수정한다. 여기서는 《연구》와 비교적 가까운 시기에 마루야마의 사고방식을 나타낸 것으로 보이는 《강의록》 1권을 실마리로 주자학에 관한 《연구》의 명제와는 어긋난다고 생각되는 마루야마의 평가를 몇 가지 들어보자.

이 책은 〈서문 – 개강사開講辭〉에서 사상사 연구를 사상사의 로고스적인 파악과 기능적 파악이라는 두 개의 큰 범주로 나누어 연구하는 방법을 제시한다. 전자는 사상 그 자체를 완결한 체계로 보고 사상 상호간의 논리적 관계를 추적하는 것이며, 후자는 사상을 역사적·사회적 환경 속에서 기능적으로 파악하고자 하는 것이다. 그러나 전자는 사상의 역사성이나 사회성을 보지 못하고 있으며, 후자는 사상의 자율성을 놓치고 있다. 이러한 두 가지 파악 방법에 대하여 마루야마는 주관적인 것과 객관적인 것과의 변증법적인 통일로서 '인간적 실천'을 대치한다. '인간적 실천'의 장에서 사회와 인간은 사상을 매개로 교착交錯하고 있으며, '인간적 실천'의 차원에 주목함으로써 두 가지 파악 방법의 추상적 대립을 지양할 수 있을 것으로 본다. 그리고 그러한 차원의 분석에 초점을 두는 것이 사상사의 입장이라고 한다. 이렇게 정리하고 보면 〈개강사〉는 현재의 나에게도 쉽게 납득된다. 그러나 본론에 들어가면 주요한 내용은 《연구》를 그대로 이어받아 "(봉건적 사유방법의) 내면적 부식의 정신적 과정을 추구하는 것은 도쿠카와徳川 사상사의 역학에 중심이 되는 과제"[23]라고 한다. (도쿠카와) 봉건사회와 근대는 이원적으로 대립하는 대극적 존재이며 유교, 특히 주자학은 (도쿠카와) 봉건사회의 기본적인 시좌구조를 이룬다는 것이다. 그 다음에는 《연구》의 독자에게 익숙한 명제에 따라 서술을 전개한다.

그러나 《강의록》 1권은 근세사상사에 관한 전체사를 목표로 하기 때문에 주의 깊게 살펴보면 《연구》와는 상당히 다른 서술도 곳곳에 보인다. 여기서는 주자학적인 사유양식 = 봉건적 사유양식 = 자연적 질서관이라는 명제와 맞지 않는 기술을 그 후의 연구 전개도 다소 염두에 두고 몇 가지 들어 보기로 하자.

(a) 이시다 바이간石田梅岩. 주자학이 무사계급에서 이미 그 지반을 상실한 시대에 조닌町人 계급*은 바이간에 이르러 비로소 자신의 철학을 정립했다. 그것은 이른바 주자학적 사유양식을 체험적으로 규명하여 표현한 것과 같은 내용이며, "무사계급의 규범이 자연성을 상실하여 인위적이고 외면적인 것으로 변하고 있을 때 조닌 계급은 자신이 활동하는 경제사회 속에서 점차 자연적 질서(천리天理)의 존재를 감지하기에 이르렀다"[24]

(b) 아라이 하쿠세키新井白石. 하쿠세키의 서양인식과 역사 연구는 높이

---

* 에도 시대 도시에 거주하던 직인, 상인 등을 말한다. 사농공상의 신분제도 하에서 신분적으로는 하층에 해당했으나 뛰어난 기술력과 풍부한 자금량은 점차 사농을 압도하기 시작하면서 독자적인 도시문화의 형성에 기여했다.

평가된다. 후자에 관해서 《번옹보藩翰譜》와 《독사여론讀史余論》에서는 "주자학적 입장에서 오는 가치판단이 곳곳에 혼입되어 그 역사학으로서의 과학성을 훼손하고 있으나" 그렇다고 해서 "주자학적 사유방법이 하쿠세키의 역사 연구에서 전혀 부정적이었다고 단언할 수는 없다". 고대사 연구에서는 "주자학적 교양에서 오는 합리주의적 견지가 뜻밖의 공헌을 했다"[25]고 말했다.

(c) 근대 유럽 사상을 수용할 때의 주자학의 역할. 《강의록》 2권에서 이 측면은 가이도쿠도懷德堂*에 관해서 간단하게 언급할 뿐이다. 그러나 《강의록》 7권에서는 "근대적인 유럽 정치사상이 주자학적인 세계상의 카테고리를 사상적으로 순화하고, 그 범주의 재해석을 거쳐 수용되는 사례가 막말기에 종종 있었다"고 한다. 구체적으로는 요코이 쇼난橫井小楠의 예를 들어 근대적 자연과학의 수용에 즈음해서도 주자학적 '궁리'의 카테고리가 적극적인 역할을 했다고 본다.[26] 〈막말에 발생한 시좌의 변혁 – 사쿠마 소잔佐久間象山의 경우〉(1965)에서도 소잔이 주자학의 '격물궁리格物窮理'를 최대한으로 재해석하여 '주지적 합리주의'로 전환시킨 것을 주제로 삼는다.[27]

(d) 천天 · 천리天理의 보편주의적인 측면. 《연구》와 《강의록》 1권에서 주자학의 자연적 질서관은 부정적인 의미만을 가진다. 그러나 《강의록》 7권에서는 유교의 천 · 천리 · 천도의 측면에 대한 언급하는 데 상당한 분량을 할애하여 "'천'이라는 이념이 경험적 · 감각적인 인간사회의 현실에 대하여 긴장관계를 잉태할 가능성을 가지는 유일한 보

* 1724년 오사카 상인들의 원조로 창립된 학교. 학생으로는 일반 서민이 많으며 뛰어난 인재도 다수 배출되었다. 1869년 폐교.

편자였다"[28]고 한다. 천도의 규범적 의미에 관해서는 〈충성과 반역〉에서도 주제의 하나로서 주요한 위치를 부여한다.

이상의 사례에서는 주자학적 질서관이 적극적인 의미를 가질 수 있다는 점이 강조된다. 그리고 그러한 파악 방법이 〈충성과 반역〉 등의 비교적 후기 작품에 보일 뿐만 아니라 48년 강의에도 보인다는 점에 유의하고 싶다. 그러나 주자학적 질서관이 이러한 측면을 가진다는 것은 오히려 당연한 일이다. 앞서 예를 든 〈개강사〉에서도 말하듯이 사상사란 무엇보다도 '인간적 실천'의 장에 있어서 사람들의 사물에 대한 사고방식을 대상으로 하며, 실천 속에서 일어나는 사유양식이나 제 범주의 의미전화나 독자적인 구조화 등의 인식을 목표로 한다. 그렇기 때문에 그러한 인식방법을 주자학에 관해서도 관철한다면 주자학적 사유양식도 또한 다원적인 모습을 가진다는 점이 명백해지는 것이다.

나는 마루야마가 말하는 주자학적 질서관을 더 일반화해서 파악하면 근세적인 우주론이라는 의미가 된다고 생각한다. 근세사회에서 어느 정도 통일성을 가지고 세계상을 구축하면, 그 사상이 원래 가지는 계보와 상관없이 대부분의 사상은 넓은 의미에서의 근세적인 우주론에 당도해 버리는 것이다. 근세 사상이 신유불神儒佛의 삼교일치적인 특징을 가지고 있거나 지배 이데올로기와 민중사상이 유형적으로는 매우 비슷한 세계상을 가지고 있는 것은 근세적인 시좌구조에서 세계를 파악하기 때문이다.[29] 그러나 커다란 틀이 근세적인 우주론에 속하고 있어도 각각의 주체가 가지는 본연의 모습에 입각해서 생각해보면 그 세계상의 전체성은 갈등과 대항을 잉태한 다양성으로서 재차 파악할 수 있다. 바로 그러한 다양성의 인식이 사상사 연구의 구체적 내용이라고 할 수 있다.

(e) 《연구》와 《강의록》에서는 모두 농민봉기와 기타 근세 민중운동에 관한 기술은 극히 적다. 그것은 마루야마가 근세 민중운동 속에서 사상이라고 할 수 있는 것은 존재하지 않는다고 생각했기 때문일 것이다. 〈충성과 반역〉에는 메이지 말년에 발생한 광산 노동자들의 파업에 관해서 "반半부랑적 '노동자군'의 거의 생리적, 폭발적 반항"이며, 그 발현 형태나 윤리성에 있어서도 근세의 봉기나 우치고와시* 등과 같은 "'소요'의 직계"로서 폭력적 탄압으로 결착을 보려는 성격의 것이었다는 기술이 있다.[30] 농민봉기나 쌀 소동**을 "일상적이 아닌 이상하고 돌발적이며 경련적인 형태"의 폭발이라고 하는 견해는 다른 곳에서도 보이는데,[31] 이는 마루야마가 본래 가지고 있던 민중운동관이다. 농민봉기가 "농민으로서의 자기주장"이었다고 하는 보기 드문 표현도 있지만[32], 그것은 농민의식의 수구성을 강조하기 위해서였다. 이러한 마루야마의 견해는 민중운동에 고유한 의식 형태 · 운동 형태가 있으며 이른바 그 실천의 장에 입각하여 독자적인 의식 형성을 발견하려는 민중운동사 연구와는 엄청난 거리가 있었다. 나는 이러한 운동의 장에서의 의식 형태도 또한 근세적 우주론과 전혀 무관하지 않으며 그 시대 특유의 의식형태를 근거로 할 때 비로소 그러한 운동의 연구도 가능하다고 본다.

---

* 에도 시대 도시의 부유 상인 등에 대한 민중의 투쟁 형태. 흉작, 기근과 정치 부패 등에 의한 미가 등귀가 주된 원인. 미곡상을 비롯하여 전당포, 양조장 등을 습격하여 작업장과 도구 등을 파괴했다. 대규모의 우치고와시는 특히 에도 시대 후기에 빈발하였으며, 1866년 에도와 오사카에서 발생한 우치고와시는 막부의 붕괴에도 커다란 힘이 되었다.

** 근세에서 근대에 걸쳐 미가 등귀에 따른 폭동 사건. 일반적으로는 1918년 도야마현에서의 발생을 시작으로 전국적인 규모의 민중 폭동으로 발전한 사건을 가리키지만 에도 시대 후기에도 비슷한 소동이 발생했으며 메이지 시대에도 수차례 발생했다.

근세적 우주론과 농민봉기는 차치하고라도 《연구》와 후년의 마루야마의 견해 사이에 커다란 변화가 있다는 것, 그것이 특히 주자학의 평가와 관련 있다는 것은 이 책의 영어판 저자 서문에서 마루야마 자신도 솔직하게 인정한다.[33] 그러나 구체적인 인식과 평가에서의 이러한 변용에도 불구하고, 마루야마 사상사학의 문제구성의 큰 틀은 전혀 변하지 않고 있으며, 제약하는 전통 대 그것에 저항하여 형성되는 비판적 주체라는 대항도식으로 요약할 수 있다. 주자학적 질서관 대 근대적 사유의 대항이라는 것은 그 대항 도식의 출발점에 놓인 구도이며, 헤겔 등을 인용하여 그 논리가 장중하게 전개되고 있는 것은 흔히 신진 학도들이 빠지기 쉬운 성급한 도식화와 현학적 표현 때문일 것이다.

그러나 그 후의 마루야마는 자신의 시대 체험을 연구자로서의 문제 설정 안에 도입하여 이러한 이원적 대항도식을 더욱 풍족하게 바꾸어 갔다고 할 수 있다. 하나의 획기적인 계기는 패전 직후에 있다. 이 시기에는 〈초국가주의의 논리와 심리〉로 시작되는 초국가주의와 천황제에 관한 연구와 후쿠자와에 관한 중요한 논문이 선명한 대칭축을 구성하면서 전개된다. 마루야마 사상사학이 거대한 전체상을 제시하는 것처럼 보이는 것은 아마도 우리가 이 두 연구의 흐름을 자신 내부에 오버랩해서 보고 있기 때문이다. 이 가운데 후쿠자와에 관한 연구는 전시부터 가지고 있던 '근대적 사유'를 대표하는 사상가에 대한 관심의 연장선상에 의한 것이었다고 할 수 있다. 그러나 〈초국가주의의 논리와 심리〉 이후에 여러 논문을 쓰기 위해서는 마루야마 내부에서의 커다란 전환이 필요했다는 것이 오늘날에는 밝혀지고 있다.

제1고등학교 3학년 때 마루야마는 수첩에 '국체国体'*라는 말을

* 신의 자손이 줄곧 대를 이어왔다고 하는 '만세일계'의 신성한 천황을 군주로 하는 일

써놓았다는 이유로 혼후지本富士 경찰서에 검거, 구속당해 취조를 받는 혹독한 경험을 했다.[34] 그러나 전시 중의 마루야마는 천황제를 부정하는 사상이 전혀 없었다. 그는 오히려 쇼와 천황 주변의 자유주의적인 중신들에게 기대를 걸고 군부 비판의 가능성을 발견하려는 입장을 취한 것으로 보인다. 패전 직후에는 1945년 10월에 다나카 고타로田中耕太郎와 함께 고노에 후미마로近衛文麿를 만나 헌법 개정의 관한 의견을 개진한 일도 있으며, 이듬해 2월에는 도쿄대학 헌법연구위원회의 위원이 되었으나, 거기서의 헌법 개정 논의는 메이지헌법의 기본 틀과 명확하게 결별한 것이 아니었다. 그러나 요네타니 히로시米谷匡史의 절묘한 논증에 의하면,[35] 46년 3월 6일에 GHQ(연합군총사령부)의 지시로 신헌법의 골격이 '헌법 개정 초안 요강'으로 발표되자 마루야마의 사상에도 커다란 전환이 생겼다. 마루야마의 〈초국가주의의 논리와 심리〉는 그날부터 같은 달 22일까지의 사이에 집필되었다. 이 단계에서 헌법연구위원회는 헌법의 새로운 이념을 적극적으로 받아들였으며, 마루야마의 발언을 수용한 미야자와 도시요시宮沢俊義가 '8월 혁명설'을 주창하여 그것이 전후 헌법학의 근본 테제가 되었다. 그리고 마루야마도 후일 8 · 15를 전후 민주주의의 원점으로 본다는 발언을 반복한다. 그러나 요네타니는 미야자와와 마루야마는 모두 실제로는 점령군에 의해 강요된 후에 그것을 추인하는 형태로 밖에 전환을 자각하지 못했는데도, 8 · 15를 전후 민주주의의 원점으로 보는 이야기를 사후에 만들어 내어 "전후 민주주의의 '기원'을 은폐하고 위조했다"고 비판한다.[36]

마루야마 자신도 〈초국가주의의 논리와 심리〉가 천황제에 대한

본 국가라는 이데올로기적인 의미의 용어. 패전 전에는 '천황제'라는 말이 금기시되고 있었으며, 국체라는 용어가 일반적으로 사용되었다.

'심사숙고'에 종지부를 찍었다는 점에서 획기적이며, "후일 사람들의 눈에는 내 '사상'의 당연한 발로로 비춰졌을지 모를 이 논문의 한 글자 한 글자가 나에게는 바로 어제까지의 나에 대한 필사적인 설득이었다"[37]고 회고하여 이 논문의 집필이 중요한 전환점이 되었음을 인정했다. 사실 46년 초에는 "나는 지금까지도 학문적 관심의 가장 절실한 대상이었던 일본에서의 근대적 사유의 성숙과정에 대한 규명에 차분하게 임하고 싶다. 따라서 객관적 정세의 격변에도 불구하고 나의 문제의식에는 아무 변화가 없다고 말해도 좋다"[38]고 하여 이때까지도 〈초국가주의의 논리와 심리〉와 같은 작품은 예상되지 않았다. 따라서 위의 회고는 요네타니 논문의 취지를 마루야마 측에서 말하고 있는 셈이 된다. 그렇다고 하더라도 마루야마는 "패전 후 반년이나 고민한 끝에 나는 천황제가 일본인의 자유로운 인격형성에 치명적인 장해가 되고 있다는 귀결에 간신히 도달했다"[39]고 하여 요네타니가 점령군의 강제에 의했다고 하는 전후 민주주의의 기원에 대한 문제는 역시 은폐하는 듯 보인다.

그러나 패전 직후 반년 정도 사이에서 마루야마의 전환을 중시하는 것이 마루야마를 전시체제하의 총력전 사상의 일환에 두는 그런 견해와 이어진다고 한다면, 그것은 내가 관측하는 바와 크게 다르다. 굳이 마루야마가 전시에 집필한 작품 가운데 전시체제에 대한 적극적인 관여를 의심케 하는 내용이 있다고 한다면, 〈국민주의의 '전기적' 형성〉과 〈신황정통기에 나타나는 정치관〉이 여기에 해당한다. 그러나 나는 이 두 논문을 그렇게 보지 않는다. 예를 들면 〈신황전통기에 나타나는 정치관〉에는 약간의 황국사관적인 용어가 보이기는 하지만, 그것은 이른바 인사치레일 뿐이다. 이 논문의 입장은 '민중을 위한 정치'의 이념을 《신황정통기神皇正統記》*에서 읽어 내려는 것으로, 오히려 전시체제에 대한 긴장에 가득 찬 저항으로 간주해야 한다.

그러나 마루야마가 본격적으로 전시체험의 문제를 일본 사상사로 가지고 들어와 세속적인 실리주의와 권위주의적인 풍토에 자리한 근원적인 악의 문제를 다루기 시작한 것은 〈초국가주의의 논리와 심리〉 이하의 논문에서 비롯되었다고 할 수 있다. 후일 요시모토 다카아키는 전시 체험론을 바탕으로 마루야마를 비판하지만, 그것도 요시모토 자신이 문제구성의 선구를 마루야마에게서 발견했다고 보는 편이 좋을 정도다. 당시 집필된 논문들에는 오늘날 보면 이상하게 생각되는 부분도 있지만, 천황제의 정신구조에 관한 마루야마의 문제설정이 가지는 기본적인 틀은 오늘날도 여전히 많은 연구자가 계승하고 있다. 그리고 이들 논문과 후쿠자와 연구로 대표되는 '근대적 사유'의 추출은 그 당시 마루야마에게는 완전히 분극화되어 있었으며, 우리는 이 양극의 긴장으로서 마루야마의 사상사상思想史像을 받아들인 것이다. 이상의 두 가지 흐름을 이어서 〈일본의 사상〉(1957)에서는 먼저 일본 사상사의 구조적인 전체성을 파악하고자 했다. 그러자 전후의 마루야마의 문제관심에 규정되어 제약하는 전통의 쪽이 압도적으로 우위를 차지하여 별도의 가능성을 '자유'롭게 탐구하는 것은 장래의 과제로 남기게 되었다.[40] 이시다 다케시, 후지타 쇼조, 가미시마 지로 등의 중요한 작품도 1950년대에 그 골격이 만들어졌으며, 이들은 거의 〈일본의 사상〉에 조응하는 내용이었다.

이렇게 해서 전후의 마루야마는 천황제의 정신구조와 근대적 사유를 대상으로 하여 그것을 마르크스주의와는 다른 수법으로 분석해 온 것이다. 이러한 연구를 마루야마와 그 학파들이 체계화한 바로 그 때,

---

* 남북조 시대(1336~1392)에 기타바타케 치카후사(北畠親房)가 남조의 정통성을 나타내기 위해서 저술한 역사서. 집필 시기는 1339년경으로 추정된다.

마루야마에게 재차 전환기가 찾아왔다. 마루야마가 1958년 단계에서 술회한 바에 의하면 전후 마루야마는 일본의 내셔널리즘과 초국가주의에 관해서 "마치 무엇인가에 사로잡힌 듯이 집필"했지만, "최근 1, 2년 사이에 정신적인 침체에 빠지게" 되었다. "나의 정신사란 방법적으로는 마르크스주의와의 격투의 역사이며, 대상적으로는 천황제 정신구조와의 격투의 역사였다. 그것이 학문을 하는 데 내면적인 힘이 되었다. 그런데 현실적인 실감으로서의 이 두 가지가 풍화되어 이전만큼 반응이 없어져 버린 것이다. …… 대결하고 있던 상대가 적어도 내 시야 속에서 시들해지니까 나도 실망해서 기운이 빠져버렸다. 그것이 학문적 투쟁심이 감퇴하는 데 커다란 원인이 되었다"[41]고 하는 것이다. 그러나 이러한 상황은 마루야마에게 새로운 학문의 투지를 불태웠다고 하는 것이 진실에 가까울 것이다. 이리하여 50년대 말을 획으로 마루야마의 사상사 연구는 이제까지 보다도 훨씬 장대한 전체상의 구성으로 향했다.

〈일본의 사상〉에서는 소재를 근대에 두지만 내용상으로는 근대 일본의 기저에 있는 '전통'을 탐구하는 것이다. 그렇기 때문에 제목도 '근대 일본의 사상'이 아니라, 단적으로 '일본의 사상'으로 지었다. 또한 〈일본의 사상〉에 이어서 집필한 〈개국〉(1959년)에서는 '개국'이라는 현상이 역사상의 구체적인 대상이라는 차원과 '닫힌 사회'에서 '열린 사회'로의 전환이라는 보편적인 의미론의 차원에서 이중으로 파악하여 '개국'이 새로운 이념형성의 기회가 됨과 동시에, 무정형적인 반反규범적 에너지가 분출하는 기회도 되었다는 점을 논했다. 이 두 논문의 구상을 연장해서 역사과정으로 가지고 들어와 한층 구체화하면 《강의록》 4권 이하와 같은 내용이 될 것이다. 64년도 이후의 《강의록》에서는 서론에 '원형'론을 두고 매년 그 대상을 바꾸면서 '원형'

에 대항하는 제 사상을 거의 역사적인 순서에 따라 논한다. 불교, 특히 가마쿠라 불교의 창시자들, 중세 무사의 에토스, 근세 기독교, 유교에서의 천리 · 천도의 관념 등은 후자의 측면이다. 강의의 중요 부분이 '원형'론과 가마쿠라 불교의 창시자들(특히 신란親鸞), 기리시탄의 회심回心* 등에 있었다는 것은 청강자들의 회상이나 《강의록》의 내용에서 알 수 있다.

이렇게 해서 주자학을 자연적 질서관으로서 근대적 사유의 대극에 두는 사고방식은 그 후 연구의 진전으로 크게 수정되었다. 그러나 제약하는 일본 전통 대 이에 대항하는 비판적 주체라는 문제구성의 큰 틀은 갖가지 변주를 수반하면서도 한층 복잡하게 심화하는 방향으로 전개해 갔다. 《연구》에서의 주자학적 사유양식 대 근대적 사유, 전후 초기의 초국가주의 연구 대 후쿠자와 연구, 〈일본의 사상〉에서의 국체 · 공동체 대 '강인한 자기 제어력을 갖춘 주체', 《강의록》에서의 '원형' 대 가마쿠라 불교와 중세 무사의 에토스, '고층' · '집요저음執拗低音' 대 《'문명개략지론'을 읽는다》에서의 후쿠자와 등등. 추상적으로는 사실 대 가치와 의미, 존재와 이념과의 신칸트파적인 이원론. 연구자, 사상가로서의 마루야마의 생애는 이러한 이원적인 대항과 긴장을 둘러싼 프로메테우스적인 투쟁으로 요약할 수 있다. 서로 대항하는 양극은 함께 역사를 거슬러 올라가 '원형'과 이에 대항하는 보편적인 것의 형성을 일본 사상사의 전체상으로 제시한다. 이 양극의 대항은 기본적으로는 전자에 의한 후자의 억압과 굴복, 형태를 바꾼 전자의 재봉기와 새로운 차원에서의 보편적인 것의 형성으로 논하고 있으며, 구체적인 변용은 같은 유형의 대항, 갈등의 드라마로 회수되고 있다.

---

* 센고쿠 시대에 전래한 서양의 기독교 신자들을 기리시탄(吉利支丹)이라고 불렀으며 신에 대한 올바른 신앙으로 마음을 향할 때 이를 '회심(回心)'이라 하고 나쁜 마음을 바로잡을 때 이를 '개심(改心)'이라고 한다.

이원적 대항은 동형이기 때문에, 예를 들면 실체론으로서는 야요이 시대弥生時代*의 농업공동체에 대응하는 '원형'론이 뜻밖의 현대 일본에 대한 언급으로 전환하고 있다고 하더라도, 마루야마에게 그것은 논리의 연결이지 논술의 비약은 아니다. 이렇게 해서 천황제조차도 궁극적인 비판 대상으로서의 지위를 상실하고 '원형'론이 부각되어 '원형론'을 파헤쳐가기 위해 민속학 · 종교학 · 인류학 등에 대한 관심을 포함한 '정신이 아찔해지는 것과 같은 과제'를 마루야마는 자신에게 부과한다. 그리고 이러한 과제에 임하는 '학문적 이기주의'가 도쿄대학 교수로서의 '교육 의무'보다 중요하기 때문에 도쿄대학을 퇴직하는 것이라고 한다.[42]

4. 마루야마와 마루야마상

이러한 이원적 대항은 전통이나 근대에 모두 잉태되었기 때문에 전통과 근대에 대한 이중적인 파악방식의 문제라고 바꾸어 말할 수 있다. 마쓰자와 히로아키松沢弘陽나 이시다 다케시 등과 같은 마루야마 정통파는 이러한 파악방식 속에 잉태되어 있는 긴장과 대항을 강조함으로써 마루야마를 현대적 상황 속에서 계승하는 입장을 취하고 있다. 예를 들어 마쓰자와에 의하면 마루야마는 후쿠자와를 일본의 사상가로서 가장 높이 평가하며, 자신을 후쿠자와에게 비유하는 것처럼 보이기 쉽다. 그러나 마루야마는 후쿠자와의 결과 본위적인 공리주의를 엄격하게 비판한다. 후쿠자와는 인간 중심의 휴머니즘을 넘어서는 초월

* 일반적으로 북해도를 제외한 일본의 기원전 3세기경부터 기원후 3세기경까지의 시기를 말한다. 벼농사와 금속기 문화의 기술을 도입하여 신분 차와 빈부 차가 생기면서 고대국가로 넘어가는 과도기에 해당하는 시대다.

성, 종교성을 결여하고 있다는 것이다. 마루야마의 후쿠자와론으로서 가장 중요한 〈후쿠자와 유키치의 철학〉은 하다노 세이이치波多野精一의 《종교철학》을 좌우에 두고 집필한 것이었다. 그리고 만년의 《'문명개략지론'을 읽는다》에서 후쿠자와에게 긴장을 잉태한 '복수의 자유관'이 존재하고 있다는 점이 지적된다. 이렇게 해서 후쿠자와가 "공민과 주권자와의 동일성을 전제로 하는 그러한 민주주의자"는 아니라는 것을 명백히 함으로써 마루야마는 '주권적 국민국가의 문제성'을 주제화했다고 한다.[43] 이는 곧 국민국가를 상대화하고, 근대의 원리로 근대 그 자체를 비판하는 영구 혁명자로서의 마루야마(→ 후쿠자와)라는 이미지를 말해준다. 마쓰자와는 일본 사상사학회 대회의 심포지엄 보고에서 이러한 견해를 더욱 일반화하여 마루야마는 일본의 사상사적 전통을 구분하여 "부정적인 '전통'에서 긍정적인 전통을 창출하는 것을 과제"로 삼았다고 한다.[44] 가와사키 오사무川崎修도 같은 심포지엄에서 마루야마의 근대가 이중으로 파악되고 있어서 민주화 · 자유화라는 근대의 원리로 관료제화와 대중사회화로 집약되는 그런 근대가 비판을 받는다고 한다. 가와사키에 따르면 이러한 문제를 주제로 삼은 마루야마에게는 포스트모더니티의 사상가라고 하는 위치가 적합하며, 마루야마와 우리는 실로 "사상적 동시대성 안에 있다"는 것이다.[45]

또한 이시다 다케시는 마루야마의 연구방법을 몇 가지로 분절한 영역에서의 '긴장'으로서 파악한다. 이러한 '긴장'을 파헤쳐 가면 국민국가 내부의 지배적인 흐름에서 일탈한 제반 차원을 파악할 수 있으며, 최근의 문화연구나 사회사적인 연구와도 결부할 수 있다고 보는 것이다.[46] 이시다가 말하는 '긴장'을 더욱 일반화하면 마루야마의 학문과 사상을 '삶과 형식'의 대립과 긴장이라고 보는 사사쿠라 히데오笹倉秀夫의 파악방법과도 관련이 있을 것이다. 사사쿠라는 인간의 삶의 근원에 있는 악에 대한 강렬한 관심과, 그럼에도 불구하고 '삶'의 즉자적인 해방을 부정하여 형식과 구조를 중시하는 마루야마의 '긴장'을 마루야마의 음악에 대한 관심과 연관해서 논하고 있다.[47)]

마쓰자와 등의 입장에서 보면 마루야마가 국민주의적 입장을 취하는 것은 지당한 일이지만, 여전히 마루야마의 학문과 사상이 소여所與의 국가를 전제로 하지 않는 보편주의적인 특징을 가지고 있다는 점이 중요하다. 그리고 마루야마 사상사상思想史像에서의 비판적 계기를 중시하고 그 사상사 연구의 큰 틀은 기본적으로 옹호해야한다고 보는 듯하다. 최근의 연구 동향이나 새로운 이론 등에서 언급하더라도 그러한 것은 마루야마의 이론 틀을 확충할 수 있는 가능성으로 받아들여지는 것이다. 이시다는 특히 새로운 이론에 눈을 돌리면서 마루야마 학설의 확충을 꾀하고 있는데, 이 때 '고층'론은 국민국가를 비교의 단위로 고정하며 "마루야마적인 방법론에서 보더라도 '도가 지나친' 것"이라고 한다.[48)] 그러나 출판된 형태의 《강의록》을 자유롭게 볼 수 있는 현시점에서 관측해 보면, '고층'론('원형'론)은 마루야마의 이항대립적인 일본 사상사상의 요석이며, 오히려 《연구》에서 시작하여 〈일본의 사상〉 등을 거쳐 전개한 마루야마 일본 사상사학의 확충 · 발전으로 이해해야 할 것이다.[49)]

이른바 마루야마 정통파의 마루야마론은 마루야마의 텍스트에 대한 세밀한 해독에 의한 것으로 배울 바가 적지 않다. 마루야마가 근대와 전통을 모두 이중으로 파악했다는 점에 대해서는 나도 이의가 없다. 그러나 이러한 주장은 마루야마를 국민주의적인 연구자나 사상가로 보고 그 탈구축을 지향하는 논자에 대한 반비판이라는 의도를 포함하며, 탈구축파의 입장에서 보면 마루야마의 의도는 차치하고라도 그 사상사상 전체로서의 '효과'가 국민국가 형성에 적합하다는 말이 된다. 마루야마의 사상사상 안에 비판적 보편주의의 계기를 내포한다고 하더라도, 그러한 특징이야말로 국민국가를 보족補足하여 그 포섭의 강도를 높이기 위해서 작용하고 있다는 것이다. 여기서는 그러한 입장을 대표하는 논객인 사카이 나오키酒井直樹의 마루야마론을 살펴보자.

사카이는 마루야마의 저서《충성과 반역》에 대한 비평에서 마루야마가 충성과 반역의 대상을 비자연적인 선택된 것으로 규정하고 있지 않다고 한다. 그것은 기본적으로 일본이라는 국민국가를 자명한 존재로 받아들이고 이에 대한 충성과 반역을 논하는 결과를 가져오고 있다. 이로 인해 "그의 지적인 투쟁은 이미 일본의 국민공동체 내부에 설정된 시좌에서 구상하고 있으며, 일본 사회의 내부 비판으로서 전개"하고 있다. 마루야마의 역사 이야기에서는 국민공동체는 고대부터의 연속성에 있다고 하는 '존재피구속성'을 자명한 것으로 보고 있지만, 공동성 그 자체가 근대 국민국가의 '효과'가 아닌가 하는 물음이 여기서는 사전에 배제되고 있다. 그러나 마루야마가 이 책에서 다루고 있는 것과 같은 문제를 수평방향에서 생각하면, 마루야마라는 "개인의 정의적情誼的인 결합"에 해당하는 것은 19세기 국민국가의 국민공동체에 대한 충성의 보편적인 모습에 지나지 않는 것이 아닐까. 이러한 시점을 결여했기 때문에 마루야마의 일본 사회에 대한 비판은 국민국가 내부의 것이 되어 "비국민주의적인 비판의 가능성을 제거해 버렸다"고 사카이는 예리하게 마루야마를 공격한다.50)

마루야마에게는 국민국가의 형성을 근대의 현상으로 보는 명확한 인식이 있다. 유럽의 경우 프랑스혁명 이후의 일이며, 일본에서의 그 맹아는 18세기 말, 본격적으로는 메이지유신을 경계로 형성되었다고 본다. 그러나 유럽에서는 이에 앞서 범 유럽적인 공동성이 존재했는데 그것이 분화되어 국민국가가 형성되는 데 비하여, 일본에서는 농경문화 성립 이래의 공동체적인 동질성이 계승되고 그 기반 위에 정치권력과 문화와의 민족적 통일성이 존재했다고 본다. 일본 사상사에 대한 체계적인 파악 방식은 《강의록》에서 살필 수밖에 없지만, 거기에 이르는 발상의 유래를 〈일본의 사상〉 등에서 발견하는 것은 그다지 어렵지 않다. 마루야마는 일본이라는 민족공동체적인 것의 존재를 의심한 적이 없으며, 일본 (정치) 사상사라는 연구대상의 존재 그 자체를 사카이 등이 시도한 것처럼 근원부터 의심한 적도 없었다. 마루야마의 입장에서 보면 일본 사상사라는 연구대상의 존재 그 자체는 의심할 여지가 없는 사실이어서 사카이 등의 비판은 역사 외측에서의 개념 유희와 같은 것이 될 것이다.

분명히 근대의 역사 연구에는 국민국가의 이야기라는 특징이 따라다닌다. 거기서는 국민국가가 이야기의 단위로서 자명하다고 간주됨과 동시에, 그러한 이야기로 국민국가를 만들어 가는 작용이 작동하고 있었을 것이다. 사카이 등에 의한 포스트구조주의적인 마루야마 비판은 문제구성의 이러한 측면을 명확히 하고 있어서 배우는 바가 적지 않다. 마루야마의 사상사 연구가 '원형'론에서는 모토오리 노리나가本居宣長에게, 전통 비판에서는 후쿠자와 유키치에게 크게 의존하는 것도 마루야마와 노리나가, 그리고 후쿠자와가 국민국가적인 존재를 자명한 것으로 보는 전제는 같기 때문이라고 보면 잘 이해할 수가 있을 것이다. 그러나 근대 세계가 국민국가를 편성 단위로 구조화되어 있어서 지식인이나 역사가도 그 내부에서 태어나 그 안에서 살아갈 수밖에 없었다는 점을 고려하면, 국민국가적인 존재를 우선 존재의 단위로서 승인하고 거기서 분석에 임하는 것이 되지 않을까. 국민국가에는 그 변경과 외부가 있고, 그 내부도 다원적으로 구성되어 있다는 것을 국민국가론과 사회사연구가 말해준다. 최근에는 디아스포라적인 사람들이 증가해서 국민국가를 상대화하는 시점이 점차 풍부해져 현실적으로 되어간다는 사실을 모르는 바는 아니다. 그러나 억압이나 배제와 편성 등의 측면도 국민국가라는 구조를 우선적으로 조정措定했을 때 그것과의 관련에서 비로소 보인다고 할 수 있을 것이다.

역사 연구는 존재하고 있는 구조에 접근하여 분석해 간다는 의미에서 인식론적으로는 상황적이거나 또는 보수적인 학문이다. 사회사, 민중사, 젠더사, 계급투쟁사 등이 발전하고, 또한 국경을 사이에 둔 경계적인 지역과 그 밖에 연구대상을 발견해도 우리들의 사고틀이 국민국가의 외부로 간단하게 나갈 수 있는 것은 아니다. 단일한 국민국가상에 회수되지 않는 방향으로 연구를 발전시켜 가려고 노력하는 것은 다른 한편으로는 국민국가의 용량을 크게 만들어 기존의 국가체제를 보충하는 결과를 가져올 수도 있다. 사카이는 아마도 마루야마는 물론이고 사회사나 민중사, 젠더사를 포함하여 그러한 경향에서 벗어날 수 없으면서도 그러한 함정을 자각하지 못한 채 연구가 진행되는 경우가 적지 않다고 말하고 싶을 것이다. 그러한 비판에 나는 진심으로 공감한다. 그러나 어떤 형태로든 구조를 조정措定하지 않으면 우리는 분석대상 그 자체를 상실하며, 역사 연구는 존립의 장을 잃어버린다. 그리고 근대 세계가 국민국가를 구조 단위로 하여 존재한다면, 국민국가를 전제로 하여 거기에 '존재구속'되면서 자신의 인식론적인 모습을 자각해 가는 수밖에 없다는 점에서 우리들의 입장성이 있는 것이 아닐까. 그러한 입장을 인식론적 보수주의라고 부른다고 하더라도, 우리는 구조를 갈등이나 대항을 잉태한 것으로 파악하기 때문에 이데올로기적 보수주의는 아니다.

여기서 약간의 지적 유희로서 헤이든 화이트의 저서 《메타히스토리》의 분석틀을 단순화해서 마루야마에게 적용해 보자. 주지하는 바와 같이, 화이트는 모든 역사기술은 사전에 제각기 고유한 이야기성을 가지고 있으며, 19세기의 역사기술에는 로망스, 희극, 비극, 풍자라는 네 개의 플롯이 있는데, 이들은 또한 제각기 적합한 수사법과 이데올로기에 결부되어 있다고 한다. 네 개의 플롯 가운데 비극은 심연에서 벌어진 두 가지 차원의 결코 화해할 수 없는 격투를 특징으로 하며, 심연의 한편은 역사적 · 사회적인 구조, 또 다른 한편은 여기에 대항하는 인간 · 주체라는 것이다. 구조적인 것이 결국은 우위를 차지해 버리기 때문에 인간 · 주체 측은 패배하며, 여기에 비극적인 드라마성이 성립한다. 이러한 비극의 플롯은 구조적인 현실성의 무게를 냉정하게 응시함과 동시에, 그것과 상극적으로 살아가는 인간에 대한 적극적 관심이라는 상반된 두 가지의 사물에 대한 견해로 결합되어 있다. 그리고 구조적인 것의 리얼리티의 무게를 강조하는 방향으로 향하면 보수적인 현실주의로 경사하기 쉬우며, 인간 · 주체 측의 제약에 굴하지 않는 자유의 측면을 계속 강조하면 혁명적 낭만주의에 가까워질 것이다. 그러나 비극이라는 플롯의 특징은 두 가지 차원의 결코 서로 양립하지 않는 격투를 계속하기 때문에 그것은 급진적인 자유주의에 적합한 역사의 플롯이라는 말이 된다. 또한 화이트에 따르면, 비극적인 플롯은 설명원리로서는 기계론적이며, 수사법으로서는 환유換喩에 해당한다고 한다. 이러한 설명은 나로서는 이해하기 어려우나 비극적 플롯이 구조적인 것과 인간 · 주체와의 결코 상응하지 않는 것들끼리의 격투라는 점에 대응하는 것이리라. 그리고 19세기 역사가 가운데 토크빌이 이 플롯을 대표하는 존재로 거론되지만, 토크빌의 경우에는 후일 현실적 보수주의로 기운 것이라고도 한다. 화이트의 이러한 틀을 마루야마에 적용해 보면 마루야마는 일본 사상사의 전체를 구조적인 것과 주체적인 것의 이항대립적인 격투로 그리고 있기 때문에 토크빌보다도 훨씬 철저하게 비극적인 플롯으로 역사를 기술했다고 말할 수 있다.

역사학은 19세기에 사료 비판을 근거로 하는 실증적 과학을 표방하여 하나의 학문적 분야로 자립했지만, 화이트가 들고 있는 19세기 네 명의 역사가(미슐레, 랑케, 토크빌, 부르크하르트)는 사카이의 입장에서 말하자면 모두 국민국가의 이야기로 그 역사상을 구축했다고 할 수 있다. 그러나 국민국가의 이야기에도 네 개의 플롯이 있으며, 그것은 또한 이데올로기적으로는 무정부주의, 보수주의, 급진주의, 자유주의와 결부하고 있어서 제각기의 입장이 자신의 편이야말로 더욱 사실적으로 역사 · 사회 · 인간을 파악하고 있다고 주장한다. 그리고 네 개의 입장은 관심의 중점을 바꿈으로써 상호 이행하는 측면을 가지면서도, 결코 서로 양립하지 않는 원리적 대항관계로서 역사 속에 편입되어 있다고 해야 할 것이다. 이러한 파악방식을 마루야마의 경우에 적용해 보면, 마루야마는 일본이라는 국민국가 속에서의 급진적 자유주의라는 입장을 거의 '존재구속적'으로 선택하여 그러한 입장에서의 투쟁을 결코 멈추지 않았다고 말할 수 있지 않을까.

맺음말 – 마루야마와 마르크스

1964년도 강의 노트를 보면 마루야마의 강의 계획은 〈약간의 예비적 고찰〉, 〈보편자와 초월자〉, 〈충성과 반역〉, 〈왕패王覇의 변辯 – 정치적 사실주의의 문제〉, 〈유토피아와 모범국가〉의 각 장으로 되어 있다. 이 계획의 특징은 전형적인 '문제사'로 구성되어 있으며, 예를 들면 〈보편자와 초월자〉라는 제목의 장은 '17조 헌법', '불법佛法과 왕법王法', '천天의 관념', '기독교', '진보와 진화', '마르크스주의'의 6절로 나뉘어져 고대에서 근대에 이르기까지를 문제별로 일관해서 논하도록 구성되었다.[51] 이러한 문제별 구성은 《근대 일본 사상사 강좌》52)에 현저한데, 이 강좌는 마루야마와 다케우치 요시미竹內好가 중심이 되어 기획했지만 강의 계획이 그대로 실현되지는 않았다. 강의에서는 개설적인 설명이 필요한데다가, '문제사'를 너무 강조하면 다수의 시대에 걸쳐 설명을 반복해야 하기 때문에 실제 강의에서는 역사의 흐름에 따라 통사적 기술에 접근한 것이리라. 64년도 이후의《강의록》 전체를 '문제사'라고 부를 수도 있지만, 그 경우에는 일본 사회의 기저를 관통하는 전통(원형)과 이에 대항하는 비판적 주체의 형성이라는 단일한 '문제'에 집약된 '문제사'라는 것이다. 마루야마 사상사는 요컨대 이러한 이항대립적인 긴장, 그리고 전자의 우위에 의한 후자의 압박과 굴절이라는 비극적인 이야기다. 이 이항대립은 구체적인 표현 방식을 바꾸면서도 유형으로서는 지속되고 있으며, 오히려 근대화와 대중사회화라는 상황 속에서 비판적인 전통이 상실되어 '원형'적 특질이 한층 노골적으로 되었다고도 할 수 있다.《연구》도 이러한 이항대립의 도식으로 묘사되고 있는데, 훗날의 마루야마의 입장에서도 "너무 단순하게 구성되어 있었다"고 보였던 것이며, 전쟁체험과 그 후 일본 사회의 변모에 대한 비판을 통해 이항대립적인 견해를 심화시킴으로써 일본 사상사 전체를 관통하는 장대한 드라마로 재구성되었던 것이다. 이를 민주주의를 위한 '영구혁명'론이라고도 할 수 있으나, 지식인이 애호하는 지적 귀족주의로서 생활자(대중)에 대한 혐오를 읽어내는 사람도 있을 것이다.

그런데 이시모타 쇼石母田正는 최후의 작품에 해당하는 강연록에서 마루야마의 〈역사인식의 '고층'〉에 관해서 거론한다. 여기서 이시모타의 취지는 마루야마가 '고층'이라고 부르는 것은 "누구나 일본사를 하면 모두 느끼는 문제"이며, 실은 그것이 마르크스가 말하는 아시아 공동체의 문제에 해당한다고 하여 역사의 논리 속에 편입하려는 데 있다. 이시모타는 중세법과 《겐지 모노가타리源氏物語》 등에서 흥미로운 사례를 들어 그것이 미개의 논리에 속한다는 것을 설명하고, 중세 일본에서는 진정한 의미에서의 죄와 악의 관념은 생기지 않았다고 한다. 이시모타는 또한 고도 경제성장을 지탱한 일본인의 '활력'도 실은 '미개적 활력'일 것이라고 하면서 마루야마의 '고층'론과 비슷한 견해를 보인다. 아시아 공동체의 특징은 완고한 지속성에 있다고 하면서도, 스사노오노 미고토*의 신화는 부정不浄을 물리치는 의식에서 나왔으며 그것이 의례화하기 이전의 "매우 전투적이고 실천적이며 의욕적"인 성격이 거기에 나타나고 있다거나, 《겐지 모노가타리》에서의 죄의식은 이러한 의식이 의례화되어 이미 신화를 낳는 활력이 사라진 단계에서 성립했다고 논하고 있다. 이러한 주장은 원시공동체를 논한 논문[53]을 참조하면 한층 명백해진다. 이시모타는 아시아적 공동체라는 역사학적 범주를 이용하여 그 내부에서의 변천과 대항, 그 속에서의 유형적인 이동異同 등을 논하고자 했다.[54]

이시모타와 마루야마는 상호 경애하는 관계였으며, 사는 곳도 가까워 서로 친했다. 마루야마의 회상에 의하면 《일본 고대국가론》의 2부를 탈고할 무렵, 이시모타에게 자신은 그런 기념비적인 작품을 쓸 수 없다, 그래서 "(이시모타에게) 질투를 느낀다"고 말했다고 한다. 이시모타는 "대단한 것도 아닌데 뭘"하고 말했으나, 마루야마는 그것이 빈말이 아니라 본심이었다고 회상한다.[55] 사상사가로서의 마루야마는 이시모타 보다도 훨씬 축적된 지식을 가지고 있었으나, 고대사와 중세사를 전공하는 역사가로서는 《강의록》과 〈역사의식의 '고층'〉 등에서의 맹렬한 연구에도 불구하고 이시모타가 마루야마보다도 훨씬 뛰어나며, 《일본 고대국가론》과 《일본의 고대국가》**는 이시모타 최후

* 《니혼 쇼키》와 《고지키》의 일본 신화에 나오는 신.

의 역작이다. 이러한 이시모타가 자신의 강연록에서 마루야마에 대해서 적극적으로 언급한 것은 아마도 유일할 것이다. 그러나 호의적으로 보이는 그것도 실은 마루야마의 '고층'론이 문화유형론으로 경도되고 있는 것에 대한 마르크스주의 역사가로서의 비판적 재해석이었을 것이다. "도대체 왜 그런가 하는 문제가 당연히 여기서 제기되어 마땅하다"고 하는 말은 이런 문맥에서 이해할 수 있다. 이시모타의 이러한 문제 제기는 신화, 《겐지 모노가타리》, 고대·중세법 등에 관한 이해를 통해서 구체적으로 예시되었다고 할 수 있다.

이시이 스스무石井進는 〈사회사의 과제〉라는 논문의 마지막 부분에서 이시모타의 강연록을 예로 들어 아미노 요시히코網野善彦와 아베 긴야阿部謹也로 대표되는 사회사의 새로운 연구 동향이 이시모타와 마루야마의 관심과 조응했다고 한다. 상호교섭이 없었던 만년의 이시모타와 아미노, 아베의 관심이 "이렇게까지 가깝게 교착交錯해 온 것은 왜일까", 그것은 "크게 변화하고 있는 세계와 일본에 대한 역사가들의 성실한 대응과 사색이 저절로 이러한 접근을 낳은 것으로 밖에 생각되지 않을 것이다"고 하면서 이시이는 논문을 끝맺는다.56) 이시이는 아미노, 아베의 사회사연구에 이시모타와 마루야마를 상정하여 거기에 현대 역사학의 도달점과 나아가 그 미래를 발견하고자 한 것이다. 여기에 덧붙여 ① 이시모타는 아시아적 공동체를 역사화하여 파악하려고 한 점에서 마르크스주의 역사 이론을 견지한 점, ② 마루야마의 '고층'론은 비판적 주체의 형성과 세트가 되어 있는 것으로, 이항대립의 한쪽 극으로서 조정措定된 것이라는 점을 군말이지만 거듭 강조해 두고 싶다. 사회사 연구는 대상과 방법의 내부에 대항과 갈등을 함께 보지 않으면 문화유형론과 이데올로기적인 보수주의로 끝나 버린다는

** 石母田正, 《日本古代国家論》, 岩波書店, 1973; 石母田正, 《日本の古代国家》, 岩波書店, 2001.

점에 관해서는 이시모타나 마루야마는 물론 아미노 · 아베 · 이시이도 숙지하고 있을 터이다.

나에게 사상사 연구란 사람들의 경험에 도달하기 위한 하나의 수단이다. 사람들의 삶의 경험을 파악하는 분야는 여러 가지 있지만, 사상사 연구는 인간의 경험을 그 인간에게 있어서의 '의미의 상호관련' 속에서 파악함으로써 고유한 존재의의를 발견하는 것이다. '의미'라는 것은 "어떤 집단을 위해서 사상事象을 사회화하는 역할을 담당"하는 것이기 때문에 우리는 이러한 '의미'를 매개로 당시 사회에 있어서 사람들의 경험이란 진정 무엇이었을까 하고 물을 수 있다.[57] 그리고 이 '의미'에는 당사자가 자각하지도 못하는 사이에 전제가 되어 버리거나 하의식적인 차원도 포함한다. 그렇기 때문에 다른 시대를 살아가는 역사가인 우리는 거기서 대상으로 삼는 시대와 사회를 이해하기 위한 적합한 실마리를 발견할 수가 있는 것이다. 이러한 '의미'의 세계를 한층 더 파헤쳐간 부분에 '원형', '고층', '집요저음執拗低音'과 같은 것이 존재하는지의 여부는 역사가로서는 단언할 수 없으며, 또한 단언해서도 안 된다. 그러한 점에서 기기신화를 주된 소재로 야요이 시대의 농경공동체 문화를 파악하여 그것을 '원형'으로 조정措定하고, 나아가 그것이 그 후의 일본 사회를 규정해 왔다고 하는 《강의록》의 마루야마에게서 무언가 위태로운 느낌이 든다. '원형'을 '고층'이나 '집요저음' 등으로 바꾸어 말해도 같은 의미다. 설령 그런 것이 존재한다고 해도, 그것은 근세나 근대 나름대로의 어떤 사회관계가 만들어낸 것인지도 모른다. 혹은 인간과 사회에 보편적인 심층의식과 같은 것일지도 모르는 것이 아닐까. 레비스트로스를 원용하여 "대상이 가지는 겉모습의 특수성과 다양성의 저변에 변하지 않는 제반 성질을 발견하려고 하는"[58] 것이 중요하다는 입장은 결코 자명하지 않으며, 또한 현대 인류학자의 연구와도 다르다.

이미 말했듯이 사상이 역사적이며 사회적인 존재라는 것을 충분하게 인정한 후에, 또한 사상사 연구에 독자적인 분석차원이 있다는 것을 마루야마는 만하임에게서 배웠다. 이렇게 해서 마루야마는 상부구조적인 마르크스주의와 거리를 둘 수가 있었다. 그러나 그러한 입장을 가능케 한 만하임의 이론도 실은 마르크스에게서 유래했다. 만하임은 이데올로기 이론의 발전사에서 마르크스에게 최고의 위치를 부여했지만 이러한 마르크스주의에 대한 평가가 (마르크스와 마르크스주의를 구별한 것이기는 하지만) 마루야마에게는 "이데올로기론에 관한 한 지나치게 높다"는 생각이 들게 했다.[59] 전후의 마루야마는 마르크스주의와의 거리를 점차 넓혀 가면서 문화접촉 · 문화변용이라는 관점을 도입함으로서 마르크스주의적인 '**보편사적** 발전단계론'을 부정했다고 스스로 회상했다.[60]

그러나 갖가지 사회계층의 존재양식과 결부하여 사회의식 · 세계관을 내재적으로 분석한《이데올로기와 유토피아》의 입장은 실은 마루야마에게는 거의 받아들여지지 않았으며, 그것이 만년의 마루야마와 마르크스와의 괴리를 크게 만들어 문화유형론적인 방법으로 접근하게 하는 유인誘因이 된 것은 아닐까 하는 것이 나의 관측이다. 마루야마에 의한 만하임의 이해에서는 사회 계층의 의식형태를 중층적이고 다원적으로 교착交錯하는 사회의식으로서 분석하는 길이 차단되고, 그만큼 사변思辨으로 기울기 쉬운 '문제사'가 거기에 대체되고 있었던 것일까. 그러나 마루야마 사상사가 그려내는 이항대립의 양극 사이에 사람들의 생활과 생활문화라는 광야가 존재한다고 생각해 볼 수도 있다. 이러한 생활의 장에 있는 사상과 문화는 사람들이 살아가는 데 있어서 불가결하고 불가피하며, 경우에 따라서는 그것이 의미 변용과 형태 전화를 거쳐 예기치 못한 사상의 지평을 만들어 낼 수도 있다. 그러한 사상과 문화의 세계를 포함한 의식적인 것의 전체성에 대한 접근이 우리들의 과제라고 한다면, 우리는 마루야마의 만하임과 마르크스주의에 대한 인식의 한계를 극복함으로써 다원적으로 구성된 한층 역동적인 사상사상思想史像을 구상해 낼 수 있을 것이다.

6장

20세기 일본을 어떻게 볼 것인가

머리말

심포지엄 실행위원회가 나에게 부여한 임무는 '20세기 – 일본의 경험'을 현재의 시점에서 어떻게 총괄하면 좋을까에 관해서 일본사 연구자로서의 소신을 밝히는 것이었다. 그러나 이처럼 거대한 논제는 나 같이 평범한 역사가에게는 그다지 어울리지 않으며, 역사가는 일상적으로 이런 주제에 정면으로 대응해서 작업하지 않는다. 역사가가 하는 일의 성격으로 볼 때 이러한 주제에 대한 역사가의 회답은 진부한 상식과 즉흥적인 발상 정도에 그치기 쉽다. 그렇기는 하지만 우리들이 살고 있는 현대가 하나의 전환기라고 한다면, 역사가가 빠지기 쉬운 통념도 새로운 상황 속에서 재검토하고 그것을 통해서 역사 연구에 새로운 활력을 되찾기 위한 노력이 필요하다. 아래에서는 새삼 다시 읽을 수 있었던 선행연구와 내가 지금까지 연구한 내용을 바탕으로 실행위원회에서 부여한 주제에 대해 약간의 전망을 시도해 보기로 한다.[1)]

역사학뿐만 아니라 전후 일정한 시기까지 일본의 사회과학은 15년 전쟁기의 체험과 반성을 바탕으로 구축한 것으로, 일본 사회의 전근대성을 비판하고 그것을 극복하고자 했다. 물론 제각기 문제의식과 방법에는 커다란 차이와 대립도 있었다. 그러나 1960년경까지를 지금 되돌아보면 결과적으로는 문제의식의 공유와 방법적 보완관계에 있었다고 할 수 있다. 오늘날의 상황에 대비하면 거기에는 계몽주의적인 이항대립과 이에 따른 명쾌함이 있었다. 이러한 전후 사회과학의 한계로서 여기서는 먼저 (1) 전후 일본의 개혁은 외부의 힘에 의해 강제력으로 진행되었다는 측면이 컸으며, 그러한 강제력에 대한 자각의 결핍으로 인식의 블랙박스라고 할 수 있는 차원이 남았다는 점, (2) 일본의 근대화 과정에서는 근대성으로 간주되는 계기와 전근대성으로 간주되는 계기가 결부해 있는데도, 이 점에 대한 방법적 자각이 불충분했기 때문에 소박한 계몽주의의 이항대립에 빠지기 쉬웠다는 점을 지적해 두고 싶다.

그러나 1960년대부터 일본 경제의 고도성장이라는 현실이 명백해지고, 특히 1973년의 석유위기 이후에 일본의 경제사회적인 행동이 세계적으로 주목받으면서 일본의 사회과학에 커다란 전환기가 찾아왔다. 냉전체제의 붕괴, 러시아 · 동구권에서의 사회주의 체제의 붕괴, 중국 · 베트남에서의 시장경제의 도입 등을 위의 동향과 겹쳐보면 하나의 구도가 떠오른다. 버블경제와 그 붕괴, 유럽에서의 복지정책의 후퇴, 민족분쟁과 종교분쟁의 빈발, 특이한 범죄사건의 속출 등도 같은 구도를 별도의 측면에서 본 국면들이다. IT 혁명과 유전자 조작 등의 기술혁신이 이러한 과정을 더욱 급박하게 만들고 있으며, 일종의 기술적 실수와 종교적 원리주의 운동 등으로 인류 문명이 파멸적인 타격을 받을 가능성이 증대하고 있다.

이러한 오늘날 상황의 대부분은 전후 일본의 사회과학이 거의 예상하지 못했던 일들이며 예기치 못할 정도로 급격하고 근본적인 것이다. 그리고 이러한 상황을 발판으로 새삼 일본의 근대화란 무엇이며 20세기 일본의 경험은 무엇이었는가를 되돌아볼 필요성이 제기되는 것이다. 역사학은 어차피 사후의 지혜로 설명할 수밖에 없는 학문이지만, 사후지혜적인 인식은 지금까지 간과해 왔거나, 전혀 자각하지 못했던 별도의 시각과 논점을 도입하여 새롭게 재고하는 것이라는 의미를 가지고 있다. 그것은 멀고도 아득하게 보이기는 하지만 우리의 현재 삶에 접근하는 하나의 중요한 절차이기도 하다.

1. '짧은 20세기'와 '긴 20세기'

먼저 에릭 홉스봄Eric John Ernst Hobsbawm의 잘 알려진 연구를 실마리로 20세기란 무엇인지를 생각해 보자. 홉스봄은 1914년부터 1991년까지를 '짧은 20세기'라 부르고 그것은 '극단의 시대'라고 부를만한 하나의 시대를 구성하고 있었다고 한다. 19세기 후반에는 선진국을 중심으로 하는 국제 경제와 국가 간 질서가 형성되고 있었으며, 19세기의 전쟁은 20세기에 비하면 훨씬 한정된 양국 간의 전쟁으로 장기에 걸친 국제 전쟁은 없었다. 그러나 모든 것은 1914년에 변했다. 1차 세계대전에서 모든 열강이 두 개의 진영으로 나뉘어 전쟁에 참가하고 전쟁의 장기화로 서유럽에서는 많은 젊은이들이 전사했다. 영국인과 프랑스인에게 이 전쟁은 2차 세계대전보다 더 무섭고, 마음속 깊이 상흔을 남기는 전쟁이 되었다. 그러나 2차 세계대전은 훨씬 더 비타협적으로 지칠 때까지 싸웠다. 이 전쟁은 주요 국가가 거의 모두 참전한 이데올로기 전쟁이었기 때문에 타협의 여지가 없었으며, 모든 시민과 비전투원까지 전쟁에 참여하여 전시체제가 국민생활을 지배했다. 1차 세계대전도 전 국민을 동원하는 대중 전쟁mass war이었으나 2차 세계대전은 그것을 전체 전쟁total war으로 바꾸었다.

이러한 전쟁은 20세기를 특징짓는 것으로 1차 세계대전에 의한 파멸적 영향 속에서 사회주의 소련이 탄생했다. 소련은 나치 독일을 패배로 몰아가는 원동력이 되고, 또한 자본주의로 스스로를 개혁하는 유인誘因을 제공했다. 이리하여 두 개의 전쟁과 소련의 성립과 그 영향이 20세기를 특징짓고 있으며, 냉전체제와 사회주의 국가의 붕괴로 홉스봄이 말하는 '짧은 20세기'가 끝나게 된다.[2)]

홉스봄의 이러한 분석을 일본사에 적용하면 1차 세계대전에는 획기적인 계기가 없지만 15년 전쟁기의 일본은 전체 전쟁의 개념에 아주 가깝다. 따라서 일본사의 시대구분으로서는 메이지유신 이래 근대화 과정의 연장선상에 15년 전쟁을 두고 1945년의 패전에 일본 근대사 전체의 커다란 단락을 설정할 것인지, 아니면 15년 전쟁기를 특수한 일탈과 예외현상으로 보고 메이지유신에서 현대에 이르기까지를 하나의 계속된 근대화의 과정으로 파악할 것인지의 두 가지 견해가 성립한다. 이러한 이른바 상식적인 견해에 대해서 최근에는 15년 전쟁기에 커다란 획을 두고 이 시기와 전후 사회를 연속적으로 파악하려는 야마노우치 야스시山之內靖 등의 견해가 커다란 반향을 불러일으켰다. 이 견해는 총력전 체제 하에서 입안되고 실행에 옮겨진 경제정책 · 복지정책 · 교육정책 등이 종종 그 주된 담당자도 포함하여 전후의 개혁으로 계승되었다는 것을 강조한다. 그것은 총력전을 위한 경제적, 인적 자원의 동원 방식과 전후 일본의 자본주의 체제하에서의 통합과의 사이에 연속성이 있다는 것을 밝힌 점에서는 설득력이 있다고 할 수 있다.[3)] 니시카와 나가오西川長夫의 경우에는 총력전이 사회를 강제적으로 재편성한다는 점에서는 야마노우치설에 찬성하면서도 그것은 국민국가의 속성이며, 청일 · 러일전쟁을 거쳐 확립한 국민국가의 특징이 15년 전쟁기와 전후 사회에도 관통되고 있다고 덧붙인다.[4] 그러나 2차 세계대전이 홉스봄이 말하는 전체 전쟁(이데올로기 전쟁)이고, 일본과 독일은 패전이라는 외부에서의 강제력으로 '극단의 시대'와 그 이데올로기 체제에서 가장 빨리 이탈하여 경제성장에 전념했다고 생각하면, 야마노우치와 니시카와와는 상당히 다른 방향에서 바라보고 있다고 할 수 있다. 외부에서의 강제력으로 전쟁 체제에서 이탈하여 일본인은 전쟁과 식민지지배의 책임에 관해서도 그 강제력의 처리 안에서 그쳐버리고 스스로 방향 전환하여 별도의 목적으로 향할 수 있었던 것이다.

야마노우치는 또한 총력전 체제 하에서의 '강제적 균질화'는 일본과 독일뿐만 아니라 뉴딜형 국가도 포함하여 2차 세계대전의 주역이 된 모든 국가에 공통하는 것이며, 여기에 '계급사회에서 시스템 사회로의 이행'이라는 현대사회의 특질이 집약적으로 표현되고 있다고 한다. 그러나 일본이나 독일과 같은 전체주의 국가, 미국으로 대표되는 뉴딜형 국가나 복지국가, 사회주의 국가 소련의 동질성을 강조하는 야마노우치 테제는 1945년을 경계로 일본과 독일이 미국을 중심으로 한 자유주의적인 국제질서에 종속적으로 재통합되고, 냉전체제의 붕괴에 따라 같은 질서가 이전의 사회주의 국가나 현존하는 사회주의 국가까지도 포섭해 버렸다고 생각해 볼 때 세 가지 체제의 비교와 위치부여를 재검토해야 한다.

자본주의 생산양식은 19세기 중엽을 획으로 세계를 하나의 경제질서로 통합했으며, 일본의 개국은 자본주의적 세계 시스템의 완성에 중요한 이정표가 되었다. 19세기 후반에는 동맹이나 대항을 통해서 주권국가 사이에 어느 정도 국제질서가 형성되고 세기말까지 주요국

이 금본위제로 이행하면서 불완전하나마 자유주의적인 국제경제 질서도 형성되었다. 두 개의 대전 중에 일본, 독일, 소련 등은 이러한 질서에서 이탈했으나 1차 세계대전 후나 2차 세계대전 후에도 자유주의적인 방향에서 국제질서의 재구축이 지향되었다. 특히 2차 세계대전 후에는 미국의 주도아래 국제연합을 중심으로 하는 정치질서와 IMF, GATT을 축으로 하는 경제 질서가 만들어졌다. 그러나 2차 세계대전의 종결과 함께 미국과 소련을 축으로 냉전이 시작되고 세계 각지에서 새로운 국민국가를 만드는 민족주의적인 제 운동이 확산되었기 때문에 자유주의적인 시장경제와 정치적 민주주의가 간단하게 승리를 거둔 것은 아니었다. 그러나 소련 사회주의나 일본과 독일의 전체주의, 그리고 중국혁명과 2차 세계대전 후의 새로운 민족국가의 성립도 모두 시장경제와 대표제 민주주의에 이르는 세계사의 커다란 길목에서 탄생한 수많은 시행착오 과정이었다고 본다면, 19세기 후반에서 20세기 초두까지를 '긴 20세기'라는 하나의 시대로 파악할 수 있다.

도쿄대 사회과학연구소에서 펴낸《20세기 시스템》에서는 20세기는 '경제성장'의 시대라고 명쾌하게 단정지었다. 경제성장이라는 개념은 국민생산 · 국민소득이라는 집계 개념으로 파악하여 성립되는 것이다. 그것이 빈번하게 이용되기 시작한 것은 2차 세계대전 후의 일이라고 한다. 경제성장에 주도적인 역할을 한 것은 대량생산 양식이므로 그 전형은 먼저 20세기 초두의 미국이며, 그 대표적인 사례로서는 자동차 산업이 주목받게 된다. 아직도 도로 사정이 좋지 않았던 20세기 초의 미국에서 차체에 비하여 엔진의 힘이 감당할 수 없을 정도로 큰 T형 포드가 만들어지고, 기본 설계는 십 수년 간 변하지 않는다는 철저한 제품의 규격화와 표준화 전략 하에서 대량생산과 대량소비의 미국형 경제가 성립했다. 그러나 포드의 이러한 경영전략은 대중소비시대의 초기상황에 적합한 것으로, 포드는 이윽고 '다차종 대량생산', '유연성 있는 대량생산'을 지향하는 GM사에 추월당했다. 또한 같은 시점에서는 1970년대의 석유위기와 변동환률 상장제로의 이행 하에서 경제성장을 지속시킨 일본 경제의 실적이 주목을 받았다. 특히 도요타의 '링 생산방식'은 미국형 대량 생산방식의 한계를 돌파한 사례로 평가받아 경영학적인 연구에 적합한 대상이 되었다. 이러한 입장에서는 사회주의 체제도 또한 경제성장의 실현을 목표로 하는 시스템의 하나로 분석하여 예를 들면 1950~1960년대의 소련은 '고도성장'을 실현했다고 한다. 시리즈 《20세기 시스템》은 미국과 일본의 경제성장을 20세기 세계의 축에 두고 그 밖의 제 문제는 이 주제의 주변에 위치시킨다는 구상으로 전체를 구성하고 있다고 할 수 있다.[5)]

시오카와 노부아키塩川伸明의 《현존한 사회주의》*는 소련을 중심으로 현존한 사회주의 국가체제를 널리 전망하여 종합적으로 분석한 역작이다. 이 책은 결론 부분에서 '긴 20세기'론의 입장에서 '현존한 사회주의'의 문명사적 위치 규정을 시도한다. 시오카와에 의하면 '긴 20세기'를 특징짓는 것은 '근대화'와 '조직화'이며, '현존한 사회주의'는 국가라고 하는 배타적인 강제력으로 "'조직화에 의한 근대화'라는 시대의 추세를 가장 철저하게 체현했다는 의미에서 '20세기 문명'의 가장 극한적인 본보기"였다. 그것이 20세기 말에 '근대화'도 '조직화'도 더 이상 매력적인 목표가 아니었을 때 불가피하게 붕괴한 것이다. 현재의 시점에서 '현존한 사회주의'를 냉정하게 되돌아보려는 시각에서 볼 때 이 책에는 커다란 설득력이 있다고 할 수 있다.

19세기 중엽 이후의 세계사를 자본주의적 세계시장의 확대와 제패의 과정이며, 사회주의 혁명과 사회주의 국가, 일본과 독일의 전체

---

* 塩川伸明, 《現存した社会主義》, 勁草書房, 1999.

주의 체제와 2차 세계대전 이후 제3세계의 민족주의 운동과 민족국가 등도 이러한 기본 축에 대한 대응의 갈지자형 과정이라고 파악하는 것은 역사를 거시적으로 보는 관점으로서는 아마도 어긋나지 않을 것이다. 국민국가론이 천황제 국가를 근대 세계에서 나타나는 일반적인 국민국가의 한 유형으로서 파악한 점, 새로운 총력전론이 일본과 독일의 전체주의를 합리화와 산업화에 적합적인 사회 시스템의 전개로서 재파악한 점 등도 이러한 시점에서는 납득할 수 있다. 그러나 역사는 대문자의 역사로 환원할 수 없는 광범위한 인간들의 체험을 집적한 것이라고도 할 수 있다. 러시아혁명과 중국혁명에서의 광범위한 인간들의 고양과 활동력, 천황제 국가에서의 자기실현이나 억압과 순응, 그리고 아우슈비츠, 남경사건, 히로시마와 나가사키 등은 지금도 여전히 납득할 수 있는 설명과 양해에 도달하지 않는 수많은 사람들의 고유한 체험이 있다. 이러한 사례들은 다른 시대를 살아가는 인간들의 통념 때문에 일반화된 역사로 편입되는 것을 거부하는 것과 같은 사실이다. 역사가에게는 현대 일본과 같은 사회에서는 그 현실성이 상실되기 쉬운 이러한 사실에 관한 증인이 되어야 할 책임이 있다. 홉스봄의 경우에도 "소련의 실험이 지구 규모에서 자본주의에 대신하는 것으로서가 아니라, 특정한 일종의 반복 불가능한 역사적 조건 하에서 관대하고 극히 후진적인 국가라는 특정한 상황에 대한 특수한 대응으로서 나타났다"는 것이기 때문에, 커다란 관점으로서는 시오가와와 그다지 거리가 없다고도 말할 수 있다. 그러나 홉스봄에게는 20세기를 살아 온 역사가로서 20세기 말의 독자에게 전해야 할 다수의 고유한 진실이 있다는 말일 것이다.

역사인식에는 갖가지 논리차원이 있지만 나는 역사의 전체상을 커다란 접시를 순서대로 쌓아올린 집적체와 같은 이미지로 생각한다. 어떤 논리차원을 주요한 설명의 장으로 삼을 것인가는 역사가의 선택에 의해서 좌우되지만 자신이 선택한 논리차원의 특징을 이해하지 못하면 전망이 보이지 않고, 자폐적으로 자신의 연구를 고집하거나 무한정한 상대주의에 빠질 가능성이 있다. 최근 역사학의 인식론적인 근거에 관해서 갖가지 논의가 전개되고 있지만 여기서 일어나는 혼란의 상당 부분은 자신이 하는 연구의 논리차원을 자각함으로써 피할 수 있다고 생각한다. 최근 유행하는 '역사의 이야기성'이라는 말도 시점을 바꾸어 다른 차원에서 되돌아보면 역사의 모습이 현저하게 다르게 보일 수 있다. 바꾸어 말하자면 시점의 중층성 · 다차원성의 문제이지 단순한 픽션성이라든가 불가지성에 관한 것은 아니다.

이제까지 설명한 범위 내에서 발표 내용의 시점을 요약해 보자. 나는 먼저 첫째로 적어도 19세기 중반 이후의 세계사를 자본주의적 세계 시스템이 지구상의 모든 지역을 포섭해 가는 커다란 역사과정으로서 파악하는 데 동의한다. 그러나 둘째로 이 과정은 자본주의적 시장시스템의 일방적인 침투로서가 아니라 국민국가와 민족성, 종교나 문화 등에서의 복잡한 반응 · 대응 등의 과정이었다는 점을 강조하고 싶다. 이 과정 속에는 얼핏 시장원리의 일면적인 제패와 같이 보이는 현재의 시점에서는 거의 불가피하게 간과해 버리거나 경시하기도 하는 여러 가지 계기가 풍부하게 포함되어 있다. 그리고 전쟁이나 혁명, 독재 등의 맹위에도 불구하고 계속되는 것이 민중의 생활세계이며, 자본주의적인 세계 시스템과 궁극적으로 대항하고 있는 것은 바로 이러한 생활세계에 다름 아니다. 따라서 이러한 생활세계의 논리에 유의하면서 역사를 가능한 한 다원적이고 중층적으로 파악하는 것을 이번 보고의 기본적인 입장으로 삼고자 한다.

2. 경제성장과 문화유형론

일본 경제의 성장력이 주목을 받기 시작한 것은 1955, 56년경부터의 일지만, 1960년에 이케다池田 내각이 등장하여 고도 경제성장을 중점 정책으로 내세우면서 이러한 동향에 대응하는 새로운 지적 조류가 탄생했다. 이리하여 미국에서의 이론적 영향을 배경으로 '근대화'론이 화려하게 등장함과 동시에, 곧 이어서 일본 경제의 고도성장을 문화적 요인으로 설명하는 일본적 경영론과 일본 문화론 등이 널리 주목을 모으게 된 것은 나카네 지에中根千枝의 《종적 사회의 인간관계》(1967), 이자야 벤다산Isaiah Ben-Dasan의 《일본인과 유태인》(1970), 도이다케오土居健朗의 《'응석'의 구조》(1971) 등이 발표되면서부터다. 그리고 미나미 히로시南博의 정리에 의하면, 이어서 1974년부터 85년경까지의 시기에 일본인의 집단 심리적인 측면, 특히 그것을 심층 심리적인 차원에서 다루는 경향이 현저해졌다고 한다.6)

전후 천황제와 초국가주의에 관한 획기적인 연구로 주목을 모은 마루야마 마사오에게도 50년대 말에 커다란 전환기가 찾아왔다. 마루야마는 천황제와 초국가주의에 대한 관심을 상실한 것은 아니지만, 그 근저에 한층 더 중요한 무언가가 있으며, 그것이 일본 사회를 규정하고 있다고 생각하게 된 것이다. 그 당시부터 마루야마는 일본 사상사 연구의 시야 범위를 확대하여 고대와 중세에 비중을 두었으며, 그 중에서도 가장 특징적인 것을 예로 든다면 '원형'론이라고 할 수 있다. 마루야마가 말하는 '원형'론이란, 야요이弥生 시대의 농경공동체 속에서 형성된 것으로, 공동체 규제와 이에 조응하는 농경의례, 애니미즘과 샤머니즘 등을 특징으로 한다. '원형'을 특징짓는 공동체원리는 "기저는 근본적인 변혁을 일으키지 않지만 상층은 항상 그 시대의 가장 선진적인 문화와 접하고 테크놀로지 · 정치 · 경제제도가 이에 적응하여 변화한다." '변화'와 '지속성'의 이 '이중구조'가 일본의 전통이며, 마루야마 일본 사상사의 전체상은 '원형'과 이를 극복하려는 계기의 상극, 그러나 결국은 변용하면서 유지되는 '원형'으로의 굴복, 그리고 현저한 적응 능력의 탁월성 등으로 그려졌다. 이렇게 해서 마루야마의 '원형'론은 야요이 시대의 농경공동체에 관한 기술처럼 보이지만, 실은 현대 일본의 기업사회와 정치 상황에 관한 설명에 거의 아무것도 매개하지 않고 적용하는 기술記述을 수반한 것이었다.[7] 그러나 이러한 문화유형론에 비추어 전체상이 구성되면 각 시대와 상황 속에서의 인간들의 주체 형성과 사상 형성이라는 구체성에 외재적인 설명 원리를 가지고 들어가는 결과가 되지는 않을까. 근현대 일본인의 체험양식이 야요이 시대 이래 줄곧 지속하는 공동체원리로 규정되고 있는 것인지의 여부는 검증 불가능한 사안이라고 보아야 하며, 전통을 변증의 근거로 삼음으로써 문화는 이데올로기적 통합을 높이려 하는 것이라고 생각해 두고 싶다.

학부시절의 선배인 쓰다 마스미津田真澂는 일본의 기업을 '공동생활체'로 규정하고 일본적 경영론을 전개한 것으로 알려져 있다. 쓰다에 의하면 유럽에서는 가족을 핵으로 하여 동심원적으로 넓어지는 도시생활이 '공동생활체'이며 기업은 그 외부에서 생활수단을 강구하는 장으로서 존재한다. 이에 비하여 일본에서는 기업이 '공동생활체'이며 '가정'은 그 외부에 위치하면서도 기업에 종속한다.[8] 쓰다에게서 배운 졸업생들의 좌담회를 기록한 《신세대 샐러리맨의 생활과 의견》이라는 책을 보면 엄격한 샐러리맨 생활과 높은 전직률 등이 강조되고 있으며, "나는 세미나에서 '일본적 경영은 생활공동체'라고 배웠지만 회사의 현실은 훨씬 더 엄격했다, '이것이 일본적 경영인가'하고 생각했다"는 등의 재미있는 내용이 있다.[9] 쓰다에 따르면 이러한 '공동생활체'는 일본의 전통에 오랜 유래를 가지는 것으로 일본적 경영은 그것을 계승해서 갈고 닦은 것이라고 생각하는 듯하다.

무라카미 야스스케村上泰亮 등의 《문명으로서의 '이에' 사회》는 쓰다와 흡사한 발상을 한층 체계적으로 전개한 일본 문화론 · 일본 사회론의 역작으로 커다란 영향력을 가졌다. 이 책에 의하면 '이에'는 '생활을 공동으로 하는 경영체'의 일종이며, 초혈연성, 영속을 지향하는 계보성, 기능적 계통성과 그로 인한 탈주술적인 합리성, 자립성이라는 특징을 가진다. 이러한 집단원리를 전형적으로 체현하는 것은 근세의 다이묘大名*와 근대의 기업 · 관청 등이었다. 일본의 근대화 과정은 명시적인 측면에서는 서구화와 같이 보이지만 실은 전통적인 '이에'형 원칙을 채용한 적응이며, 전후 일본사회는 이러한 특징을 보유하고 발전시킨 것이라고 말할 수 있다. 이러한 '이에'는 가족family과는 엄밀하게 구분되는 것으로, 근세 무사의 가정은 '소小이에', 호농상의 가정은 '준準이에', 메이지 민법의 이에 제도가 규정하는 가정은 '유사類似소이에'라 부르며, 경영체로서의 '이에'에 종속하는 것으로 보고 있다. 그리고 일본 사회에서는 '개인'은 어떤 주체가 아니라, 기업 등의 이에형 집단이 기초적 집단으로 실재하기 때문에 선거권도 이러한 집단에 부여하는 것이 좋으며, 적어도 선거운동과 정치 헌금의 자유를 이러한 집단에 대폭적으로 인정해야 한다는 것이다.

최근의 경제상황 하에서는 쓰다나 무라카미와 같은 입장을 그대로 옹호하는 사람은 그다지 없다. 현재는 일본적 집단주의를 극복하는 신

* 원래 고대에는 지방에서 세력을 떨친 자를 말했다. 이후 무가 사회에 들어와 넓은 영지와 부하를 거느린 무사를 의미하는 말이 되었다. 중세부터 본격적으로 발생하기 시작했으며, 에도 시대에는 주로 수확고가 1만석이 넘는 영지를 가진 무가에게 다이묘라는 칭호가 주어졌다.

자유주의가 여야의 대합창이며, 예를 들면 오부치小渕 내각의 입장을 공식 표명한 것이라고도 할 수 있는 '21세기 일본의 구상 간담회'의 《일본의 프론티어는 일본 안에 있다》에서는 이러한 입장을 선명하게 나타내고 있다. 이 책에 의하면 21세기는 분명 '개인의 세기'가 될 것이며 "자신의 책임으로 위험을 무릅쓰고 자신이 지향하는 것에 선구적으로 도전하는 '늠름하고 유연한 개인'"을 요구한다고 한다. 여기서는 기업과 개인의 관계도 '통치 · 조직 복종형'에서 '계약형'으로 이행하고 임금은 능률과 능력에 맞추는 것으로, 연금은 '자기책임형의 확정거출형 연금'으로 전환하여 '결과의 평등'에 결별을 고하고 '공정한 격차'를 원리로 하는 사회를 실현할 것이라고 한다. 이 보고서는 "다가오는 세기에 세계 전체를 휩쓸면서 탄생하는 세계화의 강력한 힘을 볼 때 일본은 결코 이대로 있어서는 안 된다", "이대로 가면 일본은 쇠퇴해버리는 것이 아닌가"하는 강한 위기의식에 의거하여 구상되었으며, 강한 개인의 능력을 발휘함으로써 그러한 사태에 대처할 수 있다는 입장이다.[10)]

나는 오늘의 발표를 민중의 생활세계를 중시하는 입장에서 구상했기 때문에 쓰다나 무라카미가 기업과 관청을 생활공동체로 규정하고 가족은 부수적인 존재로 밖에 다루지 않고 있는 데 놀랐다. 내가 생각하는 가족이란 성과 연령을 달리하는 인간들이 구성하는 생존유지subsistence를 위한 공동체이며, 기업이나 기타 단체와는 그 편성 원리를 전혀 달리한다. 가족에는 생존유지를 위한 경영체라는 성격이 있고 거기에 따라 계보적인 연속성과 합리화를 지향하는 측면도 지니며, 근대 일본에서 일반적으로 파악할 경우에는 이에형 가족Ie type family이라고 부르는 편이 나을 법한 특징이 있다. 그것은 근세의 일정한 시기 이후에 시장경제와 충돌하면서 생존유지를 위해서 자립해 온 것이며, 근대화란 민중사적 시점에서는 이러한 가족을 단위로 하는 광범위한 인간들의 생존유지를 위한 분투노력의 과정이라고 개괄해도 좋을 것이다. 쓰다 등에게는 가족 내부에까지 미치는 기업의 지배력이 생활공동체로 보였던 것인데, 기업체의 영리원칙과 가족의 생활유지 원칙을 구별하는 것은 그다지 어려운 일이 아니다. 또한 '21세기 일본의 구상 간담회'와 같은 입장이 장래 일본의 주류가 되면 새로운 계층분화와 대립이 불가피해 진다. 그러한 결과 강한 개인이 '공정한 격차'를 확대해 가면 다수의 서민은 가족 결합을 강화하는 것으로 상황에 대처하려고 할 것이다. 혹은 또한 종교적 구제와 갖가지 일탈행위로 몰려갈 수도 있다. 최근 화제가 된 모리 요시로森喜朗 수상의 '신국神國' 발언은 이러한 사태에 대한 미봉책이 얼마나 빈약하며 즉흥적인 것에 지나지 않는가를 폭로한 것이라고 할 수 있다.

나는 시장경제사회 속에서 가족만이 생존유지를 위한 공동체라고 주장하지는 않는다. 조금 거슬러 올라가면 촌락공동체, 동족단同族團*, 고講** 등에 그러한 역할이 있으며, 또한 이후에는 갖가지 사회단체, 종교운동, 노동조합, 시민운동 등에도 그러한 기능이 있다. 그리고 시장경제사회에 대한 적응, 대항, 원한, 질투 등을 문화사적으로는 다양한 형태로 고찰할 수도 있다. 그러나 근대화 과정을 민중의 생활세계와 관련지어 파악하려는 입장에서는 가족과 그 생활의 문제를 축으로 두는 편이 적절하다고 생각하는 것이다.

* 농촌 각지에 보이는 본가와 분가의 결합 집단을 말한다. '동족'이라는 말은 학술 용어로서 지방마다 다른 호칭을 사용하며 그 집단의 형태나 사회적 기능도 조금씩 차이가 있으나 일반적으로 집안과 집안의 계보관계, 또는 주종관계에 의해 결합하여 서로 사회생활을 원만하게 영위하기 위해 연대하는 연합체를 말한다.

** 종교적, 경제적으로 어떤 목적을 가지고 모이는 민간의 조직. 우리나라의 '계'와 비슷하다.

3. 생활세계의 변모

과거에 나는 근면 · 검약 · 정직 · 효행 등을 내용으로 하는 통속적 제 덕목이 광범위한 민중을 파악하는 생활규범으로 구성된다는 점을 근대화 과정에서 새롭게 형성되는 일본 민중의 자기규율 · 자기단련의 일반적인 형태로 보아야 한다고 주장했다. 이러한 '통속 도덕popularized morals'은 전후의 계몽주의적 학문조류 속에서는 봉건적, 전근대적인 것으로 간주해 온 것에 해당한다. 또한 그것은 근세나 근대에도 권력의 교화정책 내용과 거의 일치하여 기존의 지배 체제를 아래에서 지탱하는 역할도 했다. 그러나 '통속 도덕'이 '마음의 철학'과 결합하여 하나의 일관된 생활규율을 만들어내면 그것은 근대화 과정에서 민중의 자립 · 자율의 구체적 형태가 되며, '통속 도덕'에는 근대주의적인 이념과는 전혀 다른 의미에서의 광범위한 인간들의 주체성 · 능동성을 강렬하게 표현하는 것이다.[11]

이러한 '통속 도덕'은 가부장제적인 이에를 단위로 하는 민중의 자립 · 자율의 논리로도 파악할 수 있다. 이에를 단위로 하는 소생산 경영의 일반적 성립은 근세 초기에 구할 수 있지만, 이에는 근세에도 여전히 마을과 동족단 등의 중간 단체에 큰 제약을 받았다. 그러나 시장관계의 진전이 소생산 경영의 자립성을 키워 가족이 강한 응집력을 가지기 시작했다. 객지로 돈벌이를 나가거나 소매상의 기회가 늘어도 그것은 반드시 개인의 석출析出을 가져오는 것이 아니라 거기서 얻어진 수입은 가족 경영의 유지에 충당된다. 근세 후기부터 메이지기에 걸쳐서 촌락 공동체와 동족단은 여전히 규제력을 가지고 있었으며, '통속 도덕'은 촌락 지배자층의 주도권 하에서 전개하는 촌락 재건운동이라는 형태로 보급하는 경우도 적지 않았다. 그러나 그런 경우에도 전통적인 공동체의 관행이 크게 변혁하여 이에 단위의 자립화가 공동체 규제에 의거해서 강제해 갔다고 생각해 두는 편이 좋을 것이다. 가족은 그 존속을 위해서 모든 구성원에게 유연하고 복잡한 대응을 강제할 수 있으며, 시장경제는 이러한 가족을 매개로 하여 비로소 사회의 심부까지 침투해 갈 수가 있다. '통속 도덕'이 이러한 과정에 가장 적합한 규범이며, 오히려 불가피한 의식형태였다는 점을 이해할 수 있을 것이다.

'통속 도덕'론은 원래 근세 후기부터 근대 전기에 걸친 전환을 염두에 두고 구상된 것으로 시기적으로는 한정된 것이었다. 그러나 앞서 말했듯이 그것을 시장경제 하에서 이에형 가족의 자립의 논리로서 다시 파악해 보면 더욱 커다란 역사적 전망 속에서 바라볼 수 있다. 그것은 먼저 근세 도시의 유력한 상인층을 사회적 배경으로 자각화하고, 근세 후기에는 호농층의 주도권 하에서 지역사회에 수용된다. 막말 유신기와 자유민권운동기의 격동을 헤쳐 나와 그것은 지역질서를 구축하는 논리로서 중요성을 증대하고, 메이지 후기에는 지방개량운동 등을 통해서 더욱 하층의 민중생활에까지 침투한다. 나카가와 기요시中川清에 의하면 도시 하층사회가 세대를 형성하여 가족을 재생산하는 것은 20세기에 들어와서이며, 19세기 말에는 거의 내연內緣이었던 혼인관계가 1930년대에 와서는 기본적으로 법률혼이 되었다. 이러한 세대의 주부들이 취업하는 비율이 급격히 감소하여(세기 말 80% → 1926년 26%) 주부들의 중심 활동은 이제까지의 취업에서 가사와 육아로 이행했다. 도시 하층사회에서도 남녀의 성적 역할 분담을 전제로 하는 근대가족이 성립했다.12)

여기서 여성사 연구의 성과를 참조하면, 주부의 섬세한 배려에 지탱된 정서적 결합이 강한 근대 가족상이 언론에 등장하는 것은 1890

년 전후부터이며, 20세기 초에는 '현모양처'의 이념을 공교육에도 도입한다.[13] 이러한 가족상은 유교에서 가르치는 전근대적 가족상과는 구별해야 하는데, 교육칙어에도 그러한 새로운 계기가 내재하며 이른바 가족국가관은 정점의 천황가에서 일반 서민에 이르기까지 일부일처제의 새로운 가족상을 바탕으로 성립한다. 전전의 일본에서 정서적인 근대 가족상을 충족할 수 있는 것은 실제 문제로서는 비교적 풍족한 도시 중산계급에 한정되어 있었지만, 그러한 가족상 속에 광범위한 인간들이 가지는 욕망의 일반적인 모습을 읽을 수 있다. 근대 일본의 가족은 이에형 결합을 중시하여 가부장제적인 성격을 띠지만, 도시 부르주아나 중산계급의 가족이 특히 가부장제적인 성격을 강하게 가지고 있었다. 후자의 측면에도 유의하면서 근대 가족을 가부장제 가족으로 규정하는 페미니즘 이론에 찬동하고 싶다.

이에형 가족의 규범의 규제력이라는 수량화하기 어려운 문제에 관한 간단한 지표로서 여기서는 이혼율을 들어보기로 하자. 근세의 이혼율은 극히 높았다고 추정된다. 그러나 통계를 구할 수 있는 1880년대부터 이혼율은 점차 낮아져서 메이지민법 시행 이후 1899년에 급락하고 그 후에도 계속 저하해서 1938년에 최저치를 기록한다. 이러한 이혼율의 추이는 근대화의 진전과 함께 이에형 가족의 규제력이 강화되었다는 것을 시사한다. 이렇게 볼 때 전중과 전후의 가장 어려운 시대에 가족을 지키며 살아온 사람들, 특히 여성들의 희생정신은 감탄할 만하다.

그런데 '통속 도덕'은 이미 말했듯이 생산수단을 가족이 소유하는 소생산자형 경영에 가장 적합하며, 이러한 생산양식 속에서 '통속 도덕'은 단련되었다. 그러나 이러한 경영이 해체하여 가족이 좁은 의미에서의 생산 주체가 아니어도, 생존유지를 위한 소공동체라는 가족의 성격은 상실하지 않고 있다. '통속 도덕'에는 가족과 지역사회 속에서 사는 사람들의 훈련이 습관과 습속에까지 침전한 것과 같은 성격이 있기 때문에 그것과는 별도의 차원에서 생활규범을 새롭게 만들어 내는 일은 간단하지 않았다. 그렇더라도 직업을 가진 인구 가운데 피고용자가 과반수가 되고(1960년), 또한 생활수준이 향상하여 대중소비 시대를 맞이하면 '통속 도덕'형의 규범은 불가피하게 붕괴를 맞이하게 된다. 전업주부의 애정 있는 배려 하에 정서적 결합을 현저한 특징으로 하는 좁은 의미에서의 근대적 가족상이 일반화된 것은 이 시대의 일이었다. 오치아이 에미코落合恵美子는 그것을 전후의 단괴團塊 세대* 를 중심으로 1955년~1975년경에 두드러지게 나타난 현상으로 파악하고 이를 '가족의 전후체제'라고 불렀다.[14] 오치아이의 경우에는 이러한 좁은 의미의 근대 가족에서 21세기의 '개인화되는 가족'을 전망한다. 그것은 또한 '21세기의 구상 간담회'의 '개인의 시대'로서의 21세기라는 미래론으로 이어지는 것 같다. 가족사회학의 연구자들은 대부분 오치아이와 비슷한 견해를 가지고 선택의 주체를 개인에게서 구하여 그것을 국가가 제약적으로 원조해 가는 가족상을 전망한다. 그러나 그것은 강한 개인에게 어울리는 이데올로기이며, 사안의 일면에 지나지 않는 것이 아닐까. 세계화와 구조조정의 현실 속에서는 생존유지를 위한 공동체로서의 가족 속에 갖가지 모순이 파급되어 대다수의 서민은 가족 속에 현대사회의 억압구조를 내면화함으로써 가혹한 현실에서 벗어나려고 계속해서 노력하는 것이 아닐까.

여기서 약간 시점을 바꾸어 가족사의 변모를 인구사와 인구이동의 관점에서 내려다보기로 하자. 일본의 인구는 16세기 말에 1000만을

---

* 단괴란 원래 물건이 많이 집적되어 있는 것을 의미하는데, 단괴 세대란 다른 세대에 비하여 사람 수가 많은 세대를 말한다. 일본에서는 1947년에서 1949년의 베이비붐 시대에 태어난 세대를 말한다.

약간 넘겼을 것으로 추산된다. 그 후 100년 정도 사이에 비약적으로 증대해서 18세기 초에는 3000만 명 정도가 되었다. 근세 사회의 성립과 함께 평화가 찾아오고, 평야지대가 풍족한 농경지로 가꾸어지면서 핵가족이 일반적으로 성립하고 출생자 수가 급증했기 때문이다. 이 시대의 도시에는 단신 생활자가 적지 않았으나, 도시지역도 포함하여 가족을 형성하는 방향으로 생활의 대세가 진행되었다고 생각한다. 18세기 초부터 18세기 말까지는 인구의 정체 내지는 감소하는 경향이 있었으나 18세기 마지막 단계에서 다시 증가하기 시작하여 메이지 말년에는 5000만 명을 넘는다. 페미니즘의 시점에서 볼 때 흥미로운 점은 근세·근대에는 남성 인구가 많았으며, 여성 인구가 많아진 것은 전후의 현상이다. 이는 곧 전전의 일본 사회에서 여성이 차별·억압받았음을 단적으로 보여주는 사회사적인 사실이다.

그러나 이러한 인구사의 동태에는 상당히 커다란 지역차가 있었다. 근세 중기부터 근세 초기까지 도호쿠東北·간토關東·긴키近畿는 감소지역, 호쿠리쿠北陸·주고쿠中国·규슈九州 등은 증가 지역이었다. 산업혁명 이후의 근대화 과정에서 도쿄, 오사카, 나고야, 후쿠오카 등의 대도시와 그 주변부에서 인구가 증가하여 대도시가 현저하게 발전했으나, 그것은 근세 후기부터 인구 증가를 계속하던 지역에서 인구가 이동한 결과이다. 홋카이도로는 호쿠리쿠에서 남북미·하와이 등으로 가는 해외 이민은 서일본 각지에 많으며, 이러한 이주와 이민도 태평양측 대도시로의 인구 이동과 같은 지역적 배경을 가진다. 근세의 호쿠리쿠는 서측 항로에서 전국 경제와 결합하고 있어서 생산력의 수준이 높았다. 그러나 근대 산업의 발전과 함께 경제의 중심이 태평양 연안 지역으로 이동하면서 1890년대 후반부터 '우라니혼裏日本'이라는 약간의 차별적인 호칭이 생겨났다. 예를 들면 미국의 경우 19세기 말이후 세계 각지에서 잇달아 다른 인종의 이민을 받아들여 경제발전을 계속하고, 인종의 차이가 직종과 사회계층의 차이와 결합하여 다인종 사회가 만들어졌다. 일본은 근세 후기 이후에 농촌 지역에서 증가한 인구가 대도시와 그 주변부로 이동하여 근대 산업과 근대 도시의 담당자가 되었기 때문에 이 인구 이동은 국민국가 내부의 농촌 지대에서부터 시작되었다. 근대 일본을 통하여 농가 호수는 약 550만 호, 농업 종사자는 1400만 명 정도로 안정되어 있었기 때문에 증가한 만큼 이주한 셈이다. 이주해 온 사람들은 결국은 도시에서 고립된 가족생활을 하는 수밖에 없었기 때문에 그 생활양식과 생활규범에는 농촌 사회에서의 연속성도 상정할 수 있다. 그리고 전후의 경제성장시대에는 이러한 인구이동이 가장 대규모로 진행되어 일본 사회 전체가 크게 변모했다. 근대 일본의 민중 종교는 이러한 도시생활을 하는 서민에게 삶에 대한 이념과 방법을 부여하려고 한 것으로 이해할 수 있다.

그러나 1970년대 초에 합계 특수 출생률이 2.0%로 내려오고 현재는 1.34%로 감소하여 소자화少子化 현상과 젊은 노동력의 감소가 일본의 미래를 위협한다. 얼핏 인구와 농가경영을 유지하고 있는 것처럼 보이는 농촌지대에서도 젊은 층의 이농현상이 현저하게 진행하고 있으며, 가까운 미래에 극적인 농촌 붕괴를 가져올 가능성이 높다. 내가 때마침 목격한 니가타현新潟県 어느 마을의 인구 구성은 아래로 내려갈수록 좁아지는 가늘고 긴 형태로 65~69세가 가장 많은 형태를 가진다(0~4세는 65~69세의 46%, 20~24세는 33%)[15]. 한편 도쿄의 합계특수출생률은 1.05로 극단적으로 낮다. 이러한 추세를 젊은 층에서 현저하게 나타나는 생활규율의 해체와 겹쳐서 보면 암울한 미래상이 떠오른다. 젊은 노동력의 감소를 외국인 노동력의 유입으로 보충한다면 다인종사회에서 살아 온 경험이 부족한 일본으로서는 커다란 혼란과 알력이 예상되며, 그러한 사태 속에서 자민족중심주의ethnocentrism를 강화할 가능성도 전망된다.

맺음말

여기서 다시 한 번 홉스봄으로 돌아가서 생각해 보자. 홉스봄의 20세기론은 어떤 의미에서는 두 차례의 세계대전의 경험과 사회주의 체제의 붕괴를 집필 동기로 하고 있으며, 또 다른 의미에서는 20세기 후반에 발생한 사회관계의 변용을 더 근원적인 문제관심으로 두었다고 할 수 있다. 후자는 "기록에 남아있는 역사상 최대의, 그리고 가장 급속하고 근본적인 전환"이다. 그것에 비교하면 '자본주의'와 '사회주의'의 대립의 역사조차도 장기적으로는 훨씬 한정된 차원에서의 관심대상이 되는 사상事象에 지나지 않는 것으로, 16, 17세기의 종교전쟁이나 십자군과 비교할 수 있을 정도라고 홉스봄은 말한다. 이 사회혁명은 농촌인구의 급감과 도시인구의 급증을 가져오고 교육 수준의 비약적인 향상을 가져왔다. 그러나 한편으로는 낡은 공동체적인 사회관계를 붕괴시켰으며 노동자 계급도 새로운 기술에 희생되어 사회집단으로서는 해체되고 그 독자적인 문화도 상실하였다.

한편 여성의 사회 진출이 현저해면서 주부의 취업률이 급증했다. 홉스봄은 특히 "문화혁명은 여성이 항상 중심적인 요소였던 전통적인 가족과 생계에서의 변화를 기축으로 하며, 또한 거기에 표현되고 있다"고 하여 가족과 생계에 분석의 초점을 둔다. 여기서 홉스봄이 구체적으로 설명하는 것은 가족과 그 규범의 붕괴인데, 그것의 또 다른 측면은 젊은 층의 문화가 무율법주의적으로 확대되어 욕망의 자기긍정이 일반화되었다는 점이다. 젊은이들은 습관과 억제에 반항했지만, 그것이 욕망의 자기긍정으로 귀착하여 대중소비사회가 의거하는 전제와 구별하기 어려워졌다는 것이 홉스봄의 견해다.

낡은 사회조직과 관행은 세계 대부분의 지역에서 급속하게 해체되고 있지만, 그래도 혈연과 공동체와 근린사회의 그물망이 존속한다는 것은 "인류의 대다수, 특히 가난한 사람들에게 있어서는 행복한 일이었다"고 홉스봄은 말한다. 또한 시장과 사적인 이익추구만으로는 "어떤 체제에게도 필요한 중심적 요소"를 결여해버린다. 근대 산업사회는 낡은 공동체와 가족의 가치에 크게 의존했음에도 불구하고 그것을 거의 자각적으로 인식하지 않는다. 전통사회에서 계승한 문화자산 없이 자본주의를 운영하는 것은 곤란하다는 점을 홉스봄은 재삼 강조한다.

이 책은 극히 비관적인 미래관으로 끝나고 있으나 그것은 사회주의국가의 해체와 복지국가의 후퇴 때문이 아니라, 이러한 사회적 결합관계와 규범의 해체, 방자한 욕망의 범람 등을 중시하는 데서 오는 것으로 보인다. 전자에 관해서는 사후의 지혜로 이해하고 재해석할 수가 있지만 후자에 관해서는 사회를 형성하는 기반의 붕괴, 즉 구제 불가능한 사태로 홉스봄의 눈에 비치는 듯하다. 그러나 이 부분의 서술에는 단락적으로 보이는 내용이 산견되기 때문에 몇 가지 특징적인 서술을 예시해본다.

(a) 록 음악 등의 청년문화 → 사적 욕망의 즉자적 긍정 = 소비사회와의 공통성
(b) 가사노동을 시장가격으로 계산하라든가, 임신 중절을 여성 개인의 '선택할 권리'라고 한다든가, 육아와 노인 보호를 공적 기관의 책임으로 하라는 등의 페미니즘의 주장 → 가족에 관한 독선적인 견해
(c) 정신 장애자의 병원에서의 '해방' → 형무소로
(d) 종교적 원리주의와 민족주의의 결합 → 파시즘과 유사한 것으로

예를 들면 (b)에 관해서 홉스봄은 가족 안에서 남편 · 아내 · 아이의 관계를 시장에서의 파는 사람 · 사는 사람의 관계와 어떤 의미에서도 비슷하지 않다고 보았다. 가족을 낳을 것인지 아닌지는 여성 개인의 '선택할 권리'만의 문제가 아니다. 육아와 노인 보호 등도 사회 문제화한다고 해서 끝나는 문제가 아니라고 한다. 이는 얼핏 보면 반페미니즘이라고도 할 수 있는 전통 옹호파의 입장을 취하는 것처럼 보인다. 이 가운데 가족노동에 관해서, 나는 노동이라는 것은 원래 생존 유지를 위한 공동체 안에서의 활동을 의미하며 가사노동은 노동의 이러한 본원적인 특징을 계승한다고 생각하기 때문에 결론적으로는 홉스봄의 의견에 찬성한다. 그러나 페미니즘의 가사노동론에는 논의 자체의 당부는 차치하고서라도, 거의 무자각적이고 사고의 블랙박스였던 근대 가족의 특징을 주제화한 점에 주요한 의미가 있는 것이 아닐까. 가족도 역사적인 것이라고 한다면, 가족의 내실이 변화하고 여성이 사회적으로 진출하는 것은 불가피하다고 생각하는데, 이 점에 관한 홉스봄의 문제의식은 고전적인 근대 가족관을 지나치게 전제로 삼고 있다는 인상을 준다. 또한 종교적 원리주의가 민족주의와 결합하여 현대 세계를 위협하는 비합리적인 마력이 되고 있다는 점도 홉스봄과 공유할 수 있는 인식이지만, 그것은 세계 각지의 가난한 사람들이 결합하는 형태의 중요한 내실이며 거기에는 현대 세계에 대한 엄격한 항의를 함의한다는 점을 간과해서는 안 된다. 광범위한 빈곤자들의 생활에 근거한 운동이 자본주의적 세계 시스템에 대한 대항운동으로서 전개하는 경우, 종교적 우주론에 근거를 두는 것은 거의 불가피한 일이다. 게다가 원리주의로 빠지는 종교 운동은 선진사회에서도 소외 상황에서 탈각하려는 지향성과 결부하고 있다. 또한 록 음악 등의 청년 문화에 관해서는 비평할 능력이 없지만 거기에는 대중소비사회에 대한 비판과 항의도 내포하고 있으며, 대중문화연구의 중요한 논제가 될 수도 있다.

자본의 논리는 국제화하는 시장경제라는 형태로 세계 구석구석에서 민중의 생활세계를 위협하여 긴장이 고조되고 있지만 그것에 대한 생활세계에서의 반응은 복잡한 형태를 띨 것이다. 이를 계몽주의적인 전통에 선 지식인의 입장에서 보면 비합리적이고 불길한 요소도 적지 않을 것이며, 홉스봄이 품고 있는 염세주의pessimism의 태반은 그러한 입장에 의한 개탄으로 보인다. 그러나 억압적인 힘에 대한 순응 · 저항 · 증오 등은 복잡한 사회의식의 갖가지 형태를 가지고 나타나며, 그러한 형태를 구체적으로 분석해야 한다고 보고 싶다. 낡은 인간관계도 단순하게 붕괴하고 있다기보다는 갖가지 형태로 재편성되고 있으며, 새로운 문화와 운동은 역시 계속해서 인간들이 사는 생활세계의 고유성을 표현할 것이다. 한편으로 홉스봄은 국민국가의 역할이 중요하다는 것을 강조하고 "새로운 세기에 있어서 인류의 운명은 공공권력의 부활에 달려있다"고 하고 있으나, 이러한 정치관 · 권력관에 의문을 제기하는 것도 가능할 것이다.

앞서 말했듯이 19세기 중반 이후의 근현대 세계사는 자본주의적 세계 시스템이 지구의 모든 지역에서 민중의 생활세계를 자본주의 시스템으로 포섭하고 재편성해 가는 과정으로 파악할 수 있다. 전쟁, 혁명, 전체주의 체제, 민족운동 등도 이러한 과정에서 발생했으며, 민중의 생활세계는 이러한 역사의 격동을 매개로 자본주의적인 세계 시스템 속에 포섭되어 간다. 이러한 과정 전체의 구동력은 자본주의이기 때문에 그것을 분석의 기축에 두는 것은 당연한 일이다. 그러나 그것은 시장원리와 이윤원칙이 우리가 살아가는 세계 전체에 간단하게 관철할 수 있다는 것을 의미하지는 않는다. 자본주의적 세계 시스템 속에 어떤 역사적 시점에서 어떻게 편입되었는지, 민족운동이나 국가형성과 자본주의 시스템을 어떻게 관련지을 수 있는지, 종교와 문화적 전통에 어떤 대항과 순응이 전개했는지 등의 여러 가지 조건이 그 사이에서 복잡한 역할을 하고 있으며, 이러한 제반 조건과 사정 속에서 역사적 세계의 구체상을 논해야 한다.

이러한 과정 전체의 한없는 복잡성에도 불구하고 나는 여기에 (1) 자본주의적 세계 시스템, (2) 민중의 생활세계, (3) 국민국가라는 세 개의 핵심적인 분석 차원이 존재한다고 생각한다. 전 과정의 구동력은 (1)에 있기 때문에 이 차원의 구체적 분석이 무엇보다도 중요하다. 그렇다고 해서 현재와 같은 국제화 속에서도 (1)이 (2)와 (3)을 일방적으로 규정할 수 있는 것이 아니라, (1)이 (2)와 (3)에 의해서 결국은 오히려 규정 당한다고도 말할 수 있다. 민중의 생활세계는 생존유지를 위한 공동성 원리를 바탕으로 존립하고 있으며, (2)는 이 원칙에 입각해서 (1)에 순응 · 대응 · 대항하려고 한다. 또한 (1)은 (2)의 생존유지 원칙을 어떤 형태로든 포섭함으로써 (2)에 대응하려고 한다. 그리고 우리들이 살아가는 세계를 추상적으로 표현하면 자본주의적 시장 시스템과 민중의 생활세계가 서로 대항한다고 할 수 있지만, 실제로는 교회 · 학교 · 지역공동체 등의 중간 단체와 그것이 만들어 내는 문화와 전통이 개재하여 (1)과 (2)의 사이를 연결하며, 구체적으로는 이러한 매개체를 사이에 두고 (1)과 (2)를 구체적으로 이해할 수 있다. 이때 법률을 제정하고 폭력과 강제력을 배타적으로 독점할 수 있는 국민국가가 (1)과 (2)를 매개하는 중간 단체 속에서는 특별한 중요성을 가진다. 제반 단체와 세력의 대항 · 순응 · 조정의 대부분은 국민국가 속에서 결정해 가는 것이므로 (3)의 차원이 또 하나의 분석 초점이 되는 것이다. 이것은 갖가지 국제기관과 EU 등의 국가 간 시스템이 중요한 역할을 해도 원리상으로는 전혀 변하지 않는다. 또한 (2)의 차원은 현대 일본과 같은 사회에서는 가족에게 과부하가 걸리고 있기 때문에 이 소론에서는 가족과 그것을 지탱하는 규범원리에 다소 중점을 두고 생각해 보았다.

이렇게 해서 세 개의 차원은 각각 이질적인 차원에서 전체적으로 현대 세계를 구성하며, 세 개의 차원은 각각의 내부에서 또한 제각기 복잡하게 나뉘고 있으나 이를 포괄하는 전체성으로서 근현대의 역사를 분석할 수 있다. 현대사회를 알기 위해서는 예를 들면 시장과 기업과 국가의 편성 방식과 인구, 종교, 교육, 가족, 대중문화를 분석해야 하지만, 병, 범죄, 무법자 집단 등도 중요한 사회현상이며 모두 위의 세 가지 분석 초점과 관련지어 서술할 수 있다.

최근에는 역사 연구의 객관성과 과학성에 대한 회의가 현저해지고 있으며, 그것은 또한 더 일반적인 가치상대주의나 허무주의nihilism · 냉소주의cynicism와 결부하고 있다. 나는 역사 연구를 자신의 입장성과 결부한다고 생각하기 때문에 단순하게 몰沒이데올로기적인 의미에서의 객관성과 과학성은 신봉하지 않지만, 그런 까닭에야말로 우리가 살아가는 세계의 전체성에 관한 의문이 자각적으로든 무의식적으로든 우리들의 탐구를 지탱한다고 생각한다. 위의 세 개의 분석차원 · 분석의 핵심으로 지적한 문제는 원래 제각기 한없이 복잡하게 분기한 문제군에 다름 아니다. 그러나 또한 개개의 구체적인 분석은 다소간의 매개를 거쳐 이 세계의 전체성에 비추어 봄으로써 비로소 그 의미를 명백히 하는 것이라고 생각한다. 구체적인 분석은 어떤 의미에서는 금욕적인 자기규정 위에 구축해야 하지만, 그러한 자기 한정과 서로 싸우면서 세계의 전체성에 관한 의문에 사로잡혀 살아가는 수밖에 없는 것이 역사가의 본성이라고 생각한다.

저자 후기

이 책은 패전 전후부터 현재에 이르기까지 일본의 학문과 사상을 다양한 관점에서 비평한 것이지만, 본문에서는 9 · 11 테러 이후의 상황에 관해서 직접 언급하지 않았기 때문에 새로운 사태에 대한 소박한 감상을 현시점에서 되돌아보는 것으로 '후기'를 대신하고자 한다. 물론 지금부터 말하는 것은 전문지식이 없는 제반 문제에 대한 언급이기 때문에 무지와 오해에 기인한 바가 적지 않겠지만, 세계적인 전체상황 속에서 일본의 문제를 어떻게 생각할 것인지에 대한 실마리를 나름대로 모색한 시도이므로 독자들의 양해를 바란다.

I

개인적 체험으로 이야기를 시작하고 싶다.

2003년 3월 20일 미국과 영국군의 이라크 침공이 텔레비전 임시뉴스로 전해지자 나는 침착성을 잃고 습관적으로 하던 독서에도 흥미를 잃었다. 상황의 대략적인 전개를 텔레비전에서 확인한 후 나는 점심식사를 마치고 일단 거리로 나가보기로 했다. 거리에는 평소처럼 사람들이 왕래하고 있었으며 전차 안 역시 평소처럼 사람들이 담소하고 있었다. 그러한 풍경은 조금 전에 막 보았던 폭격의 영상과 심하게 뒤섞여 모두 다 백일몽처럼 느껴졌다.

어디로 갈까하고 잠시 망설이다가 우선 미국 대사관 주변에 가보기로 했다. 지하철 도라노몽虎ノ門 역에서 내려 밖으로 나오자 주변 분위기가 일변했다. 여기저기에 경관들이 서 있었고 확성기 소리가 들리는 등 긴장에 휩싸여 있었다. 확성기 소리가 나는 쪽으로 걸어갔더니 가쿠마루파革マル派*의 소규모 시위대가 경관들과 대치하고 있는 현장에 당도했다. 잠시 이 낡은 데모 풍경을 구경한 후 미국 대사관 쪽으로 가자 경찰이 저지하면서 어디로 가는지 물어왔다. 뜻밖의 일이었기에 잠시 주춤했으나 그 길을 지나서 저 반대편으로 간다고 말하고 빠져나왔다. 거기서 100미터 정도를 지나자 미국대사관 정문을 기동대가 지키고 있었고 그 앞에는 100명 정도가 모여 항의 시위를 하고 있었다. 내 바로 앞에 있던 것은 학생 에코액션이라는 집단으로 그들은 "No War on Iraq" 등의 슬로건을 일제히 외치고 있었다. 뒤늦게 온 젊은 여성이 전단지를 돌리고 있던 동년배 여성에게 "오길 잘 했어. 혼자서 텔레비전을 보자니 눈물이 나잖아"라고 말했다. 나는 거기서 받은 작은 전단에서 내일 반전시위가 있다는 것을 알았다.

그 후 나는 국회의사당 주변으로 가려고 했는데 도중에 길을 잘못 들어 이리저리 헤매다가 히에신사日枝神社 앞으로 나왔다. 거기서 "그래, 나는 신도사神道史 연구자이지만 아직 히에신사를 본적이 없다"고 생각을 고쳐먹고 넓은 계단을 올라 신전 앞으로 나왔더니 국회의사당

---

* 일본 혁명적 공산주의자 동맹인 '혁명적 마르크스주의파'의 약칭. 신좌익세력의 하나로 중핵파(中核派)와 함께 최대 당파로 불린다. 중핵파와 가쿠마루파는 1963년까지는 '일본혁명적공산주의자동맹 전국위원회'의 같은 조직이었으나 노선의 차이로 분열하였으며 현재도 서로 '반혁명'이라며 격렬하게 대립하고 있다. 이 분열은 일본의 좌익사에서 '혁명적 공산주의자 동맹'(약칭 혁공동)의 제3차 분열로 불린다.

이 바로 눈앞에 보였다. 국회의사당 뒤편으로 돌아가니 거기에도 수십 명이 집회를 열고 있었고 조금 떨어진 곳에서는 단식투쟁을 하는 7, 8명의 그룹이 있었다. 3명 정도가 창백한 얼굴로 모포를 뒤집어쓰고 길바닥에 드러누워 단식투쟁을 하던 것으로 기억한다. 그리고 양 끝에 있던 두 명의 청년 가운데 한 사람은 피리를, 한 사람은 큰북을 연주하고 있었다. 단식투쟁을 하는 사람들에게는 말을 걸기가 어려워 호리병 모양의 큰북을 치고 있던 청년에게 말을 건넸다. 그는 자기는 단식투쟁하는 사람들의 동료가 아니며, 전부터 알던 사이도 아니라고 했다. 자신은 학생도 아니고 직업도 없으며 음악가가 될 생각도 없다, 앞으로 어떻게 해야 할지도 모른다며 약간은 초조한 듯이 말했다.

다른 곳도 몇 군데 시험 삼아 찾아보려 했지만 걷는 사이에 지쳤기 때문에 포기하고 돌아오는 길에 신주쿠新宿 역 동쪽 출구에서 도중하차했다. 거기서도 내일 열릴 시위를 알리는 몇몇의 사람들이 있었고, 내가 마지막으로 내린 주오센中央線 구니타치国立 역 앞에서도 시민들이 만든 조직으로 보이는 '이라크 공격 반대 운동 실행위원회'가 집회와 데모에 참석할 것을 호소하고 있었다.

이튿날 시바공원芝公園에서 열린 집회에는 많은 사람들이 모였다. 내가 도착했을 때는 이미 야외무대 앞 광장이 초만원이었다. 커다란 동원조직은 없지만 인터넷과 전화, 전단 등으로 집회와 시위를 알고 많은 사람들이 모였다. 주최 측에서도 예상하지 못한 모양이었다. 가까운 역에서 집회장으로 향하는 사람들은 아직도 이어지고 있었다. 주최 측도 참가자 수를 제대로 파악하지 못하고 나중에 참가자 수를 보고한다고 방송했다. 이후 이 집회에 참가한 인원은 5만 명으로 보고되었다. 아마도 이라크 침공에 반대하는 일본 국내 최대의 대중행진이었을 것이다. 2월 15일에는 전 세계 4백 개 도시에서 1천만 명 이상이

이라크 공격 반대 선전에 참가했다고 한다. 그것에 비하면 5만 명이라는 숫자는 그다지 대단한 것은 아니다. 그러나 또한 전쟁이 시작된 이튿날에 급하게 거대한 동원조직도 없이 사태를 우려한 사람들이 각자 본인의 자유의사로 모였기 때문에 그런 점에서 5만 명이 적은 숫자라고는 할 수 없다.

이 집회와 운동을 주최한 것은 '월드 피스 나우World Peace Now'라는 단체였는데, 우리가 받은 선전지에는 48개 단체가 '발기인 단체'로 적혀 있었다. 그 가운데는 '일본 소비자 연맹'과 '피스 보트Peace Boat'와 같은 유명한 운동단체도 있었는데, 명칭으로 보아 가장 특이한 것은 '게으름뱅이 구락부'였다. '모든 무기를 악기로'라는 단체도 있었는데, 나는 그들 뒤편에서 가두행진에 가담했다. 화려한 의상을 몸에 걸친 여러 명의 젊은이들이 이 단체의 선두에 섰는데, 그들은 큰북을 격렬하게 두드리면서

전쟁 반대 에에자나이카 에에자나이카*
전쟁을 안 해서 에에자나이카 에에자나이카

라고 외치며 행진했다. 그들은 자체 제작한 단체복을 입고 있었다. 그것은 과거 내가 편집해서 만든《주간 아사히백과 94 · 요나오시와 에에자나이카》안에 실린 도판 가운데 1839년의 '나비춤 그림'에서 힌트를 얻은 것처럼 보였다. 그들은 해산지 히비야공원에서 다시 둥글게 원을 그리면서 '에에자나이카' 춤을 추었다. 일본 민중사를 연구하는

* 원래 '에에자나이카'(좋지 않은가의 의미)는 메이지유신이 일어나기 직전인 1867년 8월부터 이듬해 4월에 걸쳐서 도쿄 서쪽 지역에서 광범위하게 발생한 집단적인 대중난무를 말한다. 그 원인에 대해서는 봉건 시대 말기에 변혁을 희구하는 민중의 욕구가 종교적 형태로 표현되었다는 설과 막부의 타도를 기도하는 세력들이 대중의 혼란을 정치적으로 이용했다는 설이 있다. 여기서는 이러한 역사적 사건을 패러디한 것으로 보인다.

한 사람으로서 나는 '에에자나이카'와의 예기치 못한 새로운 만남을 경험한 것이다.

'월드 피스 나우World Peace Now'는 4월 5일도 시위도 주최한다고 해서 참가할까 했지만 그날은 날씨가 춥고 비가 내려 단념했다. 일년 전에 나는 감기가 악화되어 폐렴에 걸리고 그 후유증으로 꽤 오랫동안 고생했기 때문에 이번에 다시 폐렴에 걸리면 문자 그대로 '무모한 노익장'이라고 생각하고 포기한 것이다. 그러나 머지않아 바그다드가 점령되고 전쟁이 끝나버려 사소한 건강문제 때문에 데모 참가를 포기한 것이 개운치 않았다.

며칠 후 4월 19일에 열린 데모에는 기꺼이 참가했지만 전쟁이 끝난 뒤라 그런지 데모 열기가 식어 있었고 사람 수도 적었다. 나는 지난번 행진에서도 뒤따라갔던 '모든 무기를 악기로'라는 단체의 뒤편에서 걷고 있었는데, 발걸음이 늦은 탓인지 어느새 뒤떨어져 민속 악기를 울리는 사람들 사이에 섞여 있었다. 그들 중에는 북을 세게 두드리는 건강한 젊은이가 있었고 그 북에는 '모계무녀 춤가락'이라는 글이 적혀있었다. 바로 뒤에는 같은 북을 두드리는 중년 남자가 오고 있었다. 나는 오키나와 악기냐는 전혀 엉뚱한 질문을 했다. 그는 이것은 니치렌종日蓮宗*에서 쓰는 북으로 자신은 조몽 신앙'**이지만 가볍고 편리하기 때문에 이럴 때에는 이것을 가지고 나온다, 앞에 가는 녀석은 아들이고 뒤에는 아내도 있다는 등의 이야기를 해주었다. 일가족 세

---

* 법화종이라고도 하며 가마쿠라 시대에 니치렌이 개창한 불교의 종파. '남무묘법연화경'의 제목을 주창하고 불법의 진수는 '법화경'에 있으며 이에 의해 구제를 얻을 수 있다고 주장했다.

** 일본에 농경문화가 들어오기 전의 약 1만 년 전부터 기원전 3세기경까지의 시대를 조몽 시대라 하며, 이 시대의 자연 숭배적인 원시 종교를 조몽 신앙이라고 한다. 최근에는 일본인의 정신구조의 뿌리가 이 시대에 있다고 보고 당시의 정신을 계승하자고 주장하는 사람들도 있다.

명이 비슷한 의상에 같은 북을 가지고 참가했는데, 세 명 가운데서도 가장 세게 북을 두드리면서 '전쟁 반대'를 절규한 사람은 그의 아내로 거의 신들리기 직전처럼 보였다. 이 여성의 진로를 살짝 피하면서 곁눈으로 관찰한 나는 과연 이것이야말로 '모계무녀 춤가락'이 딱 어울리는 명칭이라고 생각했다.

이런 종류의 집회 시위에는 대부분 기독교와 니치렌종의 사람들이 참가하는데, 말할 나위도 없이 그들은 전후 일본의 평화운동에 끈질긴 주역이었다. 이 밖에도 이번에는 마이트레야(미륵보살)*의 이동대사라는 영국인 벤쟈민 크렘이 일본에 온다는 내용의 전단지가 배포되었다. 전단지에는 미륵보살이 지금 런던의 아시아인 거주 구역에 살면서 서서히 모습을 나타내기 시작하고 있다는 등의 내용이 적혀있었다. 모든 미·영 연합군이 중동 지역에서 철퇴할 때까지 미국 제품에 대한 불매운동을 벌이자고 호소하는 사람들도 있었는데, 그 가운데 한 명은 영국 청년이었다. 오늘날과 같은 국제화 시대에 그러한 것이 어떻게 가능할까 하고 나는 놀랐다. 헌법 9조를 지키고 유사법제에 반대하는 각지의 단체, 여성의 권리와 환경을 지키는 운동을 추진하는 단체 등, 시민운동의 갖가지 단체가 참가한 것은 말할 나위도 없다.

나는 1960년 6월 18일에 있었던 안보투쟁 마지막 날 시위에 교토에서 심야열차를 타고 상경해서 참가한 적이 있는데, 그 때에 비하면 이번 운동의 규모는 훨씬 작다. 그러나 현대의 이러한 대중운동에는 젊은이들을 중심으로 당시와는 달리 훨씬 다채롭고 풍부한 감수성을 표현하는 것처럼 보였다. 60년대 투쟁에서의 '안보조약 개정저지 국민회의'나 '전학련(전일본 학생자치회 총연합)'과 같은 조직은 존재하

---

* 석가모니의 뒤를 이어 57억 년 후에 세상에 출현하여 석가모니가 구제하지 못한 중생을 구제한다는 미래의 부처.

지 않기 때문에 대규모 동원은 할 수 없지만, 그만큼 작은 집단과 개인의 창의를 발휘해서 전쟁에 반대하는 갖가지 생각과 감성을 생생하게 표현하고 있었다. 예를 들면 반전 물품이라는 말을 나는 처음으로 들었는데, 그것은 커다란 동원조직이 없기 때문에 현수막 같은 것은 준비하기 어렵다는 것을 알고 모두가 작은 팻말이나 완장, 띠 등을 궁리해서 가지고 나오도록 호소하는 생소한 일본어였다. 또한 나는 위기적인 비상사태 하에서는 넓은 의미에서의 종교적 · 우주론적인 것이 중요한 역할을 한다고 주장해 왔는데, 그런 의미에서 앞서 말한 '에에자나이카'와 '모계무녀춤가락'에 크게 매료되었다.

장기간 근무한 국립대학을 정년퇴직한 후 나는 다른 대학에 취직하지 않고 프리타를 자칭하면서 자유로운 생활을 보내고 있지만, 와세다대학 대학원에서 일본 문화론 세미나를 담당하는 것이 유일하게 공적인 일이다. 그 세미나의 회식자리에서 나는 약간은 득의만연하게 방금 말한 시위 경험에 관해서 이야기한 모양이었다. 갑자기 이야기 도중에 한 학생이 그런 걸 한다고 전쟁을 막을 수 있느냐는 날카로운 비판을 가해왔다. 전쟁을 막는 유효성은 별도로 하더라도 목숨을 걸고 싸우는 결의 없이 데모에 참가하는 걸로 자신도 반전운동에 참여한 것처럼 생각하는 따위는 자기만족에 지나지 않는다, 선생님과 같은 비판적 입장의 지식인은 그러한 자기만족과 자기기만으로 연명해 온 것이 아닌가. 그가 직접적으로 나를 공격하지는 않았지만, 그의 불평을 부연해 보면 이런 식이었다. 나는 논쟁을 싫어하지는 않지만 약간은 득의만연하게 지껄인 탓도 있고 갑자기 허를 찔린 듯하여 낭패감을 느꼈다.

'월드 피스 나우W.P.N.'는 비폭력과 특정한 정치적 입장을 운동에 연관시키지 않는다는 두 가지 원칙에 입각한 참가 단체들의 느슨한 연합조직이다. 우리들의 집회에서는 일본 공산당과 사민당의 선전물도 눈에 띄었으나 이들 정당의 두드러진 활동이나 홍보는 우리 눈에 들어오지 않았다. 또한 집회는 사전에 경찰 측과 면밀하게 논의한 후에 진행되었기 때문에 시위대는 거의 도중에 서는 일 없이 교차로도 쉽게 빠져나가 원만하게 행진할 수 있었다. 그것은 다시 말하자면 경찰의 관리 하에 안전을 담보로 우리들의 분노와 슬픔을 극히 일부분밖에 표현할 수 없는 그런 형태였다. 3월 21일의 경우 시위 참가자는 미국 대사관으로 몰려가서 항의하려는 생각도 했겠지만, 우리는 미국 대사관이 멀리서 바라보이는 길을 서둘러 지나갔을 뿐이었다. 어젯밤 미국 대사관 앞에서 몇 명인가 체포되었다고 전하는 사람들도 있었지만 체포자가 나오는 그런 행동양식과 구별되게 우리들의 행진은 만들어졌다. 이러한 행동양식에 불만을 가진 사람들이 있는 것은 당연한 일이었다. 4월 5일에는 "참가자 한 사람 한 사람의 생각을 있는 그대로 표현하는 퍼포먼스"로 주최자 측의 '빈축을 산' 단체도 있었다는 것을 나중에 전단지를 통해서 알게 되었다.

그러나 내가 보기에는 하나하나의 운동이 우리들의 비판과 분노의 일부분 밖에 표현 될 수 없다는 것은 너무도 당연했다. 우리는 사회적인 것에 관해서 자기 나름의 사물에 대한 인식과 감수성을 일상적인 삶의 방식과 평소의 일을 통해서 서서히 만들어 내고 표현한다. 그것은 신체감각이나 인격 등으로 구체화되고 정착되어 우리는 그 무언가가 되어 간다. 서서히 다양한 방식과 매개적으로, 좌절과 굴욕도 어떻게든 견뎌내고, 생애를 걸고, 시위도 평소의 학문 연구도 그런 과정의 작은 한 장면 한 장면을 이룬다. 이러한 생각을 나는 젊은이들에게 전하고 싶었던 것이다.

2

경솔한 일이라 부끄럽지만 9 · 11 테러가 텔레비전 뉴스에서 전해졌을 때 나는 "흠 , 역시"하고 생각해 버렸다. 이슬람 원리주의 세력이 미국의 중심부인 뉴욕과 워싱턴에 테러 공격을 가한다는 것은 나로서는 가장 상상하기 쉬운 일이었기 때문이다. 그래서 그날 밤 나는 텔레비전 화면에 잠시 눈을 돌렸을 뿐 곧바로 잠들어 버렸다. 그런데 한밤중에 눈을 떴을 때 잠들기 전에 본 텔레비전의 영상이 머리에서 떠나지 않았다. 평소에는 그런 일이 없었지만 나는 다시 일어나 텔레비전을 켰다. 나중에는 다른 사람들처럼 반복되는 영상을 몇 시간이나 보면서 이상한 기분이 들었다. 물론 거기서 본 것은 내가 가지고 있던 테러에 대한 선입관과는 전혀 다른 놀랄 수밖에 없는 것이었다. 나는 최근의 테러 동향에는 무지해서 테러라면 사쿠라다몬가이의 변桜田門外の変*이나 알렉산더 2세의 암살과 같이 일종의 결의에 가득 찬 지사적인 사람들이 권력의 정점에 선 인물을 일거에 쓰러트리는 사건 정도로만 생각했다. 그러나 권력을 장악한 사람들의 경호가 삼엄해지고 이러한 테러가 불가능해지면서 사회적인 알력이 별도의 돌파구를 추구하여 폭력은 일반인을 무차별 대량 살인하는 방향으로 향했던 것이다.

9 · 11 사건의 영상을 보고 내가 최초로 느낀 것은 실행범들의 결연한 의지였다. 그런 일을 실현하기 위해서는 치밀한 계획성, 고도의 기술, 강한 단결력, 자기희생을 마다하지 않는 높은 정신성, 그리고 이러한 것들을 지탱하는 지속적인 의지 등이 불가결하다. 그런 점에서

* 1860년 3월 3일 에도막부의 실권자 이이 나오스케(井伊直弼)가 에도 성 사쿠라다문 앞에서 18명의 존왕양이파 지사들에게 암살당한 사건. 이이 나오스케가 천황의 칙허를 얻지 않은 채 미국과의 화친조약에 조인하고 장군 후계자 문제를 둘러싸고 존왕양이파를 탄압했다는 것이 원인이 되었다.

뛰어난 능력을 가진 유능한 젊은이들이 우리가 사는 이 세계에 자신의 생명을 던져 목표를 정한다는 것은 얼마나 무서운 일인가. 나는 바로 그 점에 전율을 느끼지 않을 수 없었다. 또 한 가지, 일반인을 무차별로 죽인다는 점에서 실행범들은 주저하기도 했겠지만, 그 주저함을 뛰어넘게 한 것은 무엇일까. 그것을 광신과 허무주의라고 부르는 것은 그들의 내면에 맴돌고 있는 부정에 대한 분노와 자기희생에 대한 결단을 보지 않으려는 자기방위의 심리적 기제일 가능성이 높다. 또한 일부의 보도는 9 · 11 사건에 환호한 사람들, 그것이 이스라엘의 짓이라고 믿는 사람들, 빈 라덴을 숭배하는 젊은이 등에 관해서도 전했는데, 우리 일본인의 일반적인 감각과는 전혀 다른 이러한 보도를 통해 현대에 관한 일종의 진실이 전해지고 있다고도 생각할 수 있다.

노암 촘스키는 9 · 11 테러를 "아마도 사상 최악의 무서운 잔학 행위였다"고 하면서도, 이번 사건이 중요한 역사성을 가지는 이유는 "총구가 향해지는 방향"이 반대편으로 바뀐 점이라고 지적했다. 촘스키에 의하면 미국 본토가 직접 공격을 받은 것은 1814년 영국군에 의한 워싱턴의 초토화 된 이래 처음이다. 흔히 예를 드는 진주만은 미국의 식민지에 있던 군사기지에 대한 공격이지 본토에 대한 공격은 아니었다. 촘스키는 많은 사례를 들고 있지만 미국에서 보면 살육은 모두 외국에서 행해졌으며 살해된 것은 언제나 다른 나라 사람들이었다. 이번 사건에서 처음으로 총구가 반대 방향으로 향해졌기 때문에 미국과 유럽에서의 충격이 얼마나 큰지는 잘 알겠지만, "그러나 세계 대부분의 사람들은 다른 시각으로 보고 있다. 잔학 행위의 희생자에 대한 동정이 부족한 것도 아니고, 공포를 느끼지 못하는 바도 아니다. 그것은 어디서나 같다. 그러나 대부분의 사람들은 다른 각도에서 보고 있는 것이다"라고 한다. 민간인의 살육에 관해서는 예를 들면 니카라과에서 미국은 국제법정의 판결과 유엔안보리의 결의를 무시한 채 단독 행위로 니카라과 군과의 위험한 전투를 피하고 무방비 상태의 민간인을 표적으로 택했다. 촘스키가 말했듯이 '불량 국가'란 무엇보다도 미국이었으며 "테러는 기본적으로 강자의 무기"였다. 테러가 약자의 무기라는 것은 강자가 "자신의 테러를 테러로 간주하지 않기 때문"이다.[1]

한편 에드워드 사이드의 경우에는 논의의 방향이 상당히 다르다. 그는 9 · 11 테러를 "소수의 광신자가 범죄적인 의도에서 바보 같은 계획을 생각한" 것으로, 2개월 가까운 총격전 끝에 신자 80명이 집단 자살한 브랜치 다비디안Branch Davidian 사건*과 짐 존스의 종말관에 의거한 '인민사원' 사건**, 그리고 일본의 옴진리교 사건*** 등과 유사한 컬트 집단에 의한 범죄사건으로 본다. 팔레스타나의 자폭테러에 관해서 사이드는 "적어도 이해할 수는 있다"고 하지만 그것은 역시 부도

* 기독교계 컬트 교단의 하나. 1993년 4월 19일 미국 텍사스주 와코의 교단 시설에서 51일간 농성하면서 FBI와의 총격전 끝에 신자 80명이 동반 자살한 사건. 현재의 검증으로는 FBI의 실수로 인해 신자들을 자살로 몰아갔거나, 화재에 휩싸여 죽었다고 보는 견해가 유력하다.

** 세계 최대의 집단 자살극으로 알려진 사건. 미국의 목사 출신 짐 존스가 신도 1천 2백 명을 데리고 남미 북부의 가이아나로 가서 '존스타운'을 건립하고 차별철폐, 인종화합을 이상으로 내세웠으나 그 이면에는 노동착취, 재산 약탈과 성폭력, 이탈에 대한 위협이 존재했다. 1978년 미 하원의원 레오 라이언과 취재진이 실상 조사를 위해 존스타운에 갔을 때 일부 신도들이 그들과 함께 떠나기를 원했고 비행기에 탑승하는 이들에게 기관총 세례가 쏟아져 라이언 의원 등 5명이 사망했다. 11월 20일 가이아나 정부군이 현장을 급습했을 때는 집단 자살한 914명의 시신만이 남아 있었다. 어린이 등 대부분의 신도들은 청산가리를 탄 음료를 마셨고 저항한 일부는 총살되었다. 현장에서 탈출한 교주의 고문변호사에 따르면 존스가 "종단투쟁의 일환으로 집단 자살하는 아름다움"을 역설했다고 한다.

*** 일본의 컬트 교단으로 1984년 개장한 요가도장 '옴의 회'를 개칭한 '옴 신선의 회'를 모체로 아사하라 쇼코(麻原彰晃)에 의해 도쿄 시부야에서 설립. 1989년 종교법인으로 인증되었다. 옴이란 인도 종교에서 따 온 말로 우주의 '창조', '유지', '파괴'를 의미하며 이를 합쳐서 '무상'을 의미하는 것으로 해석된다. 교단의 구성원이 마쓰모토 사린 사건과 사카모토 변호사 일가족 살해사건, 지하철 사린사건 등의 테러에 관여한 사건을 옴진리교 사건이라고 한다.

덕하고 그릇된 방식이며, 종교와 거리를 둔 '공생'의 논리를 모색해야 한다고 한다. 9 · 11 테러는 사이드의 주장과는 전혀 반대로 "거기에는 일종의 난해하고 악마적인 성격의 정신이 작용하고 있어서 대화와 정치조직, 신조 등에 대한 관여를 일체 거절하는 것이다. 실행하는 것만이 목적이었고, 잔학한 파괴 행위였다"고 한다. 사이드는 이 공격에 관한 범행 성명이 어디서도 나오지 않고 있다는 점도 그러한 성격을 표현하고 있다고 한다.2)

9 · 11 테러는 세계무역센터 빌딩과 펜타곤을 습격한 것이므로 그 상징적인 의미는 분명하지만, 범행 성명이 나오지 않은 것은 나도 기묘하게 생각되었다. 그러나 부시 정권은 빈 라덴과 알카에다의 범행이라고 단정하여 약 1개월 후에 아프가니스탄 공폭을 개시했다. 밥 우드워드의 《부시는 전쟁 중》은 9 · 11 테러 이후의 부시 정권의 동향을 상세하게 보고한 책이다. 이 책을 읽으면 부시정권이 사건 직후부터 빈 라덴과 알카에다에 의해 일어난 것이라는 것을 전제로 논의하고 행동하며, 그들에게 있어서의 문제는 단지 어떻게 해서 빈 라덴과 알카에다를 공격할 것인가, 이라크도 공격대상으로 할 것인가 등의 공격대상과 순서에 한정되었다는 것을 알 수 있다. 이 때 이상하게도 부시는 9 · 11 테러에 대한 빈 라덴과 알카에다의 관여를 구체적인 증거에 의해 인식한 것이 아니다. 또한 그들은 그런 인식이 필요하다고 조차 생각하지 않았던 것 같다. 파웰 국무장관은 빈 라덴과 알카에다를 공격하는 근거를 외국에 설명하기 위한 '백서'가 필요하다고 생각했다. 그러나 럼스펠드 국무장관은 이에 반해서 "국가안전보장에 관련한 군사행동의 결정은 종종 극히 작은 증거에 의거하며, 이러한 증거는 법정에서 전혀 통용되지 않는 경우도 있을 수 있다. 백서를 내는 것은 자신의 목을 조이는 것과 같다"고 주장했다고 한다.3)

공폭 개시 직전에 카타르의 위성 텔레비전국 알자지라에서 방영된 빈 라덴의 성명은 "신은 미국을 파괴한 무슬림의 첨병들을 축복하고 그들을 천국으로 이끌었다"고 했다. 이는 분명히 9. 11 테러를 지지하는 것이지만, 자신과 알카에다가 사건에 관여했다는 것을 직접 시사하는 것은 아니다. 빈 라덴이 사건 계획을 처음 알게 된 것은 사건이 발생하기 일주일 전이라고 전해지고 있으며, 그 후에도 9 · 11 테러에 대한 빈 라덴의 관여는 밝혀지지 않고 있다. 명확한 근거를 나타내는 일도 없이 저렇게 전쟁이 시작된 것에 대하여 그 후의 이라크 침공을 포함하여 커다란 놀라움과 분노를 느끼지 않을 수 없다.

빈 라덴의 성명은 이슬람 원리주의적인 말로 명시되어 있었지만, 한편으로는 "(원폭이 투하된) 일본을 비롯하여 전 세계에서 수십만 명이 죽어도 미국은 이를 범죄라고 하지 않는다"고 하여 우리도 잘 이해할 수 있는 보편주의적인 측면을 포함하고 있었다. 이라크와 팔레스타인에서는 지금도 많은 사람들이 죽어가고 있는 데도 그것은 직시하지 않고 미국의 사건에 관해서만 슬픔을 표명하는 너희들은 위선자라고 하는 것이 빈 라덴의 경고이다. 빈 라덴은 약간 가라앉은 조용한 목소리로 그런 말을 하고 있었다. 그것은 아마도 하나의 영상으로서는 부시의 연설 따위를 훨씬 능가하는 효과를 가지는 것이었다. 그 때문에 이것이 방영된 직후에 라이스 대통령 보좌관은 빈 라덴의 성명을 방영할 때 그것이 "적절한 영상인지 아닌지 판단해 주기 바란다"고 미국의 텔레비전 각 방송국에 요청했다. 파웰 국무장관도 알자지라에 관해서 "신랄하고 무책임한 성명에 너무 긴 시간을 들인다"고 불만을 표명했다. 결국 미국의 텔레비전 각 방송국은 라이스 보좌관의 요청에 대체로 동조하였다.

9 · 11 사건에서 1개월도 지나지 않는 사이에 부시 정권은 아프가

니스탄 주변국을 비롯하여 세계 각국에 압력을 넣어 전쟁 준비를 추진했다. 그러나 탈레반 정권과 알카에다는 이슬람 국가들에 대해서 의용군을 호소하는 것 외에는 별다른 외교적인 수를 두지 않는 듯 보였다. 그 후의 경위에서도 분명하였고, 또 그 시점에서도 용이하게 예측할 수 있었듯이, 본격적인 전투에서 그들은 미군에 대항할 방도가 없었으며, 백만 명을 단위로 하는 난민과 국토의 황폐를 예상하고 있었다. 국토를 황폐하게 만드는 전쟁을 막연하게 기다려서 좋을 리 없지만, 이런 사태에 대한 탈레반과 알카에다의 대응은 전혀 대책도 없는 정치적 무책임으로 비쳤다. 나는 빈 라덴이 자신의 개인적인 판단으로 간단한 성명을 남기고 뉴욕이나 워싱턴을 향해 혼자서 출국하는 것이 좋겠다는 망상을 했다. 그렇게 하면 빈 라덴은 군사재판에 회부되어 처형당할지도 모르고, 입을 막기 위해서 암살당할지도 모른다. 그러나 그렇게 해서 빈 라덴이 스스로를 미국과 국제사회에 내밀면 아프가니스탄 침공의 구실이 사라질 뿐만 아니라, 빈 라덴의 성명을 해석하는 과제가 미국과 서측 사회에 부과될 것이다. 빈 라덴의 성명이 아무리 극단적인 이슬람 원리주의의 용어로 가득 차 있다고 하더라도, 자신의 생명을 서측 사회에 '희생'으로 제공하면 그는 자신의 죽음과 그 이념의 보편적 측면을 '상징 교환'한 셈이 될 것이며, 그가 스스로 선택한 죽음의 의미를 생각하는 것은 서측 세계를 포함하여 세계 전체의 과제가 되고 도의가 될 터이다. 이는 곧 지는 것이 이기는 것이며, 이렇게 해서 세계에는 희미하게나마 열린 대화의 기회가 생겨 보편주의적인 도의의 싹이 자라고 전 세계에 빈 라덴 협회와 같은 것이 생길지도 모른다. 게다가 왠지 쓸쓸한 듯이 낮은 음성으로 말하는 텔레비전의 빈 라덴은 골고다 언덕으로 자신을 벌하기 위해 십자가를 지고 올라간 그 사람과 풍모가 닮지 않은 것도 아니었다. …… 이것이 9·11

사건 이후 한동안 내가 사로잡혀 있던 망상이었다.

3

9 · 11 사건 이후의 사태에 대응하는 여러 입장 가운데 첫째는 지금 필요한 것이 테러와의 단호한 전쟁이며, 부시는 이 전쟁을 마지막까지 싸워 승리한다는 입장을 취했다. 부시는 "테러와의 전쟁에서는 누구나 우리 편 아니면 적, 둘 중의 하나다"라고 하여 우리들에게 선택을 강요하고 세계를 결코 서로 받아들일 수 없는 이원적인 적대관계로 몰아갔다.

제2의 입장은 9 · 11 사건은 빈 라덴과 알카에다의 범행이라는 점에서는 제1의 입장과 공통된 인식에 서면서도 군사공격에는 반대하여, 유엔을 중심으로 아프가니스탄에 대하여 제재조치를 취하고 빈 라덴 등에 대한 재판과 처벌을 요구하는 것이다. 이는 미국과 일본의 양심적인 비판적 지식인이라고도 할 수 있는 사람들에게 흔히 보이는 견해인데, 여기서는 일본 공산당의 경우를 예를 들어보자. 일본 공산당의 경우 앞서 예를 든 빈 라덴의 성명을 그와 알카에다가 사건에 관여했다는 것을 스스로 뒷받침한 것으로 보고 이를 근거로 "유엔으로서 이번 테러 사건에 대한 빈 라덴의 용의를 공식으로 확인하여 그 신병인도를 탈레반에 요구"하고, 또한 빈 라덴 등에 대한 재판과 아프가니스탄에 대한 경제제재도 실행하자고 한다.[4] 그러나 빈 라덴의 성명은 과감한 자폭 공격을 칭찬하는 것이기는 하지만 그것만 가지고 빈 라덴이 스스로 사건에 관여한 것을 '뒷받침했다'고 까지는 말할 수 없지 않을까. 이런 파악 방식에는 서방사회 특유의 선입관이 들어있어서 현실인식과는 동떨어져있을 가능성이 크다.

제3의 입장은 제2의 입장과 어느 정도 겹치지만 역시 군사행동에는 반대하며 넓은 의미에서의 대화와 상호이해를 요구한다. 여기서는 사이드의 견해를 염두에 두고 있으나, 사이드는 9 · 11 사건을 극소수의 광신자들에 의한 범죄로서 파악하기 때문에 이 사건을 이러한 사람들의 범죄로서 추급하고 처벌해야 한다는 주장이 될 것이다. 그러나 9 · 11 사건과 빈 라덴, 알카에다와의 관계에 관해서는 신중하게 유보하고 있으며, 그런 점에서는 제2의 입장과는 다르다는 인상을 받았다. 그러나 "양심과 상호이해의 공동체야말로 장기적인 안목에서 볼 때 이 세계의 희망이 주로 머무는 바이다"라고 한 것은 좋다 치더라도, 테러리스트들을 광신, 범죄, 부도덕이라고 단죄하면서 거기에 어떠한, 누구와의 상호 이해의 대화가 가능하다고 하는 것일까. 사이드가 주장하는 '새로운 '**비종교적**'인 아랍 정치'(강조 역서)는 그것이 가능하다고 하더라도 지금은 여전히 훨씬 먼 미래에 대한 몽상이라는 생각이 들었다.[5)]

네 번째는 촘스키의 입장이다. 촘스키는 빈 라덴의 주장은 장기적으로 일관하며 "그의 말을 진지하게 받아들일 이유가 충분히 있다"고 명쾌하게 말한다. 빈 라덴은 극단적인 이슬람 원리주의를 추구하는 경향이 있으며 그런 점에서는 거의 지지를 얻지 못하고 있다. 그러나 그는 부패하고 억압적인 아랍의 권위주의 정권을 공격하고 전 세계에서 이슬람 교도를 권력의 공격에서 지키려는 것이며 그런 점에서 그는 많은 사람들에게 지지를 받는 것이다.[6)] 촘스키가 '불량 국가'라고 부르는 것은 바로 미국이며, 그는 미국 제국주의 비판에 초점을 맞추고 있기 때문에《'불량 국가'와 새로운 전쟁》에서는 9 · 11 사건 실행범에 대한 언급이 적다. 그러나 그 입장은 이슬람 원리주의에 대해서는 커다란 거리를 두면서도 빈 라덴의 성명과 현대세계의 구조인식으로서는 호응하고 있다는 말이 된다.

이상으로 9·11 사건 이후의 사태에 대항하는 네 가지 입장을 구별해 보았다. 일본에서는 논단이나 언론, 국민의식의 차원에서도 제1의 입장에 약간의 위구를 표명하면서도, 미국의 일국중심주의를 현대세계의 추세로 받아들이고 그 틀 안에서 국익을 확보하라는 식의 '현실주의'적인 풍조가 유력했다. 그러한 네오콘 현실주의를 비판하는 입장의 경우에도 빈 라덴과 종교적 원리주의를 폭력, 광신, 범죄 등으로 거부하는 것이 일반적이었다. 대부분의 논자가 대화와 상호이해를 추구하고 국경과 종교를 초월한 공공적 정의와 보편적 도덕이 중요하다고 생각하고 있으며, 그 자체에 대해서는 나도 이의가 없다. 그러나 적대하는 사람들을 폭력, 광신, 범죄라고 단정해 버린다면 우리는 대화와 상호이해의 가능성을 스스로 차단하는 결과를 불러온다. 그런 점에서 서방세계의 담론과 의식 상황은 거의 무자각적으로 하나의 폐색공간을 만들어 내고 있으며, 그것이 네오콘 현실주의가 횡행하는 전제가 되는 것이다.

내 생각으로 테러리즘의 형태를 취하는 최근의 갖가지 운동이 주장하는 골격은 대개의 경우 세속사회의 논리로 생각해도 용이하게 이해할 수 있다. 그것은 종교적 우주론적인 것으로 사물을 보는 방식과 결부하여 의미를 부여하고, 타협을 허용하지 않는 세계관적인 신념으로 일반화·원리화 한다는 중요한 특징을 가진다. 현실사회 속에 있는 구체적인 쟁점은 이렇게 해서 확신적인 것으로 사람들의 마음속에 내면화된다. 이러한 과정을 거쳐 수염을 기른다거나 스카프를 두르는 것도 특별한 의미를 가지게 되며, '코스믹 전쟁cosmic war'(율겐스마이어)의 내실이 된다. 자본주의적 세계 시스템이 민중의 생활세계를 이윤을 내는 공간으로서 일방적으로 편성해 가면, 수탈당하는 생활세계에서는 코스믹한 원리에 의거한 대항운동이 발생한다. 실제 문제로서 1970년대 중반을 경계로 재종교화라고도 말할 수 있는 현상이 세계적으로 나타나고 있다. 여기서 재종교화의 내실은 근대적인 정교 분리를 전제로 한 신교의 자유를 사적으로 향유하는 것과는 그 원리를 달리하여 종교 원리주의로 강하게 경사한 것이었다.[7] 이 재종교화는 자본주의적인 세계 시스템 속에 형성되어 가는 구조적인 불균형에 대응하고 있어서 억압된 지역이나 사람들 사이에서 가장 활발해지고, 종교가 일반 민중의 폭넓은 공감을 불러일으키는 매체가 되었다.

마크 율겐스마이어Mark Juergensmeyer의 《세계화 시대의 종교와 테러리즘》[8]은 이러한 재종교화 시대에 종교와 테러리즘이 밀접한 관련을 가지고 있다는 것을 세계 각지의 다양한 사례를 들어 종교사회학적으로 분석한다. 율겐스마이어가 들고 있는 것은 미국의 복음주의, 유태교, 이슬람교, 시크교 등에서의 원리주의적인 급진파이며 옴진리교도 중요한 사례로서 주목한다. 율겐스마이어는 적극적인 미국인 학자로 전 세계를 돌면서 이러한 운동의 간부급 인물들과 인터뷰하여 그것을 중요한 정보로 이용하여 입론하고 있으며, 우리는 이 책에서 많은 것을 배울 수가 있다. 이 책의 초판은 2000년에 나왔는데, 9 · 11 테러 이후 새로운 정보와 분석을 담은 개정판이 나왔다. 개정판은 9 · 11 테러의 충격을 배경에 두고 "실행범이 누구든, 도대체 왜 그런 행동으로 치달았는가"하는 의문에 답하고자 했다고 한다.

율겐스마이어는 "종교는 현행 사회질서에 대신하는, 사물을 보는 방식을 낳는 원천을 제공할 만큼의 힘을 가지고 있으며" 따라서 왜 그런 행동이 발생하는가를 종교적 사고와 관련지어 '이해'하는 작업이 반드시 필요하다고 한다. 이러한 문제 설정은 나도 납득할 수 있다. 그러나 율겐스마이어가 구체적인 분석에서 도출하는 결론은 이들의 테러 사건은 특정한 정치적 이익과 전략적 목적을 지향하는 것이 아니라, "오히려 종교의식이나 가두연극과 마찬가지로 그러한 것들은 영향을 미치는 대다수의 관객에게 충격을 주는 것을 기도한 드라마"[9]라고 한다. 여기서는 '극적인 사건'(강조 역서)으로서 화려하게 연출되는 것 자체가 목적이기 때문에 예를 들면 9 · 11 테러에 관한 범행 성명도 낼 필요가 없었던 것이라고 한다.

율겐스마이어의 해석은 인류학적인 상징분석의 수법을 채용한 것이지만, 지나치게 형식주의적으로 일반론을 추출하고 있어서 긴요한 문제를 얼버무린다는 인상이 남는다. 분명 이들 사건은 상징적 공격을 한 것이다. 그러나 그것은 폐색된 상황 속에서 돌파구를 모색하여 감히 선택된 전략적 상징행위였다. 세계무역센터와 펜타곤에 대한 공격이든, 오클라호마 연방정부 빌딩의 폭파(1997년)든 누구라도 이해할 수 있는 명확한 상징적 이데올로기를 가지고 있으며, 거기에 담겨있는 이데올로기적 함의야말로 '이해'를 위한 초점이 되어야 하지 않을까. 율겐스마이어는 이러한 이데올로기에 관한 해석을 피하고 있으며, 연극성이라는 말은 몰가치적인 일반화를 이끌어내기 위한 개념장치로 사용하고 있다.

또한 나는 율겐스마이어가 옴진리교의 지하철 사린사건을 9 · 11 테러와 팔레스타인의 자폭 테러 등과 같은 차원에서 취급하는 것에서도 의문을 느낀다. 도쿄라는 대도시의 한 가운데에서 무차별한 살인테러를 시도했다는 점에서 지하철 사린사건은 9 · 11 사건과 닮았을지도 모른다. 그러나 옴진리교에 관해서는 시마조노 스스무島薗進와 시마다 히로미島田裕巳 등에 의한 이 교단의 교리와 수행법, 교단사 등에 입각한 주도면밀한 연구가 있으며, 이러한 연구를 참조할 때 양자의 유사성은 그 극히 작은 부분에 지나지 않는다는 생각이 들었다.

그런데 율겐스마이어는 종교와 결합한 테러리즘 문제에 어떻게 대처해야 할 것인가를 논하면서 이 책을 끝맺는데, 거기에는 다섯 가지 가능성이 있다고 한다. 예를 들면 제1의 시나리오는 힘의 행사에 의해 해결을 꾀하는 부시식의 전략이다. 이러한 전략이 유효한 것은 적을 명확하게 알고 있어서 특정한 지역을 봉쇄하는 경우라고 지적한다. 그리고 다섯 가지 시나리오를 순차적으로 검토하면 결국은 도덕적인 차원에 의한 해결책이 가장 유효하다고 한다. 즉 "세속 정부가 종교에 관련한 가치를 포함하여 도덕적 가치를 받아들이는 일"을 결론으로 내리고 있다. 이는 정통적인 유일한 방책이라고 나도 생각한다. 그러나 그러한 결론은 종교적 테러리즘에서 악마적이라고 할 수 있는 연극적인 힘의 과시를 읽어 낸다는 이 책의 기본적인 취지에서는 도출되지 않는 것이 아닐까? 얼핏 현대사회에 있어서 종교와 테러리즘의 결합이라는 문제를 정면에서 체계적으로 다룬 것처럼 보이는 율겐스마이어도 결국은 핵심적인 문제군의 문 앞에서 멈추어 버린 듯 하다.

4

현대 세계에서는 어딘가에서 테러사건이 발생하면 그 흑막을 추구하고 국제적인 테러조직이 그 원흉이라고 보는 것이 일반적이다. 9 · 11 사건은 빈 라덴과 알카에다가 일으킨 사건으로 간주하고 그것을 근거로 저 아프가니스탄을 침공한 것이며, 이라크 공격도 처음에는 사담 후세인과 알카에다의 결부라는 있을법하지도 않는 이유를 근거로 댔다. 그러나 폭력 사건의 배경에 국제적이고 대규모의 강력한 음모집단과 같은 것을 상정하면 테러리스트 실행범의 실상을 왜곡하게 될 수도 있다. 물론 나는 특별한 정보나 지식도 없이 나름대로의 상식으로 생각하는 데 지나지 않지만, 테러리스트들은 강력한 국제적 음모 집단이라기보다는 훨씬 작은 규모의 결연한 확신자 집단이라고 생각된다. 예를 들면, 9·11 사건의 실행범들이 알카에다의 캠프에서 훈련을 받았을지도 모른다. 또한 얼마간의 자금 원조를 받고 있었을지도 모르며, 항공기로 미국의 대도시를 공격한다는 생각도 원래는 알카에다에서 나온 것일지도 모른다. 또한 그들이 빈 라덴과 알카에다의 사상적인 영향을 받았다는 점에 관해서는 나도 이의가 없다. 그러나 저 사건을 일으킨 것은 무엇보다도 먼저 19명의 실행범들이며, 또한 그들과 밀접하게 결부된 극히 한정된 인원수의 지원 그룹이지 않았을까 생각한다. 자금은 전부 3000달러, 비행기 속에 가지고 들어간 무기는 작은 커터칼 하나였다고 하며, 빈 라덴이나 알카에다가 이 사건과의 관련되었다는 사실이 구체적으로 밝혀진 것은 지금까지 아무것도 없다. 첩보기관의 탐색을 피하면서 이런 사건을 준비하기 위해서는 국제적인 대규모의 조직이나 네트워크는 오히려 어울리지 않는다. 이에 대하여 소수의 확신자 집단이 강한 결의와 단결력으로 주도면밀하게 준비한다면 하나하나의 사건은 충분하게 가능할 것이며, 오히려 그러한 집단의 편이 이런 식의 사건에 적합할 것이다.

이 점에 관해서 촘스키는 다음과 같이 말한다.

> "범인은 분권화한, 위계질서의 구조를 가지지 않는 구조의 조직에 속하고 있습니다. 그들은 이른바 지도자가 없는 저항운동leadless resistance의 원리에 따르고 있습니다. 그것은 미국에서 그리스도교계 우익 테러리스트가 구축한 원리입니다. …… 우리는 이러한 소그룹을 어피니티 그룹affinity group이라고 부릅니다."10)

그는 또한 이어서 9 · 11 테러에 관하여 "빈 라덴이 자신은 관여하지 않았다고 주장했으나 그것은 있을 수 있는 일입니다"고 한다. 비슷한 집단이 각지에 있어서 공감을 모으고 정보 · 자금 · 기술 등을 서로 교환한다고 해도 자립적인 소집단 쪽이 행동 목적에 적합한 것이다. 또한 권력의 입장에서 보더라도 그러한 집단의 동향을 계통적으로 파악하는 것은 극히 어려운 일이다.

내가 이렇게 생각하는 이유 가운데 하나는 일본의 사례에서 유추한 것이다. 여기서 역사적 맥락에 비약이 있다는 것을 인정하면서 일본의 테러리즘에 관해서 몇 가지 사건을 상기해 보고자 한자. 일본에서 정치적 확신자 집단이 테러를 선택한 것은 사쿠라다몬가이의 변(1860)에서 가바산加波山 사건(1884년)* 등과 같은 자유민권운동의 격화사건까지의 시기와, 1차 세계대전 직후의 야스다 젠지로安田善次郎와 하라 다카시原敬 암살(모두 1921년)에서 2 · 26 사건(1936년)까지의 두 시기에 집중된다. 두 시기는 모두 사회적 정치적인 전환기에 해당한다. 전자는 메이지유신과 민권운동을 거쳐 근대 일본의 국가체제 수립에, 후자는 갖가지 사회운동의 발생을 배경으로 총력전 체제로 귀결했다. 테러가 전환하는 시대를 가장 잘 대변해 준다고까지는 말하기 어렵지만, 사회에 커다란 충격을 주고 상황 전환에 하나의 전철수가 되었다.

사쿠라다몬가이의 변은 안세이대옥安政大獄**, 장군 후계자 문제, 미

---

* 1884년 급진적인 자유당원이 가바산에서 거병한 말기의 격화 사건의 하나. 정부의 자유민권운동 탄압에 격분하여 정부고관과 현령 등의 암살을 계획하고 혁명적 거병을 기도했으나 실패. 이후 16명이 가바산에서 농성하다가 체포되어 7명 사형 외에도 모두 중형을 받았다.

** 1858년 에도 막부의 존왕양이 운동에 대한 대탄압. 연루된 자는 공경대부에서 지사에 이르기까지 100여 명. 이 탄압으로 요사디 쇼인(吉田松陰), 하시모토 사나이(橋本左内) 등이 사형 당했다.

국과의 통상조약 문제 등을 둘러싸고 막부 각료를 비판하던 미도번水戸藩과 사쓰마번薩摩藩 급진파의 동향을 배경으로 18명에 의해 결행되었다. 그들은 '참간장'과 '별지존의서別紙存意書'를 준비하고 있었으며 여기서 자신들은 막부와 장군에 적대하는 것이 아니라 "공적인 정치를 바른 길로 되돌리고 존왕양이의 길을 밝혀 천하 만민이 다함께 국가의 태평을 누릴 것을 바랄 뿐"이라고 호소했다. 오쿠보 도시미치大久保利通를 암살한 기오이사카紀尾井坂의 변*(1878년)은 이시가와현의 사족 5명과 시마네현 사족 1명 등 모두 6명에 의해 벌어진 사건으로 '참간장'에는 "공의를 두절하고 민의를 억압하여 정치를 사사로이"한다는 등의 다섯 가지 죄목이 적혀있었다. 오쿠보를 중심으로 한 전제정부를 비판하는 일반적인 분위기를 배경으로 '공의'와 '민권'이라는 새로운 시대에 대한 담론에 그 행동의 정통성 근거를 구하고 있는 것이다. 가바산 사건의 경우는 자유민권운동에 대한 탄압을 배경으로 정부 고관을 습격하려한 갖가지 동향이 있었으나, 궁지에 몰려 이 봉기에 가담한 것은 16명이며 그 '격문'에는 "자유의 공적公敵인 전제정부를 전복한다"고 적혀 있었다.

이러한 사실에서 소론의 논지와 관련이 있을 법한 일반화된 논점을 이끌어 내보자.

① 사건은 20명을 넘지 않는 소수자가 결행한다. 모리 아리노리森有礼의 암살(1889년)과 오쓰 사건大津事件**(1891년)과 같이 완전한 단독범

* 1873년 정한론으로 정부 수뇌가 분열한 후 오쿠보 도시미치가 실권을 장악하면서 반정부파와 불평사족의 정부에 대한 불만이 고조되었다. 특히 마지막 사족 반란이 진압된 세이난(西南) 전쟁 후 오쿠보에 대한 비난이 집중하여 1878년 5월 14일 사족 시마다 이치로(島田一郎) 등이 황거로 향하는 오쿠보를 습격, 살해했다. 그들은 5개조의 참간장을 가지고 자수했으나 참수형에 처해졌다.

** 러시아 황태자 니콜라이(후일 황제 니콜라이2세)가 오쓰에서 습격을 받은 사건. 니콜

인 경우도 있지만, 위의 사례에서는 결행자의 주위에 경계가 애매한 동지적인 사람들이 꽤 많이 있다. 그들 사이에는 공감과 교류가 있으나 권력의 단속이 우위를 차지하고 있어서 실행하는 것은 비교적 소수의 맹약 확신자 집단이다.

② 실행범은 '참간장', '격문' 등을 준비하고 있으며 그들의 행위는 공공의 정의를 되찾기 위한 자기희생적인 대리 집행으로 간주된다. 여기서는 권력의 정점에 선 특정한 인물에 악을 집약하고 그 인물을 쓰러뜨리는 것으로 공공의 정의를 되찾을 수 있다고 보는 것이다. 따라서 일반대중에 대한 무차별 테러는 상정되지 않으며, 오히려 이들 사건의 실행범은 일반대중에게 영웅시된다.

③ 테러행위의 실행에는 이르지 않지만 그런 지향성을 가진 소집단이 각지에 다양한 형태로 존재한다. 이러한 소집단의 동향이 결합하고 여기에 도박 집단 등의 일탈적인 사회집단의 동향과 한층 더 일반적인 대중적 반정부 기운까지도 포함해서 상상력을 발휘해 보면 권력 측에서나 운동하는 측에서도 훨씬 장대한 사회적 대동란의 이미지가 성립될 수 있다. 그러나 이러한 이미지는 변혁적인 기운을 기다리는 사람들에게 희망을 줌과 동시에 권력 측에 탄압 체제를 정비하는 근거를 제공한다.

④ 여기서 든 사례에서는 국민국가 일본을 자명한 전제로 하고 있으며, 실행범의 공적인 정의에 의한 행위의 정당화와 그러한 행위에 대

라이는 1891년 5월 11일 시베리아 철도 기공식 참석 도중에 일본을 방문했으나 이를 일본을 침략하려고 조사차 왔다고 믿은 순사 스다 산조(津田三蔵)가 습격하여 부상을 입혔다. 스다는 모살 미수죄로 무기징역을 받고 복역 중 옥사했다.

한 한층 더 일반적인 공감과 지지도 같은 전제에 의해 긴밀하게 결합하고 있다. 테러리즘을 둘러싼 사회상황 전체를 긴밀하게 결합하는 이 전제는 현대의 종교원리주의적인 테러리즘에는 존재할 수 없다. 거기서의 정통성 근거는 종교적 우주론적인 원리에서 추구하여 종교가 공감을 지탱하는 공동성의 장이 되면서 종교의 안팎에 분단선을 긋고 있다.

테러리즘의 역사를 세계사적으로 볼 때 19세기말의 무정부주의와 테러리즘의 결합은 중요한 사례다. 거기서도 "테러 행위가 모두 개인 또는 극히 소수로 구성된 그룹이 실행하고", 그런 까닭에 경찰에 의한 수사와 경계가 곤란했다. "특히 테러 행위는 대개 유명한 투사의 소행이 아니기 때문에 범죄자의 체포는 극히 어려웠다"고 근대 아나키즘의 연구자 제임스 졸은 지적한다.[11] 이러한 과격한 도발 행위로 사회에 도전하려는 군소집단이 잇달아 생겼으나 그 중의 어떤 것은 경찰의 상상력 속에 존재했을 뿐일지도 모르고, 무정부주의자를 체포하기 위해 경찰이 조작한 사건도 있었다고 졸은 말한다.

그러나 19세기 말의 아나키즘과 결부한 이러한 테러리즘은 20세기에 들어오면 힘을 잃고 사회운동의 대세는 커다란 조직력과 새로운 지도 이념을 가진 대중적인 운동으로 전환했다. 그 후의 사회주의 체제와 민족운동이 처참한 테러와 살육을 수반했던 것은 두말할 나위도 없으나 그것은 여기서의 문제가 아니다. 여기서 말하는 바의 테러리즘은 1970년대의 독일과 이탈리아에서 비롯되어 서방 사회에서 재차 활발하게 되었다. 1969년에 결성된 '붉은 여단Red Brigades'*과 이 그룹에

* 1970년대 이탈리아의 극좌 과격파 테러 조직. 그들의 목적은 이탈리아를 붕괴하고 혁명적 프롤레타리아들이 주도하는 마르크스적 대혁명으로 향하는 데 있다고 주장한다. 특히 공산당과 같은 혁명 정당이 평화적 · 의회주의적 수단에 의한 사회주의화를 주장하

의한 알도 모로Aldo Moro 전 수상의 유괴와 암살은 일본에도 잘 알려져 있다. 독일과 이탈리아에서는 1969년부터 80년까지 1만 2690건의 테러사건이 발생했으며, 362명이 살해당하고 4524명이 부상을 입었다고 한다.[12] 그러나 이러한 테러리즘은 그 정치적인 취약성으로 인하여 사회의 한쪽 구석으로 몰린 소수파의 고립된 운동이며, 정치적으로 보면 그들이 가져온 위협은 극히 한정된 것이어서 이윽고 운동으로서는 자멸했다. 동시대의 일본에서도 적군파赤軍派* 등이 비슷한 궤적을 밟은 것은 우리와 같은 세대의 사람들에게는 잊을 수 없는 기억이다.

찰스 다운젠드의 《테러리스트》에 의하면, 1879년에 정해진 인민주의자Narodniki의 테러활동에 관한 선언에서 "정부에서 가장 유해한 인물들을 제거하는 것, 그리고 공식의 무법상태와 폭력을 벌하는 것"을 지향하며, 그것을 통해서 인민들에게 혁명적 정신을 고양하여 혁명적 운동 속으로 그들을 이끌어 가는 것이 목적이었다고 한다. "사회주의 투쟁의 도덕적 입장을 위험에 빠트릴 권리가 없기 때문에 '불필요한

는 것에 불만을 품고 폭력혁명을 전면에 내세웠다. 회원들은 마르크스, 마오쩌둥, 체 게바라 등의 사상을 연구하는 한편, 공장과 상점에 폭탄을 투척함으로써 1970년 11월 붉은 여단의 존재를 세상에 알렸다. 1974년에는 토리노의 반(反)테러대 총지휘관과 대원들을 살해하고, 1978년에는 이탈리아 전 총리 알도 모로(Aldo Moro)를 납치 살해했다. 경찰의 체계적인 검거작전으로 1970년대 중반부터 지도자들이 체포되면서 1980년대 후반 들어 크게 약화되었으나 1999년 노동대신 고문을 암살해서 건재를 과시했다.

* 공산주의자 동맹 적군파로 신좌익의 당파. 1970년 안보투쟁을 목전에 둔 공산주의자 동맹의 최급진적 좌익. 1969년 혁명에는 군사가 불가결하며 '혁명전쟁'에 의해서만 쟁취할 수 있다는 입장에서 적군(赤軍)의 창설을 주장했다. 모체는 통칭 '간사이(関西) 분트'로 불린다. 마찬가지로 무장투쟁을 주장하고 군사부문으로서 공산주의 돌격대의 형성을 주장하는 분트 주류파의 전기파(戰旗派)와 대립하고 또한 적군파의 군사주의를 비판하는 공산주의자 동맹 최우익의 반기파(叛旗派)와 상황파와도 대립했다. 국내에서의 비합법투쟁의 후방 기지로서 해외활동의 거점을 확보하기 위해 일부 그룹은 항공기를 납치하여 북한으로 들어갔다. 한편 팔레스타인으로 향한 그룹은 처음부터 적군파 아랍위원회라고 칭하고 팔레스타인 해방 인민전선(PFLP)과 합류하여 일련의 인질사건 등을 일으키고 '일본적군'으로 독립했다. 한편 국내에 남은 잔당은 1971년 적군파와 일본 공산당 가나가와현 상임위원회 혁명좌파의 주류파 간부가 통합하여 '연합적군' 중앙위원회가 되었다. 그러나 경찰에 쫓기던 연합적군은 활동거점을 산 속의 막사로 옮겼으나 동지 살해와 아사마산(浅間山)에서 인질사건을 벌인 끝에 주력부대는 괴멸되었다.

피를 한 방울이라도 흘려서는 안 된다'"고 그들의 이론적 지도자 피요토르 라브로프가 주장한 것을 타운젠드는 지적한다.[13] 이러한 원칙이 어디까지 지켜졌는가는 불문한다 하더라도, 이러한 원칙을 포기하고 일반인의 무차별 대량 살인으로 향한 것은 테러리즘의 역사에서 전혀 새로운 단계로 획을 긋는 것이었다. 사회 편성의 기저부에는 어느 시대에나 야만과 폭력적인 충동이 깔려 있으며, 1990년대 이후 국가와 국가 간의 대규모 전쟁이 불가능해지면서 일원적 억압체제가 세계적인 규모로 강화되자 대항운동 속에 내포하고 있던 폭력적인 계기가 무차별 테러라는 형태로 발현한 것이다. 현대에는 국가에 의한 안전관리가 발달하여 국가의 정점에서 사회적 악을 집약하는 것과 같은 특정 인물을 일거에 제거한다는 것은 극히 곤란한 일이다. 더군다나 그러한 행동에 의해 보편주의적인 성격을 가지는 공공의 정의를 되찾는다는 것은 더더욱 어렵다.

최근에는 전화와 인터넷에 의한 통신 감청 등을 공공연하게 자행하고 치안을 우선으로 갖가지 수단을 강구하기 때문에 테러리스트 그룹의 연락과 협력은 한층 곤란해지고 있다. 빈 라덴 등의 경우에 관해서는 "연락 수단이 완전히 차단되어 있어 지령을 내릴 수 없다"고 한다. 그러나 이러한 단속 강화 속에서 테러 행위가 오히려 급증한다는 것은 더욱 주목해야 할 부분이다. 빈 라덴을 봉쇄해도 테러 활동을 멈추게 할 수 없는 이유로 최근에는 "알카에다는 느슨한 연합체에 지나지 않으며, 각각의 구성조직은 독립적으로 행동한다는 점"을 지적하고, "빈 라덴의 영향력은 설령 조직 활동에 대한 빈 라덴의 직접적인 관여의 길을 차단해도 자기증식을 계속하는 것이 실태인 것 같다"고도 보도 된다.[14] 테러리즘의 주요한 담당자가 확신적인 소수자 집단에 의한 것이라면 경찰활동의 강화로 테러를 막는다는 것은 불가능하다. 단속의 강화는 오히려 테러의 주체를 더욱 분산하게 만들고, 또한 이상한 비상수단을 선택하게 만드는 결과를 가져오게 될 것이다.

아프가니스탄과 이라크에서 미 · 영군에 의한 침공 작전이 시작되었을 때 처음에는 알카에다와 공화국 방위대 등이 게릴라적인 전술로 저항할 것이라고 예상했다. 또한 바그다드 등의 시가전에서는 미 · 영군이 반드시 유리하지는 않을 것이라고 전해졌다. 그러나 생각해 보면 당연한 일이기는 하지만 이러한 예상은 금방 무너지고 대규모의 전투는 깨끗하게 끝나버렸다. 갖가지 새로운 전쟁 기술을 도입한 '럼즈펠드의 전쟁'은 일단 전투에서 압도적인 승리를 거두었으며, 아프가니스탄에도 이라크에도 이에 대항할만한 수단은 존재하지 않았다. 생물 · 화학무기 등이 사용되지나 않을까 염려되기도 했지만 그것도 이제 와서 보면 개전을 위한 구실이었다. 그러나 아프가니스탄에서도 이라크에서도 미 · 영군에 대한 습격은 그치지 않고 지역질서가 붕괴했으며 빈 라덴, 오마르, 사담 후세인 등은 이 원고를 쓰고 있는 2003년 9월에는 아직도 어딘가에 숨어 있다. 이라크 점령을 본보기로 패전 후 일본의 개혁을 말하는 사람도 있지만, 그것은 전혀 꿈같은 이야기다. '마적'과 '비적'의 습격으로 날을 지샌 '만주국'보다도 어지간히 곤란한 상황에 있다는 것이 현재 양국이 놓인 상황이다. 미국도 최근에는 내심 곤혹감을 숨길 수 없어 유엔과 국제사회에 지원을 요구하기 시작했다.

대규모의 근대전에서는 대량 살상 무기에 의해 간단하게 승리할 수 있는데도 왜 지역사회의 질서를 회복할 수는 없을까. 그것은 지역에 독자적인 사회적 네트워크가 형성되어 있어서 그것이 빈 라덴 등의 도주를 도운 게릴라를 지원하기 때문이다. 그러한 조직에는 알카에다와 구 바트당의 조직 등도 포함되지만, 나아가 이를 지탱하는 더 일반적인 사회적 기반이 존재할 것이다. 중동사회에는 이슬람교와 인종을 매듭으로 국경을 초월한 공동성이 있으며, 손님을 환대하는 습속과 당하면 당한만큼 되돌려준다는 복수의 전통이 뿌리 깊은 것으로도 유명하다. 또한 특히 도시부로 흘러들어 온 가난한 사람들에게 최저한의 생활 보장을 부여하고자 노력하는 것이 이슬람교의 지역조직이며, 이러한 지역조직이 원리주의적인 정치운동의 기반이 된다. 이러한 사실에 관한 구체적인 이미지는 공부가 부족한 나로서는 아무것도 떠오르지 않지만, 강대한 군사력으로는 배제할 수 없는 사회적인 것이 얼마나 뿌리 깊은가를 보고 새삼 놀라게 된다. 그러한 것들이 오랜 유래를 가지는 전통인지, 아니면 최근의 역사적 격동 속에서 새롭게 만들어지고 재편성된 '새로운 전통'인지를 분간하는 것도 원래 내가 이해하기 힘든 것이기는 하지만 흥미로운 문제다.

앞서 말했듯이 현대 세계를 혼란에 빠트리고 있는 갖가지 대립과 항쟁의 대부분은 현실적인 이해관계 위에 성립하고 있으며, 직접적으로는 종교와 우주론과 이념에 의거하는 것은 아니다. 그러나 이러한 대항관계는 종교와 우주론에 결부됨으로서 의미와 가치를 획득하고 보편화 · 원리화하여 정착한다. 이렇게 해서 현대 테러리즘에서는 종교적 우주론을 바탕으로 폭력을 둘러싼 절대적인 단열선이 그어지고, 테러를 둘러싸고 적대하는 진영을 긴밀하게 결합시키는 공공적 정의나 도의의 이념이 성립할 가능성을 박탈해 버린다. 현대의 자본주의적 세계 시스템 하에서는 형성기의 국민국가를 특징짓는 그런 사이비 보편적인 공공성 원리의 성립이 훨씬 곤란하다. 그렇기 때문에 대항과 불균형의 크기가 종교적 우주론의 형태를 매개로 한층 더 적대적으로 구조화되고 있다. 현실적인 이해의 차원과 종교적 우주론의 차원을 일단 구별하여 거기에 내포하는 제반 문제의 보편적인 측면에 주의하면서 조금씩 풀어 나가면 우리는 얼마간의 상호이해와 관대한 동의나 타협, 그리고 조정에 도달할 수 있을 것이다. 그러나 현대 세계는 그런 방향으로는 향하지 않고 있다.

질 케펠은 "종교 운동은 이성이 착란한 결과로서, 또는 애매한 힘의 조작으로 생긴 것이 아니라 우리의 전통적인 사고의 범주로는 이미 해석이 안 되는 심오한 사회불안의 둘도 없는 증언이 되고 있다"15) 고 지적한다. "과거의 노동운동과 같이 오늘날의 종교운동도 사회의 기능부전을 기묘하게도 능숙하게 가리키는 능력을 가지고 있으며, 그들의 독자적인 방식으로 그것을 명명한다"16)는 말도 같은 의미다. 여기서 케펠이 '종교운동'이라고 부르는 것은 근대국가에서의 정교분리라는 정책원리 하에서 사적인 것으로 간주되는 그런 종교를 말하는 것이 아니라, 1970년대 중반 이후에 세계적으로 대두해 온 원리주의적인 종교운동을 말한다. 이러한 종교운동에서의 문제제기에 적절하게 답할 수 없다면 아마도 우리는 21세기를 무사하게 넘길 수 없을 것이다.

2003. 9.

야스마루 요시오

【부기】 이 '후기'는 2003년 9월에 쓴 것이기 때문에 그 후의 이라크 정세의 급박한 전개는 들어있지 않다. 역사 연구자가 하는 일은 어차피 사후의 지혜인 것이지만 현재의 상황에 관해서는 별도의 기회에 다시 소박한 아마추어 담론을 계속해서 시도해 보고 싶다(2003년 12월).

역자 후기

야스마루 요시오는 전후 일본의 사상사학계에서 민중사상사라는 독자적인 연구영역을 개척하고 이끌어 온 대표적인 연구자다. 선생의 주된 전공은 근세 후기에서 메이지 시대까지의 민중사상사지만 전후 일본의 역사학을 둘러싼 이데올로기적인 논쟁과 방법론에도 줄곧 관심을 가지고 발언해 왔다. 이 책은 이러한 방면에 관하여 비교적 최근에 발표한 논문들을 모아 엮은 것이다.

이 책의 내용을 한마디로 요약하면 자본주의적인 세계 시스템과 이에 대항하는 민중의 생활세계라는 입장에서 전후 일본의 학문과 사상을 비평한 것이다. 각 장의 내용은 다르지만 전체를 일관하는 것은 민중사상사를 전공한 연구자의 입장에서 현대 일본의 지배 이데올로기와 그 주변의 지식인에 대한 비판적인 입장이다. 전반적으로는 이렇게 간단하게 말할 수 있지만, 개개의 논문에 대해서는 감히 비평할 엄두가 나지 않는다. 그것은 이 책의 저자가 필자의 스승이라는 사실 때문이라기보다 필자의 능력이 미치지 못하기 때문이라는 것이 훨씬 진실에 가까울 것이다. 따라서 무리해서 이 책을 비평하거보다는 야스마루 사상사의 특징을 설명해 두는 편이 독자들의 이해에 조금이나마 도움이 될 것이다.

저자 서문에서 언급하듯이 야스마루가 대학원 과정에서 일본 사상사를 전공으로 선택한 것은 1950년대 말이었다. 당시는 아직도 강좌파 마르크스주의 역사학이 압도적인 영향력을 가지고 있었으나 그것은 일본사라는 지극히 한정된 영역 안에서의 일이었다. 이에 비하여 사상사 연구에서는 마루야마 마사오와 그 학파들의 연구가 마르크스주의 이론에 식상한 지식인들에게 신선한 충격으로 다가왔으며, 또 다른 한편에서는 미국의 근대화론이 고도성장의 추세 속에서 설득력을 얻으면서 확산되었다. 야스마루의 독자적인 연구 방법론은 이러한 기존의 거대한 역사 이론과의 긴장과 대항 속에서 모색된 것이었다.

야스마루의 민중사상사 연구에서 최대의 관심은 곧 역사와 사회성의 관계를 어떻게 파악할 것인가에 있다. 본인의 말을 빌리면 "자신의 연구가 현대 일본의 사상 상황 속에서 어떤 의미를 가지는가"를 묻는 일이자 "연구자로서의 활동이 자신의 인생에서 어떤 의미를 가지는가를 되묻는" 작업이기도 했다. 이러한 과제 의식을 염두하고 사상사의 방법론을 모색할 때 정치 · 경제 구조의 '토대'에 분석의 중점을 두고 사상이나 문화는 '상부구조'로서 부차적으로 취급하는 정통파 마르크스주의의 입장은 극복해야 할 과제였다.

역사와 사회성의 관계를 어떻게 파악할 것인가 하는 문제는 마루야마를 비롯한 근대주의에 대한 비판과도 밀접한 관계가 있다. 이 책에서도 밝히고 있듯이 일본 사상사 연구를 출발하는 시점에서 야스마루는 마루야마의 사유구조론에 커다란 영향을 받았다. 그것은 마루야마가 일본 사상을 논할 때 좁은 의미에서의 정치 이데올로기 분석에 그치지 않고 인간으로서의 존재구조를 분석한다는 점에 적극적인 의미를 부여했기 때문이었다. 그러나 마루야마가 자신의 분석 차원을 토대와 관련지어 생각하지 않고 '원형론'이나 '고층' 등과 같은 문화유형론으로 치우친 점에 대해서는 비판적인 입장을 취한다. 이 점에 대한 구체적인 분석과 비판은 이 책의 5장에 상세히 나와 있다.

야스마루의 민중사상사는 이와 같이 마르크스주의와 마루야마 학파 모두에게 영향을 받으면서도 그 어느 쪽에도 속하지 않는 긴장과 격투 속에서 단야鍛冶되었다. 그런 의미에서 야스마루가 일본사 연구자 가운데 누구보다도 인근 사회과학의 제반 분야에 많은 관심을 가지면서도 역사학자로서의 독자적인 자세를 견지하는 것은 교조적 마르크스주의와 권위적 마루야마 학파와의 격투 속에서 독자성을 확립하기 위한 노력의 결과라고 할 수 있다. 이 책의 4장에서도 알 수 있듯이 야스마루는 사회학, 인류학, 민속학 등에서의 연구 성과는 물론 서구의 구조주의나 포스트구조주의에 대해서도 충분히 귀를 기울이고 있지만 그것은 정신적 동태의 분석에 중점을 둔 역사학적 방법이 하나의 시대를 역사적 전체성으로 파악하는 데 유효하다는 입장을 견지하고 있기 때문이다.

그런데 1960년대 일본사 연구에서 새로운 조류를 형성하는 민중사상사를 이야기 할 때 야스마루와 함께 빠짐없이 등장하는 인물이 이로카와 다이키치色川大吉다. 그러나 민중사상사 연구라고 해도 이로카와와 야스마루를 결코 같은 부류로 일별해서는 안 된다. 그것은 두 사람의 연구 방법론이 서로 확연한 차이를 보이기 때문이다. 예를 들면 자유민권운동의 연구를 통해 '저변의 시좌視座', '미발未發의 계기'를 발굴하고 민중사상사의 방법론을 구축한 이로카와와는 달리 야스마루는 미륵신앙, 요나오시世直し사상 등과 같은 갖가지 해방 환상과 변혁적인 종교 사상을 통해서 민중 사상의 원구조原構造를 밝히려고 했다. 여기서 야스마루가 말하는 민중은 구체적인 실체가 아니라 '생활자'라는 분석개념이다. '생활자'란 계급, 지역, 성을 초월하여 모든 사람들에게 공통된 것이지만, 기본적으로는 사회적인 약자나 소수자들의 경우 '생활자'로서의 논리로 사고하고 행동하는 정도나 비중이 더 크다고 본다.

이와 같이 야스마루의 연구 대상은 마루야마를 비롯한 근대주의자들이 계몽의 대상으로 삼았던 '몽매'한 민중도 아니고, 또한 마르크스주의가 강조하는 '투쟁하는 인민'이나 '지배계급 하에 신음하는 인민'도 아닌, 실로 일상적인 감각에 일치하는 생활자로서의 민중이었다. 따라서 어떤 의미에서는 민중의 의식이나 생활과 국가권력과는 본래 전혀 무관한 관계라고 할 수 있다. 예를 들면 근대 일본의 경우 국가권력으로서의 천황제는 지배 시스템으로서 편성된 것이며, 민중은 이와는 동떨어진 측면에서 생활하고 있기 때문에 양자는 원리적으로 확연하게 구분되는 것이다. 그러나 또 다른 관점에서 보면 천황제는 민중의 지지 없이는 존재할 수 없으며 민중도 자신의 생활이라는 것이 국민국가의 공공성 속에서 어떤 위치나 의미를 부여받는 측면 없이는 존재할 수 없다. 이러한 점에서 민중의 생활양식과 국가권력의 사이에는 여러 접점이 존재하는 것이며 그러한 접점을 밝히는 것이 민중사상사의 중요한 과제가 된다.

야스마루가 히로다 마사키와 함께 1965년에 발표한 〈일본의 근대화와 민중 사상〉은 이러한 입장에서 변혁기 민중 사상의 에너지를 구체적으로 밝혀내서 커다란 반향을 불러 일으켰다. 여기서 그들은 종래의 근대주의적 입장으로는 결코 파악할 수 없었던 민중의 독자적인 자기단련과 자기형성의 계기를 민중의 전통적인 생활 철학 속에서 발견하고 근면, 검약, 정직, 효행 등과 같은 '통속 도덕'의 실천을 통해 분출되는 민중의 방대한 에너지가 일본의 근대화를 달성하는 최심부의 원동력이 되었다는 점을 밝혔다. 야스마루에 따르면 '통속 도덕'은 근대의 유교와 불교의 숙명론에 대한 능동성·주체성의 철학이었다. 단지 그것이 근면, 검약, 정직, 효행 등과 같은 형태를 취하면서 종종 유교의 통속화와 결합되었기 때문에 근대주의자들은 이를 전근대적인 것으로 간주하여 여기에 숨겨진 방대한 인간의 능력을 인식할 수 없었다는 것이다.

그렇다면 민중의 독자적인 사상 형성에도 불구하고 민중의 '통속 도덕'적인 힘이 "일본 근대화를 달성하는 최심부의 원동력"이 되었다는 점을 어떻게 이해해야 할 것인가. 이와 관련해서 이로카와와 야스마루의 민중사상사의 차이점을 지적한 야마노우치 야스시山之內靖의 비판은 주목할 만하다. 즉 이로카와의 기본적인 입장은 자유민권운동기에 '호농상층'이 가지고 있던 근대 계몽사상을 발굴하려는 것이지만, 이들 '호농상층'도 자유민권운동의 말기가 되면 하층 빈민들에 의하여 습격의 대상이 되어 버린다는 점에서 반드시 '저변의 시좌'라고 할 수 없는 계층인 것이다. 또한 이로카와의 연구는 자신의 주체적 행동에 책임을 지는 인간들의 정신적인 궤적을 발굴하려는 것이었지만, 공적인 국가의 일익을 담당하는 가담자로서 "역사에 대한 책임을 받아들이는 입장"에 있는 사회층의 모습을 밝힌 것은 아니라는 점에서 인민투쟁사관에 속하며 마르크스주의와의 차별성도 확연하지 않다는 것이 야마노우치의 평가다.

야마노우치는 이에 비하여 야스마루의 경우 "공적인 국가의 일익을 담당하면서 역사의 책임을 받아들이는 민중"은 명확하게 인식하고 있었다고 평가한다. 야스마루의 주장에 의하면 '통속 도덕'에 의한 인격 형성이 민중의 정신적 주체 형성에 성공했다는 것 그 자체가 메이지국가의 안정화를 가능하게 했으며, 천황제 이데올로기가 국민통합의 요체로 기능할 수 있었던 것도 이러한 '통속 도덕'이라는 기반을 가졌기 때문이었다. 따라서 야스마루는 민중의 주체성을 국가의 '밖'이 아니라 국가 정당성 원리의 '안'에 두어 일본의 민중 또한 '역사의 책임'을 져야할 존재라고 명백히 인식하고 있었다는 것이다.

야스마루 사상사에서 또 한 가지 중요한 특징은 '통속 도덕'의 실천이 종교성을 매개로 하여 체제와 질서로부터의 해방을 희구하는 민중운동으로 발현된다고 보는 점이다. 즉 '통속 도덕'의 진지한 실천에 의해 평온한 생활을 희구하는 민중의 평범한 이상이 현실 세계의 난관에 부닥쳐 실현되지 못한다는 것이 명백해졌을 때 민중은 스스로의 이상을 지배 이데올로기로 부터 분리하여 표현하기 위해 종교라는 매개를 필요로 하게 된다는 것이다.

이러한 민중 종교에 대한 관심은 《데구치 나오出口なお》를 통해 실증적으로 검증되었다. 오모토교大本教를 개창한 데구치 나오(1836~1918)가 신들린 상태에서 기록한 '오후데사키'는 신의 말을 받아 적은 것으로 전해지고 있는데, 야스마루는 이를 생활자로서의 나오가 오랜 기간에 걸쳐 배양해 온 생활 경험에서 승화된 종교적 세계관을 형상화했다는 점에서 민중 사상과 민중 종교를 연구하는 데 귀중한 문헌자료라고 평가한다.

이 밖에도 야스마루의 업적으로는 농민봉기를 소재로 하여 민중투쟁의 사상과 행동양식에 대한 분석을 시도한 민중운동사에 대한 연구, 메이지유신의 과정을 종교사적인 측면에서 분석한 연구, 근대 천황상의 형성 과정을 사회 계층의 의식이나 행동과의 복잡한 갈등 구조 속에서 파악한 연구, 그리고 사상사의 방법론을 논한 연구 등이 있으며 모두가 일본 사상사에서 결코 빠트릴 수 없는 중요한 연구 성과들이다. 그러나 역사와 사회성의 관계를 독자적인 민중사상사의 입장에서 접근하고자 하는 기본적인 분석 시각은 1960년대부터 지금까지 변함이 없다. 이 책에서도 특히 6장에서는 민중사상사의 입장에서 자본주의적 세계 시스템과 민중의 생활세계의 복잡한 관계를 파헤치고 있으며, 장문의 저자 후기에서 9 · 11 테러와 이라크 침공 이후 세계적으로 구조화되고 있는 대항과 불균형을 우려하면서 원리주의적인 종교운동에 대한 진지한 대응을 촉구하는 부분에서는 성실한 민중사상사 연구자로서의 진면목이 그대로 묻어나온다.

필자는 1987년부터 1994년까지 7년 반 동안 야스마루 세미나에서 배웠다. 당시 야스마루 세미나는 일본인 외에도 한국인, 중국인, 프랑스인, 독일인, 이탈리아인, 이집트인 등이 모인 그야말로 세계화 시대를 선행하는 국제적인 세미나 그룹이었다. 그러나 그 실상을 보면 일본인보다도 한국인이 더 많은 기이한 구성이었다. 예를 들면 10여명의 학생 가운데 한국인이 40%, 일본인이 20%, 그리고 나머지 40%를 각국의 학생들이 차지하고 있는 모양새였다. 야스마루 선생이 반 농담으로 "야스마루 세미나는 한국의 식민지"라고 한 말이 한 때는 대학 내에서 유행어가 되어 모르는 사람이 없을 정도였다. 사실 그만큼 세미나는 한국인 학생들의 홈그라운드와 같은 분위기였고 또한 발언권이 크기도 했다. 때로는 일본의 식민지 지배를 감정적으로 비판하기도 하고, 또는 전후 일본의 애매한 전쟁책임, 전후처리를 거침없이 비난하기도 했다. 소수의 일본인 학생들은 심기가 불편한 부분도 있었겠지만 야스마루 선생은 이러한 막무가내식의 비판에 재치 있게 응수하였다. 그러나 선생은 결코 한국인 학생들의 무지막지한 논의에 단 한 번도 감정적으로 대응하거나 불쾌감을 드러낸 적이 없었다. 당시에는 전혀 자각하지 못했지만 되돌아보면 선생의 연구자로서의 성실한 대응과 자세에 고개를 숙이지 않을 수 없다.

선생이 과음한 모습을 7년 반 동안 두 번 보았는데, 한번은 오키나와에서의 전쟁 유적지 견학을 마친 후 아와모리라는 60도짜리 토속주를 마시고 나서였다. 당시는 다함께 그 술을 나누어 마셨기 때문에 모두가 취했다. 또 한 번은 세미나를 마치고 회식 자리에서 한국인 유학생 가운데 혈기왕성한 학생이 선생의 민중사상사 연구에는 식민지시대 가해자로서의 민중에 대한 시점이 결여되어 있다고 시비를 걸었을 때였다. 그 학생은 상당히 목소리가 큰 학생인데, 후일 선생에게 물어보니 그 큰 목소리에 짓눌리지 않으려고 같이 큰 목소리로 대응하다 보니 자신도 모르는 사이에 평소의 주량을 넘겨버렸다고 했다. 그러나 그것은 결코 감정적인 대응이 아니라 상대에게 자신의 입장을 열심히 설명해 주려는 성실한 자세의 발로였을 것이다.

번역을 하는 과정에서 이해가 잘 안 되는 부분에 대해서는 이메일을 통해서 질문을 드렸고 그 때마다 선생은 독수리 타법에도 불구하고 신속하고 명쾌한 답을 보내주셨다. 이미 고희를 넘긴 노령이지만 일 년에 한 번 정도 만나 뵐 때마다 젊은 역자가 부끄러움을 느낄 정도로 여전히 연구 활동을 하고 계신다. 그런 점에서 훌륭한 연구자를 은사로 모시고 있는 나는 무척이나 행복한 사람이다. 아무쪼록 야스마루 선생이 건강하게 오래사시길 바랄 뿐이다.

2006. 10.

옮긴이 박진우

주

저자 서문

1) 이러한 사정 속에서의 연구방법의 모색에 관해서는 安丸良夫,《'方法'としての思想史》(校倉書房, 1996)의 머리말 참조. 이때의 마루야마와의 관련에 관해서는 본서 5장의 1절 〈마루야마에 대한 관심〉 참조

1장

1) 柳田国男,《定本柳田国男集》, 筑摩書房, 1962부터 간행 개시(야나기카 구니오 지음, 김정례 외 옮김,《일본 명치 · 대정시대의 생활문화사》, 소명출판, 2006).

2) 吉本隆明,《言語にとって美とはなにか》1, 勁草書房, 1965; 吉本隆明,《共同幻想論》, 河出書房新社, 1968.

3) 石川真澄,《戦後政治史》, 岩波新書, 1995.

4) 浅田彰,《逃走論》, 筑摩書房, 1984(아사다 아키라 지음, 문아영 옮김,《도주론》, 민음사, 1999) .

5) 松下幸之助,《実践経営哲学》, PHP研究所, 1986.

6) 위의 책.

7) 松下幸之助,《松下幸之助経営語録》, PHP文庫, 1983.

8) コリア · バンジャマン,《逆転の思考》, 花田昌宣ほか, 訳藤原書店, 1992.

9) 위의 책 외에 門田安弘,《新トヨタシステム》, 講談社, 1991; 野村正貴,《トヨタシステム》, ミネルヴァ書房, 1993 등 참조. 또한 일본적 경영에 관해서는《岩波講座 · 日本通史21 現代2》에 수록된 熊沢誠의 논문 참조.

10) 鎌田慧,《自動車絕望工場》, 現代史出版会, 1973. 1983년에 講談社文庫로 출간.

11) 馬場宏二, 〈現代社会と日本会社主義〉, 《現代日本社会 1 課題と方法》, 東京大学出版会, 1991.

12) 渡辺治, 《豊かな社会日本の構造》, 労働旬報社, 1990.

13) 위의 책.

14) 앞의 논문, 馬場宏二, 〈現代社会と日本会社主義〉.

15) 安丸良夫, 〈歴史研究と現代日本との対話〉, 《世界》, 1994. 1.

16) 津田真澄, 《日本的経営の倫理》, 中央経済社, 1977.

17) 津田真澄, 《日本的経営の進路》, 中央経済社, 1982.

18) 今井賢一, 《情報ネットワーク社会の展開》, 筑摩書房, 1990. 특히 2, 3장 참조.

19) 野中郁次郎, 《知識創造の経営》, 日本経済新聞社, 1990.

20) 위의 책, 《情報ネットワーク社会の展開》 참조.

21) 榊原英資, 《文明としての日本資本主義》, 東洋経済新聞社, 1993.

22) 中谷巌, 《日本企業復活の条件》, 東洋経済新聞社, 1993.

23) 이하 의식 조사의 자료는 《世論調査年鑑》에 의한다. 이외의 경우에는 적의로 표기했다.

24) 原純輔編, 《現代日本の階層構造② 階層意識の動態》, 東京大学出版会, 1990.

25) 直井優ほか, 《日本社会の新潮流》, 東京大学出版会, 1993.

26) 앞의 책, 《現代日本の階層構造②　階層意識の動態》, p.131.

27) 総務庁青少年対策本部編, 《世界の青年との比較からみた日本の青年》, 大蔵省印刷局, 1994.

28) 千石保, 《'まじめ'の崩壊》, サイマル出版会, 1991.

29) 村上泰亮, 《新中間層の時代》, 中央公論社, 1984.

30) 村上泰亮・公文俊平・佐藤誠三郎, 《文明としてのイエ社会》, 中央公論社, 1979.

31) 村上泰亮, 《反古典の政治経済学要綱》, 中央公論社, 1994.

32) 村上泰亮, 《反古典の政治経済学》, 中央公論社, 1992.

33) 山崎正和, 《柔らかい個人主義》, 中央公論社, 1984.

34) 山崎正和, 《日本文化と個人主義》, 中央公論社, 1990.

35) 山崎正和, 《近代の擁護》, PHP研究所, 1994.

36) 앞 절에서 설명한 무라카미와 야마자키, 에토 쥰(江藤淳) 등도 2세대라고 할 수 있으나 그들은 전후 사상의 틀 밖에서 별도의 흐름을 모색하여 새로운 시

대 상황 하에서 각광을 받았다.

37) 吉本隆明,《自立の思想的拠点》, 德間書店, 1966.

38) 吉本隆明,《言語にとって美とはなにか》, 勁草書房, 1965; 吉本隆明,《共同幻想論》, 河出書房新社, 1968.

39) C. レヴィ＝ストロース,《構造人類学》, 荒川幾男ほか訳, みすず書房, 1976; 同,《野生の思考》, 大橋保男訳, みすず書房, 1976.

40) M. フーコー,《狂気の歴史》, 田村俶訳, 新潮社, 1977; 同,《監獄の誕生》, 同, 新潮社, 1977(미셸 푸코 지음, 이규현 옮김,《광기의 역사》, 나남, 2003; 미셸 푸코 지음, 박홍규 옮김,《감옥의 탄생》, 강원대출판부, 1996).

41) P. L. バーガー＝T. ルックマン,《日常世界の構造》, 山口節訳, 新曜社, 1977.

42) V. ターナー,《儀礼の過程》, 冨倉光雄訳, 思索社, 1976.

43) ボードリヤール,《消費社会の神話と構造》, 今村仁司ほか訳, 紀伊国屋書店, 1979; 同,《象徴交換と死》, 同, 筑摩書房, 1982.

44) 山口昌男,〈政治の象徴人類学に向けて〉, 1981,《天皇制の文化人類学》立風書房, 1989.

45) 山口昌男,《文化の両義性》, 岩波書店, 1975.

46) 천황제 연구의 방법적 문제에 관해서는 安丸良夫,《近代天皇像の形成》, 岩波書店, 1992 참조.

47) 浅田彰,《構造と力》, 勁草書房, 1983(아사라 아키라 지음, 이정우 옮김,《구조주의와 포스트 구조주의》, 새길, 1995).

48) 上野千鶴子,《家父長制と資本制》, 岩波書店, 1990.

49) 笠井潔,《テロルの現象学》, 作品社, 1984.

50) 竹田青嗣,《現代思想の冒険》, 毎日新聞社, 1987.

51) 竹田青嗣,《'自分'を生きるための思想入門》, 芸文社, 1992.

52) 竹田青嗣・橋爪大三郎対談,《自分を生かす思想社会を生きる思想》, 径書房, 1994.

53) 柄谷行人,《〈戦前〉の思想》, 文藝春秋, 1994.

54) 橋爪大三郎,《冒険としての社会科学》, 毎日新聞社, 1989.

55) 丸山真男,《現代政治の思想と行動》, 未来社, 1964(마루야마 마사오 지음, 김석근 옮김,《현대정치의 사상과 행동》, 한길사, 1997) .

56) 佐木隆三,《死刑囚永山則夫》, 講談社, 1994.

57) 佐瀬稔,《金属バット殺人事件》, 草思社, 1984.

58) 本多勝一編,《子供たちの復讐》, 上・下, 朝日新聞社. 1979.

59) 横川和夫,《仮面の家》, 共同通信社, 1993.

60) 佐木隆三,《宮崎勤裁判》, 上, 朝日新聞社, 1991.

61) 앞의 책,《子供たちの復讐》

62) 久富善之,《競争の教育》, 労働旬報社, 1993.

63) 吉本ばなな,《満月 ー キッチン2》

64) カール・マンハイム,《保守主義》

65) NHK世論調査部編,《現代日本人の意識構造(第3版)》, NHKブックス, 1991.

66) 小沢一郎,《日本改造計画》, 講談社, 1993.

67) 浅井基文,《新保守主義》, 柏書房, 1993.

68) 江藤淳,《大空白の時代》, PHP研究所, 1993.

69) 吉本隆明,《現在はどこにあるか》, 新潮社, 1994 외.

70) 西部邁,《リベラルマインド》, 学習研究社, 1993. 니시베의 저작은 다수 있으나 여기서는 주로 이 책에 의거했다.

71) 三島由起夫,《文化防衛論》, 新潮社, 1969.

72) 이하의 기술에서는 山之内靖,〈システム社会の現代的位相〉,《思想》804, 805호, 1991을 참고했다.

2장

1) 石母田正,〈'国民のための歴史学'おぼえがき〉,《戦後歴史学の思想》, 法政大学出版局, 1977. pp.253~254

2) 大塚久雄,〈近代的人間類型の創出〉《近代化の人間的基礎》. 筑摩書房, 1968, pp.12~16.

3) 大塚久雄・川島武宜・土居健郎,《'甘え'と社会科学》, 弘文堂, 1976, p.197.

4) 위의 책, p.240.

5) 川島武宜,〈イデオロギーとしての孝〉,《イデオロギーとしての家族制度》, 岩波書店, 1957.

6) 위의 책.

7) 위의 책, p.12.

8) 柳田国男,《定本柳田国男集》21, 筑摩書房, 1970, p.409.

9) 위의 책, 283쪽.

10) 柳田国男,《定本柳田国男集》別巻4, 筑摩書房, 1971, p.112.

11) 앞의 책,《定本柳田国男集》21, p.279.

12) 柳田国男,《定本柳田国男集》10, 筑摩書房, 1969, p.3.

13) 위의 책, p.118, p.120, p.142, p.150.

14) 柳田国男,〈日本民俗学の前途〉,《定本柳田国男集》31, 筑摩書房, 1971, p.543.

15) 神島二郎,《近代日本の精神構造》, 岩波書店, 1961, 21.

16) 赤松啓介,《非常民の性民俗》, 明石書店, 1991, p.13.

17) きだ·みのる,《気違い部落周遊紀行》, 冨山房百科全書, 1981, iv.

18) 위의 책, p.249.

19) 위의 책, p.115.

20) きだ・みのる,《にっぽん部落》, 岩波新書, 1967, p.81.

21) 大塚久雄,〈内と外の倫理的構造〉,《宗教改革と近代社会》, みすず書房, 1964, p.164.

22) 위의 책, p.167.

23) 色川大吉,《色川大吉著作集》1, 1995.

24) 이로카와의 문제관심의 추이에 관해서는《色川大吉著作集》2권의〈저자에 의한 해설 · 해제〉pp.504~505 참조.

25) 色川大吉,《色川大吉著作集》4, 1996, p.401.

26) 吉本隆明,《吉本隆明全著作集》13, 勁草書房, 1969.

27) 위의 책, p.243.

28) 위의 책, p.245.

29) 위의 책, p.190.

30) 위의 책, p.262.〈自立の思想的拠点〉

31) 위의 책, pp.390~391, p.407,〈情況とはなにか〉

32) 위의 책, p.234,〈日本のナショナリズム〉

33) 吉本隆明,《情況》, 1994, p.241.

34) 위의 책, p.488.

35) 鶴見俊輔, 〈転向論の展望〉, 思想の科学編, 《共同研究　転向》下, 平凡社, 1962, p.350.

36) 위의 책, p.361.

37) 鶴見俊輔, 《期待と回想》上, 晶文社, 1997, p.189.

38) 鶴見俊輔, 《戦後日本の大衆文化史》, 岩波書店, 1984(쓰루미 슌스케 지음, 김문화 옮김, 《전후일본의 대중문화》, 소화, 1996).

39) 鶴見俊輔編, 《語りつぐ戦後史》, 講談社文庫, 1975, p.104

40) 앞의 책, 《期待と回想》, p.205.

41) 松下圭一, 〈大衆国家の成立とその問題性〉, 《戦後政治の歴史と思想》, ちくま学芸文庫, 1994.

42) 松下圭一, 〈社会科学の今日的情況〉, 1960 (위의 책).

43) 久野収, 〈市民社会の形成〉, 《市民主義の形成》, 春秋社, 1996.

44) 松下圭一, 〈'市民'的人間型の現代的可能性〉, 앞의 책, 《戦後政治の歴史と思想》.

45) 日高六郎, 《戦後思想を考える》, 岩波新書, 1980.

46) 인용은 위의 책, 〈'滅公奉私'の時代〉 및 〈青年について〉에서.

47) 무라가미와 야마자키에 관해서는 이 책의 1장 2절 참조.

48) 村上泰亮, 《新中間大衆の時代》, 中公文庫, 1987, p.13.

49) 위의 책, p.244.

50) 위의 책, pp.265~266.

51) 山崎正和, 《柔らかい個人主義の誕生》, 中公文庫, 1987.

52) 위의 책, p.179.

53) 〈21世紀日本の構想懇談会〉, 2000, p.165, p.167.

54) 石牟礼道子, 《苦海淨土》, 講談社, 1969, p.61.

55) 위의 책, p.277.

56) 石牟礼道子, 《椿の海の記》, 朝日新聞社, 1976, pp.220~222.

57) 石牟礼道子, 《流民の都》, 大和書房, 1973, p.441.

58) 앞의 책, 《苦海淨土》, p.265.

59) 森崎和江, 《ははのくにとの幻想婚》, 現代思潮社, 1970, p.174.

60) 森崎和江, 《奈落の神々》, 大和書房, 1974, pp.34~35.

61) 앞의 책, 《ははのくにとの幻想婚》, p.121

62) 위의 책, p.111.

63) 위의 책, p.119.

64) 위의 책, p.142.

3장

1) 熊谷公男, 《日本の歴史3　大王から天皇へ》, 講談社, 2001.

2) 亀井　孝, 〈天皇制の言語学的研究〉, 《中央公論》, 1974. 8.

3) 앞의 책, 《日本の歴史3　大王から天皇へ》.

4) つださうきち, 《ニホン人の思想的態度》.

5) 武田清子, 《天皇観の相剋》, 岩波書店, 1978, p.240, p.294.

6) 石堂清倫・山辺健太郎編, 《コミンテルン日本にかんするテーゼ集》, 青木書店, 1961.

7) 犬丸義一, 〈マルクス主義の天皇制認識の歩み〉, 遠山茂樹編, 《近代天皇制の展開》, 岩波書店, 1987.

8) 앞의 책, 《コミンテルン日本にかんするテーゼ集》.

9) 앞의 논문, 〈マルクス主義の天皇制認識の歩み〉.

10) 平野義太郎, 《日本資本主義社会の機構》, 岩波書店, 1934, p.273, p.298.

11) 伊藤　晃, 《天皇制と社会主義》, 勁草書房、1988, p.379.

12) 山田盛太郎, 《日本資本主義分析》, 岩波書店、1934, p.35.

13) 앞의 책, 《日本資本主義社会の機構》, p.286.

14) 앞의 논문, 〈マルクス主義の天皇制認識の歩み〉. 이하 노자카의 천황제론에 관해서는 이 논문에 의거함.

15) 歴史学研究会編, 《歴史家は天皇制をどう見るか》, 新生社, 1946.

16) 遠山茂樹, 《明治維新》, 岩波書店, 1951.

17) 井上清, 《日本現代史第1巻・明治維新》, 東京大学出版会, 1951.

18) 丸山眞男, 〈《現代政治の思想と行動》英語版への著者序文〉, 《丸山眞男集》12, 岩波書店, 1996, p.43.

19) 《日本政治思想史研究》의 후기.

20) 丸山真男, 〈昭和天皇をめぐるきれぎれの回想〉, 《丸山眞男集》15, 岩波書店, 1996, p.33.

21) 米谷匡史, 〈丸山眞男と戦後日本〉, 情況出版編集部編, 《丸山真男を読む》, 情況出版, 1997.

22) 앞의 논문, 〈昭和天皇をめぐるきれぎれの回想〉, p.35.

23) 처음은 《岩波講座現代思想Ⅱ 現代日本の思想》, 1957.

24) 丸山真男, 《丸山眞男講義録[第七册]》, 東京大学出版会, 1998. p.68, p.66.

25) 앞의 논문, 〈昭和天皇をめぐるきれぎれの回想〉, pp.14~15.

26) 橋川文三, 《日本浪漫派批判序説》, 未来社, 1960. 증보판은 1965.

27) 橋川文三, 〈昭和超国家主義の諸相〉, 《昭和ナショナリズムの諸相》, 名古屋大学出版会, 1994, p.5.

28) 위의 논문.

29) 橋川文三, 〈昭和維新とファショ的統合の思想〉, 《昭和ナショナリズムの諸相》, 名古屋大学出版会, 1994, p.184.

30) 筒井清忠, 《昭和期日本の構造》, 講談社学術文庫, 1996, p.279, p.288, p.319.

31) 菅孝行, 《天皇論ノート》, 田畑書店, 1975.

32) 菅孝行編, 《叢論日本天皇制》, 柘植書房, 1987.

33) 吉本隆明, 《'信'の構造 ③ 全天皇制・宗教論集》, 春秋社, 1989, pp.97~100.

34) 綱野善彦, 《日本社会と天皇制》, 岩波ブックレット, 1988, p.53.

35) 朝尾直弘, 〈幕藩制と天皇〉, 《将軍権力の創出》, 岩波書店, 1994, p.197.

36) 미야치의 논문은 후일 《天皇制の政治史的研究》, 校倉書房, 1981에 수록되고, 후카야의 경우에는 포괄적인 《近世の国家・社会と天皇》, 校倉書房, 1991로 발전했다.

37) 위의 논문, 〈幕藩制と天皇〉, pp.196~198.

38) 高埜利彦, 《近世日本の国家権力と宗教》, 東京大学出版会, 1989.

39) 藤田覚, 《幕末の天皇》, 講談社, 1994; 同, 《近世政治史と天皇》, 吉川弘文館, 1999.

40) 今谷明, 《室町の王権》, 中公新書, 1990; 同, 《武家と天皇》, 岩波新書, 1993.

41) 中島三千男, 《天皇の代替りと国民》, 青木書店, 1990; 阪本是丸, 《国家神道形成過程の研究》, 岩波書店, 1994; 羽賀祥二, 《明治維新と宗教》, 筑摩書房, 1994 ; 新田均, 《近代政教関係の基礎的研究》, 大明堂, 1997; 山口輝臣, 《明治

国家と宗教》, 東京大学出版会, 1999. 그리고 더욱 넓은 문화사와 사회사의 입장에서는 高木博志,《近代天皇制の文化史的研究》, 校倉書房, 1997 ; タカシ・フジタニ, 《天皇のページェント》, NHKブックス, 1994 등이 각각 새로운 영역을 개척한 노작이었다.

42) 鈴木正幸,《近代天皇制の支配秩序》, 校倉書房, 1986 ; 鈴木正幸編,《近代日本の軌跡7 近代の天皇》, 吉川弘文館, 1993.

43) 위의 책,《近代日本の軌跡7 近代の天皇》, p.9.

44) 安田 浩,《天皇の政治史》, 青木書店, 1998, pp.15~16.

45) 笠谷和比古,《主権'押込'の構造》, 平凡社, 1988.

46) 위의 책,《天皇の政治史》, pp.276~278.

47) 増田知子,《天皇制と国家》, 青木書店, 1999.

4장

1) 二宮宏之,〈歴史学的思考の現在〉,《岩波講座 社会科学の方法Ⅸ 歴史への問い / 歴史からの問い》, 岩波書店, 1993. 二宮宏之,《歴史学再考》, 日本エディタースクール出版部, 1994.

2) コルバン, アラン,《においの歴史》, 山田登世子ほか訳, 藤原書店, 1991.

3) アリエス, フィリップ,《'子供'の誕生》, 杉山光信ほか訳, みすず書房, 1980 (필립 아리에스 지음, 문지영 옮김, 아동의 탄생, 새물결, 2003).

4) エリアス, ノルベルト,《文明化の過程》, 赤井慧爾ほか訳, 上・下, 法政大学出版局, 1977, 78(노베르트 엘리아스 지음, 박미애 옮김,《문명화과정 Ⅰ, Ⅱ》, 한길사, 1996, 99).

5) フーコー, ミシェル,《狂気の歴史》, 田村俶訳, 新潮社, 1975.

6) フーコー, ミシェル,《監獄の誕生》, 田村俶訳, 新潮社, 1977.

7) ハント, リン編,《文化の新しい歴史学》, 筒井清忠訳, 岩波書店, 1993.

8) ギアーツ・クリフォード,《文化の解釈学》, 吉田禎吾ほか訳, 上・下, 岩波書店, 1987.

9) 앞의 책,《文化の新しい歴史学》.

10) ダーントン, ロバート,《猫の大虐殺》, 海保真夫ほか訳, 岩波書店, 1986 (로버트 단턴 지음, 조한욱 옮김,《고양이대학살》, 문학과 지성사, 1996).

11) ギンズブルグ, カルロ,《闇の歴史》, 竹山博英訳, せりか書房, 1992.

12) ハント, リン,《フランス革命の政治文化》, 松浦義弘訳, 平凡社, 1989.

13) 西川長夫,〈戦後歴史学と国民国家論〉《歴史学研究》, 増刊号, 1999.

14) 西川長夫,〈日本型国民国家の形成〉, 西川長夫ほか編,《幕末・明治期の国民国家形成と文化変容》, 新曜社, 1995.

15) 西川長夫,〈帝国の形成と国民化〉, 西川長夫ほか編,《世紀転換期の国際秩序と国民文化の形成》, 柏書房, 1999.

16) 西川長夫,《国境の越え方》, 平凡社ライブラリー版, 2001.

17) 成田龍一,《歴史学のスタイル》, 校倉書房, 2001.

18) 成田龍一,《'歴史'はいかに語られるか》, NHKブックス, 2001.

19) 大門正克,〈歴史意識の現在を問う〉《日本史研究》, 四四〇号, 1999.

20) 石井寛治,〈戦後歴史学と世界史〉《歴史学研究》, 増刊号, 1999.

21) ノワリエル, ジェラール,《歴史学の'危機'》, 小田中直樹訳, 木鐸社, 1997.

22) エヴァンズ, リチャード,《歴史学の擁護》, 今関恒夫ほか訳, 晃洋書房, 1999.

23) 上野千鶴子編,《構築主義とは何か》, 勁草書房, 2001.

24) 岸本美緒,〈現代歴史学と'伝統社会'形成論〉《歴史学研究》, 増刊号,. 2000.

25) White, Haydon, *Metahistory: The Historical Imagination in Nineteenth-Century Europe*, The Johns Hopkins University Press, 1973.

26) 遅塚忠躬,〈言語分析と言語論的転回〉《現代史研究》, 四二号, 1996.

27) ギンズブルグ, カルロ,《歴史・レトリック・立証》, 上村忠男訳, みすず書房, 2001.

28) グハ, ラナジットほか,《サバルタンの歴史》, 竹中千春訳, 岩波書店, 1998.

29) 崎山政毅,《サバルタンと歴史》, 青土社, 2001.

30) スピヴァック, ガヤトリ《サバルタンは語ることができるか》上村忠男訳, みすず書房, 1998.

31) 安丸良夫,《'方法'としての思想史》, 校倉書房, 1996. 머리말 참조.

5장

1) 丸山真男,《丸山眞男講義録》, 全七册, 東京大学出版会, 1998~2000.

2) 丸山眞男,《丸山眞男集》全10巻, 岩波書店, 1995, p.366. 이하 마루야마의 문장

에서 인용하는 것 가운데 《丸山眞男集》은 《집》으로 생략하고 권과 페이지는 10, p.366과 같이 표기한다. 《丸山眞男講義録》도 《록》으로 생략하고 같은 형식으로 권과 쪽을 표기한다.

3) 《집》, 12, p.262.

4) 丸山真男·梅本克己・佐藤昇, 《現代日本の革新思想》 河出書房新書, 1966. 2002년 이와나미 출판사에서 복간.

5) 《집》1, p.299.

6) 위의 책, 300쪽. 강조는 마루야마. 이하 같음.

7) 마루야마는 후일 2장은 1장의 '보론'으로 집필되었다고 말하고 있다. 《집》12, p.92.

8) 〈思想史の方法を模索して〉 《집》10, p.325.

9) 위와 같음, pp.328~330.

10) 위와 같음, p.333.

11) マンハイム, カール, 《イデオロギーとユートピア》, 高橋徹·徳永恂訳, 《世界の名著》56, 中央公論社, 1971, p.168(칼 만하임 지음, 임석진 옮김, 《이데올로기와 유토피아》, 청아, 1991.

12) 《집》 10, p.334.

13) マンハイム, カール, 〈知識社会学〉, 樺俊雄ほか訳, 《マンハイム全集》2, 潮出版社, 1975, p.100, p.399.

14) 위의 책, 《イデオロギーとユートピア》, p.97.

15) 《연구》의 저자 후기.

16) 《집》8, p.47.

17) 《집》3, pp.17~18.

18) 《現代政治の思想と行動》의 영어판에 대한 저자 서문, 《집》12, p.43.

19) 《록》4, p.21.

20) 《집》10, p.342~343.

21) 《록》7, 31쪽.

22) 요시모토 다카아키라면 '잡병난전雜兵亂戰'의 그림이라고 할 것이다. 吉本隆明, 〈丸山真男論〉 《吉本隆明全著作集》12, 勁草書房, 1959, p.11.

23) 《록》1, p.42.

24) 위의 책, p.194.

25) 위의 책, pp.248~249.

26) 《록》7, pp.254~255.

27) 《집》9, p.226.

28) 《록》7, p.251.

29) 근세적 우주론에 관해서는 〈民衆宗教と近代という経験〉 《天理大学おやさと研究所紀要》三号, 1997 (柳炳德ほか編, 《宗教から東アジアの近代を問う》, ぺりかん社, 2002에 다시 수록) 참조.

30) 《집》8, p.286.

31) 《집》6, p.41.

32) 《록》6, p.182.

33) 《집》12, pp.97~99.

34) 《집》15, pp.21~22.

35) 米谷匡史, 〈丸山真男と戦後日本一戦後日本の'始まり'をめぐって〉, 1 《丸山真男を読む》, 情況出版, 1997.

36) 위의 논문, pp.132~133.

37) 《집》15, p.35.

38) 《집》3, p.3.

39) 《집》15, p.35.

40) 《日本の思想》 저자 후기, 《집》9, pp.114~115(마루야마 마사오 지음, 김석근 옮김, 《일본의 사상》, 한길사, 1998).

41) 《록》4, pp.321~322.

42) 丸山真男, 《自己内対話》, みすず書房, 1998, pp.119~120.

43) 《집》14, 마쓰자와의 〈解題〉.

44) 日本思想史学会, 《日本思想史学会大会要旨集》, 1999. pp.56~57.

45) 위와 같음, pp.50~52. 또한 마쓰자와와 가와사키에 의한 심포지엄에서의 마루야마론에 관해서는 大隅和雄 · 平石直昭編《思想史家 丸山真昌男》ぺりかん社, 2002에 상세하다.

46) 石田雄, 〈日本政治思想史学における丸山眞男の位置一'緊張'という視角を中心として〉, 《思想》, 883, 1998.

47) 笹倉秀夫, 〈丸山眞男における'生と形式'〉, 歴史と方法編集委員会編, 《方法としての丸山眞男》, 青木書店, 1998.

48) 앞의 논문, 〈日本政治思想史学における丸山眞男の位置一'緊張'という視角を中心として〉, p.34.

49) 여기서 다루고 있는 이시다의 두 논문(강연기록)은 《강의록》이 출간되기 전의 작품이다. 또한 이시다 이외에 마루야마 학파에 의한 마루야마 비판 내지는 비평으로는 《집》1권의 우에테 미치아리(植手通有)의 〈해제〉, 453~456쪽과 《록》4권의 이이다 다이조(飯田泰三)의 〈해제〉, pp.345~346도 참조했다.

50) 酒井直樹, 〈国民共同体の'内'と'外'一丸山眞男と忠誠〉, 《死産される日本語 · 日本人》新曜社, 1996. 인용은 p.59 이하.

51) 《집》4, pp.317~319.

52) 伊藤整ほか, 《近代日本思想史講座》, 全8巻, 筑摩書房, 1959.

53) 石母田正, 〈民会と村落共同体 — ポリネシアの共同体に関するノート(1)〉 《歴史学研究》 325.

54) 石母田正, 〈歴史学と'日本人論'〉, 《石母田正著作集》8, 岩波書店, 1989. 이 논문의 바탕이 된 강연은 1973년.

55) 《집》 15, pp.9~10.

56) 石井進, 〈社会史の課題〉《岩波講座日本通史 別巻1 歴史意識の現在》, 岩波書店, 1995, pp.92~93.

57) 인용은 앞의 책, 《イデオロギーとユートピア》의 영어판 서문 p.121.

58) 《집》7, p.50.

59) 《집》10, p.326.

60) 위의 책, p.343.

6장

1) 히도쓰바시대학 대학원 사회학연구과 주최의 국제심포지엄 〈20세기 – 그 꿈과 현실〉은 몇 명의 외국인 연구자도 초대하여 2000년 12월에 개최되었다. 이 심포지엄의 목적은 "지난 100년간 인류가 품은 갖가지 꿈과 희망을, 그 귀결로서의 현대세계의 현실과 대조하여 인류사에 있어서 20세기의 의미를 다면적으로 그려내는"데 있었다. 심포지엄은 네 개의 세션으로 나누어 행하여졌으며, 이 소론은 그 총론 세션 〈20세기란 무엇이었는가〉에서의 나의 보고이다. 총론 세션에서는 나 외에도 아시스 낸디의 〈폭력의 20세기 – 상징으로서의 강제 수용소〉라는 보고도 있었다. 심포지엄 전체의 기록은 加藤哲郎 · 渡辺雅男編, 《20

世紀の夢と現実 ー 戦争・文明・福祉》, 採流社, 2002로 출판되었다.

2) ホブズボーム、エリック, 《20世紀の歴史》, 河合秀和訳, 三省堂, 1996(에릭 홉스봄 지음, 이용우 옮김, 《극단의 시대: 20세기 역사(상・하)》, 까치, 1997.

3) 山之内靖, 〈方法論的序論ー総力戦とシステム統合〉, 山之内靖ほか編, 《総力戦と現代化》 柏書房, 1995.

4) 西川長夫, 〈帝国の形成と国民化〉, 西川長夫ほか編, 《世紀転換期の国際秩序と国民文化の形成》, 柏書房, 1999.

5) 東京大学社会科学研究所編, 《20世紀システム》, 全6巻, 東京大学出版会, 1998. 여기서는 특히 2권에 실린 하시모토 주로(橋本寿朗) 논문에 의함.

6) 南博, 《日本人論ー明治から今日まで》, 岩波書店, 1994.

7) 丸山眞男, 《丸山眞男講義録[第四册]》, 東京大学出版会, 1998.

8) 津田眞澂, 《日本的経営の論理》, 中央経済社, 1977.

9) 津田眞澂編著, 《新世代サラリマーンの生活と意見》, 東洋経済新報社, 1987.

10) 21世紀日本の構想懇談会, 《日本のフロンティアは日本の中にある》, 講談社, 2000.

11) 安丸良夫, 《日本の近代化と民衆思想》, 青木書店, 1974. 현재는 平凡社ライブラリー에서 간행.

12) 中川　清, 《日本都市の生活変動》, 勁草書房, 2000.

13) 小山静子, 《良妻賢母という規範》, 勁草書房, 1991.

14) 落合恵美子, 《21世紀家族へ(新版)》, 有斐閣, 1997.

15) 守門村(すもんむら), 《数字で見る守門村》, 資料編, 新潟県守門村, 2000.

저자 후기

1) N. チョムスキー, 《'ならず者国家'と新たな戦争》, 塚田幸三訳, 荒竹出版, 2002(노암 촘스키 지음, 장영준 옮김, 《불량국가》, 두레, 2001).

2) E.サイード, 《戦争とプロパガンダ》, 中野真紀子ほか訳, みすず書房, 2002.

3) ボブ ・ ウッドワード, 《ブッシュの戦争》, 伏見威蕃訳, 日本経済新聞社, 2003.

4) 2001년 10월 11일부 〈각국 수뇌에게 보내는 서한〉.

5) 사이드, 앞의 책.

6) 촘스키, 앞의 책.

7) ジル・ケベル,《宗教の復讐》, 中島ひかる訳, 晶文社, 1992.

8) マーク・ユルゲンスマイヤー,《グローバル時代の宗教とテロリズム》, 立川良司監修, 明石書店, 2003.

9) 위의 책, p.234.

10) 촘스키, 앞의 책, p.51.

11) ジェームズ・ジョル,《アナキスト》, 萩原延寿ほか訳, 岩波書店, 1975, p.168.

12) C.タウンゼンド,《テロリズム》, 宮坂直史訳, 岩波書店, 2003, p.86.

13) 위의 책, pp.72~73.

14)《朝日新聞》, 2003. 9. 12.

15) 앞의 책,《宗教の復讐》, p.34.

16) 위와 같음.

▌인명사전 ▌

가라타니 고진(柄谷行人, 1941~): 효고현 출생. 도쿄대학 경제학부 졸업. 문예평론가, 사상가. 나쓰메 소세키(夏目漱石)의 연구로 잡지 《군조》(群像)의 신인상에 응모하여 평론가로 등단했다. 현대사상을 중심으로 문학, 철학, 경제, 정치학, 수학기초론 등 다양한 분야에서 활동하고 있다. 잡지 《히효쿠칸》(批評空間)을 아사다 아키라와 함께 주재하면서 현대 사상을 소개하는 데 그치지 않고 독자적인 사색을 탐구하고 있다.

가미시마 지로(神島二郎, 1918~1998): 도쿄 출생. 도쿄제국대학 법학부 졸업. 일본 정치사상사 전공. 릿쿄대학 교수 역임. 대표적인 저작 《근대 일본의 정신구조》(近代日本の精神構造, 岩波書店, 1961)에서 '제2의 무라(村)'라는 개념을 제창했다. '제2의 무라'는 촌락공동체(제1의 무라)의 원리에 따른 의제적인 공동체이며, 구체적으로는 지연과 학벌 등을 가리킨다.

가사이 기요시(笠井潔, 1948~): 도쿄 출생. 와코대학 제적. 소설가, 추리작가, SF작가, 문예평론가. 작가로 전신하기 전에는 학생운동에 관여하여 프롤레타리아 학생동맹의 이론가로 활동했다. 그의 추리소설의 방식은 도스토예프스키 소설에서의 인물 간의 사상적인 대화와 같이 추리하는 탐정과 진범인과의 대결 속에 사상을 담아 넣는 것이 특징이다.

가쓰시카 호쿠사이(葛飾北斎, 1760~1849): 에도시대의 풍속화가. 삼라만상 모든 것을 그려 생애 3만점을 넘는 작품을 발표하고 판화와 기타 육필화에도 걸출했다. 에도 시대의 소설 삽화 예술에도 새로운 경지를 이루었으며 호쿠사이 만화를 비롯하여 그림책을 다수 발표하여 모필(毛筆)에 의한 형태 묘사에 수완을 발휘하여 그림 기술의 보급과 서민 교육에 커다란 도움이 되었다. 그의 그림은 서양의 고호 등 프랑스 인상파에게도 영향을 미쳤다. 그의 공적은 해외에서도 높은 평가를 받아 1999년 잡지 《라이프》(LIFE)의 '1000년간 가장 중요한 공적을 남긴 세계의 인물 100인'에 일본인으로서는 유일하게 순위권에 들었다.

가와시마 다케노리(川島武宜, 1907~1992): 기후현 출생. 전공은 민법, 법사회학. 일본 법사회학의 태두로 불렸다. 도쿄제국대학 교수, 스탠포드대학 객원교수 등을 역임. 마루야마 마사오, 오쓰카 히사오와 함께 전후 민주주의와 계몽주의를 이끌었다. 특히 일본의 전통적인 가족제도를 봉건적인 것으로 비판하고 또한 '오야붕'(親分), '꼬붕'(子分) 등의 전근대적인 의제적(擬制的) 가족의 문제를 추급했다.

가야트리 스피박(Gayatri Chakravorty Spivak, 1943~): 인도 출신의 세계적인 포스트식민주의 이론의 거장. 콜롬비아대학 교수. 그녀의 문제의식은 정치적으로 독립한 제3세계가 경제적, 문화적으로 새롭게 처하게 되는 종속 상태를 제대로 인식하고 해석할 수 있도록 하는 이론구성과 지식생산을 지구화의 현실에서 어떻게 파악할 것인가에 있다.

가타리(Félix Guattari, 1930~1992): 프랑스의 정신분석가, 사상가. 자크 라캉에게서 배웠으나 후에 결별하고 1968년 5월 혁명 이후 들뢰즈와 만나 《안티 오이디푸스》를 공동 저술했다. 정치범 구제 운동을 추진하는 한편 정신병원에 근무하면서 정신의학 개혁의 운동을 전개했다.

가토 슈이치(加藤周一, 1919~): 도쿄 출신. 도쿄대학 의학부 졸업. 평론가, 작가. 도쿄대학 강사, 베를린 자유대학, 예일대학 교수, 리츠메이칸대학(立命館大学) 교수 역임. 의학박사(혈액학 전공), '9조의 회' 발기인의 한 사람.

고다이고 천황(後醍醐天皇, 1288~1339): 98대 천황. 1333년 가마쿠라 막부를 멸망시키고 고대 천황이 직접 통치하는 형태로 건무중흥을 실현했다. 그러나 중흥정치에서 은상의 불공평과 공가중심의 정치로 무사와 농민의 불만을 사고 3년 만에 실패. 1336년 아시카가 다카우지(足利尊氏)의 반란으로 요시노로 탈출하여 남조를 세우고 교토의 조정(북조)에 대항했다. 이때부터 1392년 남조와 북조가 통합되기까지를 남북조 시대라고 한다.

골드만(Lucien Goldmann, 1913~1970): 프랑스의 평론가, 철학자. 파리대학에서 법률과 문학을 전공. 마르크스주의 철학자 루카치와 프랑스 구조주의 민족학, 사회학의 영향을 받아 문학작품의 구조와 사회구조의 관계를 추구하였다.

구로이타 가쓰미(黒板勝美, 1874~1945): 나가사키현 출생. 국사학자. 도쿄제국대학 국사학과 졸업 후 도쿄제국대학 사료편찬원, 동대학 강사, 조교수, 독일 유학을 거쳐 1919년 동 대학 교수. 《국사의 연구》, 《국체신론》 등을 저술하고 남북조정윤론(南北朝正閏論)에서는 남조정통설을 취했다.

구몬 슌페이(公文俊平, 1935~): 고치현 출생. 도쿄대학 경제학부 졸업. 인디애나대학 대학원에서 박사학위 취득. 도쿄대학 교양학부 교수, 국제대학 교수를 거쳐 2004년부터 다마대학 정보사회학연구소 소장. 처음에는 경제학자로 출발했으나 후일 사회과학의 제반 분야의 통합을 시도, 정보

· 대중매체 · 커뮤니케이션 연구를 주된 논제로 삼았다.

기타 잇키(北一輝, 1883~1937): 니가타현 사도 출생. 와세다대학 졸업. 국가사회주의자. 일본 사회주의자들과 교류하고 중국혁명 동맹회에도 가담했으나 송교인(宋敎仁) 암살 이후 중국혁명에 절망하고 반혁명적 입장을 명확히 했다. 1919년 〈일본 개조법안대강〉을 집필했으며 1920년 궁중모중대 사건(宮中某重大事件), 박열 괴사진 사건 등으로 정계와 궁정의 스캔들 괴문서를 폭로, 공격하는 등의 운동을 했다. 1930년대 이후 육군청년장교들과의 관계가 깊어지면서 그들의 쿠데타 계획에 사상적 근거를 제공했으며 1936년 2 · 26 사건에서도 지도와 조언을 했다. 사건 후 헌병대에 체포되어 군법회의에서 사형을 언도받고 1937년 8월 19일 처형당했다.

기도 고이치(木戸幸一, 1889~1977): 도쿄 출생. 메이지유신의 3걸 가운데 한 명인 기도 다카요시(木戸孝允)의 손자. 교토제국대학 졸업. 1940년부터 패전에 이르기까지 내대신으로서 쇼와 천황을 최측근에서 보필하면서 궁중정치에 관여했다. 미 · 일 전쟁 개전 후에는 도죠 히데키(東条英機) 내각을 지지했으나 전쟁 말기에는 종전공작을 추진했다. 패전 후 도쿄재판에서는 자신의 일기를 증거로 제출하고 종신금고형 판결을 받았다. 1955년 석방 후에 정계에서 은퇴했다.

기타무라 도코쿠(北村透谷, 1868~1894): 가나가와현 출생. 도쿄전문학교(지금의 와세다대학) 중퇴. 메이지시대의 평론가, 시인. 1881년 상경하여 자유민권운동에 접하면서 정치가를 지향했으나 운동의 방식에 의문을 품고 소설가로 전신했다. 1893년 시마자키 도손(島崎藤村) 등과 잡지 《분각카이》(文学界)를 창간하고 평론 활동을 전개했으나 건강을 해쳐 회복하지 못하고 빈사 상태에서 짧은 인생을 마감했다.

나베야마 사다치카(鍋山貞親, 1901~1979): 후쿠오카현 출생. 사회운동가. 오사카 메리야스공장, 전기회사, 철공소 등의 직공 사회경험을 쌓고 1926년 일본 공산당에 입당하여 1927년 소련으로 건너갔다. 귀국 후 당 중앙상임위원으로 노동 조합부를 담당하여 당의 재건에 임하다가 1929년 검거되었으나 1933년 사노 마나부와 함께 공동으로 전향성명을 발표했다.

나카오카 곤이치(中岡艮一, 1903~?): 도치키현 출생. 존왕양이운동으로 유명한 나카오카 신타로(中岡慎太郎)의 손자. 오쓰가역의 전철수로 근무할 때, 1921년 19세의 나이에 도쿄역에서 하라 다카시 수상을 암살했다. 종신형을 받았으나 3차례의 은사를 받고 1934년에 출소했다. 이후의 행적은 불명.

나탈리 데이비스(Natalie Zemon Davis, 1928~): 미국의 역사학자. 토론토대학 교수. 프랑스 근세를 중심으로 하는 사회사, 문화사, 여성사를 혁신한 것으로 평가된다. 16세기 유럽사 중에서도 특히 종교개혁, 종교전쟁기 프랑스에서의 종교, 문화, 사회를 연구했으며 1960년대에는 문학, 미술사, 문화인류학 등의 진전에 따라 폭력과 의례, 우행(愚行), 토착의 상징, 연극 등의 주제에 임하였다.

노르베르트 엘리아스(Norbert Elias, 1897~1990): 폴란드 출생의 유태계 독일인 사회학자. 1930년 프랑크푸르트에서 만하임의 지도로 교수자격 논문 〈궁정 사회〉(Die hofische Gesellschaft)를 쓰기 시작했으나 나치정권의 등장으로 유태인에 대한 탄압이 시작되면서 교수자격심사가 중단되었다. 독창적인 사회학적 사유를 역사적 실증연구와 결합시킨 《문명화 과정》은 이미 1930년대에 출판되었지만, 오랫동안 사회학계에서 주목받지 못했다. 1977년 프랑크푸르트시가 수여하는 아도르노 상을 수상한 후 엘리아스의 이름은 비로소 사회학을 넘어서 여러 학계에 널리 알려지게 되었다.

노자카 산조(野坂参三, 1892~1993): 야마구치현 출생. 일본 공산당의 전 명예회장. 중의원 의원. 참의원 의원. 첫 이름은 오노 산조(小野参弎). 9살에 노자카 집안의 양자로 들어가면서 성이 바뀌었다. 필명은 오카노 스스무(岡野進) 등을 사용했다. 게이오대학 재학 중 우애회(友愛會)에 가입하여 노동운동에 참가. 졸업 후 상임서기. 1919년 우애회의 파견으로 영국으로 건너가 영국 공산당에 참가. 귀국 후 일본 공산당 가입. 1928년 공산당 일제검거에서 검거되었으나 '눈병'을 이유로 석방. 이후 1931년 소련으로 입국하기까지의 경위는 아직도 수수께끼로 남아있다. 소련에서 외국인을 대상으로 한 비밀훈련을 받고 미국으로 건너가 미국 공산당과도 관계했다. 1940년 중국 연안에서 중국공산당과 합류, 1944년 중국에서 일본 인민해방연맹을 결성하여 일본인 포로의 재교육을 담당하고 일본제국주의 타도를 지향했다. 1946년 1월 12일 귀국하여 민주전선 수립을 목표로 '사랑받는 공산당'이라는 표어를 내세우고 신앙대상으로서의 황실을 용인한 중앙위원회와의 공동성명 발표. 정치범으로 수감 중이던 도쿠다 규이치(徳田救一)와 함께 공산당 재건에 노력했다. 1992년 100세가 되었을 때 《슈칸분슌》(週刊文春) 9~11월의 연재에서 소련의 간첩이었다는 사실이 밝혀지면서 일본 공산당으로부터 제명처분을 받았다(다만 고령이라는 것을 배려하여 당으로부터의 연금지급은 계속되었다). 제명에 즈음해서는 당의 사문에 반론하지 않았으며 이 건에 대해서는 끝내 함구한 채로 세상을 떠났다.

니시베 스스무(西部邁, 1939~): 북해도 출생. 도쿄대학 경제학부 졸업. 평론가, 경제학자. 요코하마 국립대학 교수, 도쿄대학 교수 등 역임. 도쿄대학 교수 채용에서 인사 문제로 교수회에 항의하여 사임. '새로운 역사교과서를 만드는 모임'에 일정한 거리를 두고 가담했으나 '아메리카니즘', '글로벌리즘', '근대주의'에 대한 비판이 사상의 중심이며 9·11 테러 이후의 미국 비판이 내부 갈등을 초래하여 2002년 '새역모'에서 탈퇴했다. 이후에도 산케이 신문 등을 중심으로 하는 보수논단의 주류와는 명확하게 일정한 거리를 두고 그들을 '친미 보수파'로 통렬하게 비판한다. 특히 이라크전쟁을 둘러싸고 첨예하게 대립하여 '미국이야말로 테러국가', '반미야말로 진정한 보수'라는 입장을 견지하고 있다. 그러나 좌익으로 돌아선 것은 아니며 수상의 야스쿠니 참배와 핵무장, 징병제에 찬성하는 등 원래 가지고 있던 보수색은 유지하고 있다.

니체(Friedrich Nietzsche, 1844~1900): 독일 레켄 출생. 전통적인 서구의 종교, 도덕, 철학에 깔려 있는 근본 동기를 밝히려 했으며 신학자, 철학자, 심리학자, 시인, 소설가, 극작가 등에게 깊은 영향을 미쳤다. 계몽주의라는 세속주의의 승리가 가져온 결과를 반성했다. "신은 죽었다"는 그의 주장은 20세기 유럽 지식인의 주요한 구호였다.

다니엘 벨(Daniel Bell, 1919~): 유태계 미국인의 사회학자, 하버드대학 명예교수. 서양 문화의 지배적인 형태로서의 모더니즘을 거부하고 대항하는 것으로서 종교의 중요성에 착목했다. 사회 변동론과 정치사회학을 주된 연구대상으로 삼아 정치적 · 경제적 제도 및 이러한 제도가 개인의 형성에 작용하는 방식을 연구했다. 주요 저서 《이데올로기의 종언(終焉)》(1960) 등에서는 미래 사회로서의 탈공업사회에 관하여 논하고 있다.

다니가와 간(谷川雁, 1923~1995): 구마모토현 미나마타 출생. 도쿄대학문학부 사회학과 졸업. 본명은 다니가와 이와오(谷川巌). 시인, 평론가, 소모임(서클) 활동가. 잡지 《서클촌》(サークル村) 창간 멤버. 친형은 민속학자로 유명한 다니가와 겐이치(谷川健一). 1995년 폐암으로 사망.

다치바나 고사부로(橘孝三郎, 1893~1974): 이바라기현 출생. 쇼와기의 국가주의자. 인생문제의 번민으로 고교를 중퇴하고 향리에서 농업에 종사. 1927년부터 농촌 청년을 대상으로 계몽활동을 하기 위해 애향회 설립하고 이를 기초로 애향숙 설립했다. 1931년 5 · 15 사건(해군청년장교의 쿠데타)에 참가하여 애향숙 학생들에게 변전소 습격을 지시. 1933년 무기징역형 선고. 1940년 은사로 출소. 이후에도 애향숙 재건을 꾀했다.

다케다 세이지(竹田青嗣, 1948~): 오사카 출생. 와세다대학 정경학부 졸업. 재일조선인 문예평론가. 와세다대학 국제교양학부 교수. 통상 사용하는 조선명은 강수차(姜修次)이며, 호적명은 강정수(姜正秀). '다케다 세이지'란 다자이 오사무(太宰治)의 소설 '죽청(竹青)'에서 따 온 필명이다. 독학으로 철학, 현대사상을 배우고 특히 독일 철학자 에드문트 후설(Edmund Husserl, 18598~1938)의 현상학에 관한 다수의 저술이 있다. 일반적으로 난해한 철학을 독자에게 알기 쉽게 전하는 데 뛰어난 능력이 있다.

데구치 나오(出口なお, 1837~1918): 오모토교(大本教)의 개조. 농민의 딸로 태어나 궁핍과 빈곤의 극에 달하는 생활을 영위하다가 1892년 2월 신들린 상태에서 13일간 단식하면서 괴성을 지르는 등 기행을 거듭하자 주위사람들이 골방에 가두었으나 골방에 떨어져 있던 못으로 신의 목소리를 문자로 새겼으며, 이것이 후일 오모토교에서 경전으로 삼는 '오후데가키'가 된다.

다케우치 요시미(竹内好, 1910~1977): 나가노현 출생. 도쿄제국대학 문학부 중국문학과 졸업. 중국문학자, 문예평론가. 루쉰의 연구 · 번역과 일본과 중국, 일본 문화 등의 문제에 관심을 가지고 언론계에서 발언권을 행사했다. '대 아시아주의'의 입장에서 일본군의 아시아 침략 전쟁을 엄격하게 규탄했다.

도야마 시게키(遠山茂樹, 1914~): 도쿄 출생. 도쿄제국대학 문학부 졸업. 유신사료편찬 사무국, 도쿄대학 사료편찬소에서 근무하면서 전시 하에서도 기초적인 연구를 진행할 수 있었다. 요코하마 시립대학, 센슈대학 교수 역임. 패전 후 사상 해방과 민주주의의 흐름 속에서 메이지유신사를 상부 구조와 하부구조의 종합적 고찰로서의 정치사로 그려내려는 강렬한 문제의식 하에서 《메이지유신》이라는 고전 명저를 낳았다.

도이 다케오(土居健郎, 1920~): 도쿄 출생. 의학박사, 정신과 의사. 도쿄대학 명예교수. 저서 《응석의 구조》('甘え'の構造)는 대표적인 일본인론으로 유명하다.

들뢰즈(Gilles Deleuze, 1925~1995): 프랑스의 철학자. 구조주의 등 1960년대의 서구 근대 이성의 재검토라는 사조 속에서 서구의 2대 지적 전통인 경험론・관념론이라는 사고의 기초 형태를 비판적으로 해명했다. 1972년에는 동료 가타리와 함께 저술한 《안티 오이디푸스》에서 기존의 정신분석에 반기를 들고, 니체주의적 틀 안에서 프로이트와 마르크스를 통합하여 20세기의 고정관념을 깨뜨렸다. 1995년 11월 자신의 아파트에서 뛰어내려 자살하였다.

라나지뜨 구하(Ranajit Guha, 1922~): 서발턴(Subaltern) 연구에 지대한 영향을 미친 인도 출신의 연구자. 1960년에 영국으로 이주. 《서발턴 연구》의 책임 편집자.

랑케(Leopold von Ranke, 1795~1886): 독일 출생. 역사에 대한 새로운 연구방법과 교수법으로 서유럽 역사서술에 큰 영향을 끼쳐 근대 역사학의 아버지로 불린다. 첫 작품인 《라틴 및 게르만 제(諸) 민족의 역사 1494～1514》(1824)가 학계에서 인정받아 이듬해 베를린대학으로 초빙되었다. 그 후 이곳에서 50년간에 걸쳐 강의를 담당하면서 많은 저작을 남겼다. 그의 역사 서술은 원사료(原史料)에 충실하면서 사실(史實)의 개성을 객관적으로 기술하는 데 그 특징이 있다. 그는 사실을 있는 그대로 기술할 것을 강조하고, 역사란 많은 사상(事象)이 상호 관련되어 발전된 그대로를 기술해야 하며, 또 각 시대에 존재하는 독자적인 개성가치를 간파해야 한다고 주장했다.

레비스트로스(Claude Gustave Lévi-Strauss, 1908~): 브뤼셀 출생. 영국과 미국 민족학자의 영향을 받았으며 프랑스에서는 마르셀 모스가 남긴 업적과 깊은 관계를 맺으면서, 문화체계를 이루는 요소들의 구조적 관계라는 관점에서 문화체계를 분석하는 구조주의의 선구자가 되었다.

로버트 단턴(Robert Darnton, 1939~): 뉴욕 출생. 프린스턴대학 사학과 교수. 1983년 《구체제 지하문학의 세계》(The Literary Underground of the Old Regime)로 미국 최우수 도서상 후보에

올랐으며 1984년 《고양이 대학살》로 〈LA 타임스〉 역사학 부문 최우수 도서상을 받았다.

루스 베네딕트(Ruth Benedic, 1887~1948): 뉴욕 출생. 미국의 문화인류학자. 콜롬비아 대학 교수 역임. 미국이 2차 세계대전에 참전하면서 전쟁에 관한 연구와 조언을 위해 소집한 대표적인 사회인류학자 중 한 사람. 1946년 출판된 《국화와 칼》(The Chrysanthemum and the Sword)은 일본 문화를 해명한 문화인류학의 고전 명저로 유명하다. 여기서 그녀는 문화상대주의를 일본 문화에 적용하여 '은'과 '의리'와 같은 일본 문화 고유의 가치를 제창했다. 그러나 최근에는 이에 대한 회의적인 경향도 보인다. 예컨대 일본 문화는 근대 일본 국가가 성립한 메이지유신 이후에 집대성된 가치 체계이며, 다분히 서양사상의 영향을 받고 있다는 비판이다. 그녀와 같이 문화를 심리적 관점에서 불변의 존재로서 이해하려는 시도는 때로는 역사의 우연성을 무시하는 위험성이 있다는 것이다.

루카치(Gyorgy Lukacs, 1885~1971): 헝가리 출생의 마르크스주의 철학자, 문학사가(文學史家). 하이델베르크대학에서 막스 베버에게 사사해 배웠다. 그 후에 사상적 전환기를 겪어 1918년 공산당에 입당했으며 후일 미학 연구에 전념하였다.

리처드 에반즈(Richard Evans, 1947~): 런던 출생. 독일 근현대사 연구자. 컬럼비아대학 교수. 기존의 역사학을 비판하는 포스트모더니즘의 논점을 밝히고 상호비판에 그치지 않고 대화를 통하여 현대 역사학을 위치 지워 옹호하고 모색하려는 노력을 하고 있다.

마루야마 마사오(丸山真男, 1914~1996): 오사카 출생. 도쿄제국대학 법학부 졸업. 정치학자. 일본정치사상사 연구에서의 권위자. 패전 직후 발표한 일본 군국주의와 파시즘에 대한 제 논고에서 특히 전전의 천황제를 '무책임의 체계', '억압이양의 논리' 등과 같이 논리적으로 체계화하여 당시 학계와 사회에 신선한 충격을 주었다. 60년 안보투쟁까지 아카데미즘의 영역을 넘어서 전후 민주주의의 오피니언 리더로서 커다란 영향력을 끼쳤다. 60년대 이후 근대주의자로 비판받았으나 아직도 그의 연구는 일본 사상사 연구에서 중요한 위치를 차지하고 있으며 여전히 생명력을 가지고 있다. 마루야마의 문하에서 '마루야마 학파'로 불리는 가미시마 지로(神島二郎), 후지타 쇼조(藤田省三), 이시다 다케시(石田雄), 하시카와 분조(橋川文三) 등의 저명한 학자들이 다수 배출되었다.

마르셀 모스(Marcel Mauss, 1872~1950): 프랑스 에피날 출생. 프랑스의 종교 사회학자이자 인류학자. 1925년 파리대학 민족학연구소를 세웠으며, 1931~1939년 콜레주 드 프랑스의 교수로 고등연구원 원장을 역임했다. 뒤르켐 학파의 기관지 《사회학 연보》를 새로 편수하여 뒤르켐의 후계자가 되었다.

마샬 살린스(Mashall Sahlins, 1930~): 미시간대학 졸업 후 석사를 마치고 1954년 콜롬비아 대학에서 박사. 레비스트로스를 비롯한 구조주의들과 마르크스주의자들 사이의 논쟁에서 많은 영향을 받고 1960년대 진화론적 주장을 포기했다. 그 후 경제현상에 대한 마르크스주의적인 분석을 거쳐 최근에는 역사의 구조적인 해석에 이르고 있다. 그의 저서 《석기시대의 경제학》(Stone Age Economics, 1978)은 문화인류학의 명저로 꼽힌다.

막스 베버(Max Weber, 1864~1920): 독일의 사회과학자. 역사학파가 가지는 이론적 약점을 지적하고 그 극복에 노력하였다. 그의 사회과학적 인식론은 역사학파에 대한 비판일 뿐 아니라, 마르크스주의에 대한 비판이기도 했다. 즉 마르크스주의를 유물사관에 의하여 주관적으로 구성된 하나의 이념형이라고 보고 이를 상대화했으며, 또한 경제적 요인에 의하여 역사적인 인과관계를 설명하는 유물사관에 대하여 종교나 정치 영역에서의 행위의 동기와 관련시켜 역사적 현상을 설명하려고 하였다. 《프로테스탄티즘의 윤리와 자본주의의 정신》은 그 대표적인 성과 중의 하나다.

칼 만하임(Karl Mannheim, 1893~1947): 헝가리 출생. 부다페스트대학 철학과 졸업. 하이델베르크대학 교수, 프랑크푸르트 암마인대학 사회학 교수 역임. 1933년 영국으로 망명하여 런던대학에서 사회학을 강의했으며, 1945~1947년 동대학 교육연구소 교수로 재직. 독일에서 지식사회학이라는 새로운 사회학 분야를 개척하여 이데올로기의 존재구속성을 강조했으며, 영국에 망명한 후로는 전투적 민주주의자로서 시국적인 발언도 하면서 시대의 진단학(診斷學)으로서의 사회학의 의의를 역설했다.

모리스 메를로 퐁티(Maurice Merleau-Ponty, 1908~1961): 프랑스 철학자. 2차 세계 대전에서 레지스탕스 일원으로 참여하면서 저술한 《지각의 현상학》(1945)을 출간하여 '몸의 정치'에 관한 독특한 이론을 세웠다. 같은 해에 레지스탕스 활동을 함께 했던 사르트르와 《현대》(Les Temps Modernes)를 창간한 이후, 당시 지식인들의 초미의 관심사였던 '공산주의의 문제'를 포함하여 예술·문학·윤리학 등에 관한 에세이를 연재했다. 1952년에는 공산주의를 옹호하는 사르트르와 결별하고 콜레주 드 프랑스의 철학 교수가 되었다. 1961년 5월 심장병으로 사망할 때까지 몸과 정치와 철학에 관한 강의와 저술에 몰두했다.

모토지마 히토시(本島等, 1922~): 나가사키현 출생. 교토대학 졸업. 정치가. 1979년부터 1995년까지 4기에 걸쳐 나가사키시의 시장 역임. 1988년 12월 7일 시의회에서의 답변 가운데 "천황에게는 전쟁책임이 있다고 생각한다"는 취지의 발언이 문제가 되어 발언의 철회를 요구하는 목소리가 있었으나 이를 거부했다. 이에 반발한 우익단체의 청년에 의해 1990년 1월 18일 총격을 받고 부상을 당했다. 1991년 선거에서는 혁신세력의 지지를 얻고 당선했으나 1995년 선거에서는 다선비판 등을 받고 패배한 후 정계를 은퇴했다.

모토오리 노리나가(本居宣長, 1730~1801): 에도 시대 후기의 국학자, 문헌학자, 의사. 《고지키》(古事記)를 35년간에 걸쳐 연구한 끝에 주석서 《고지키덴》(古事記傳)을 집필했다. 고대로부터 전해오는 일본인 내면의 정서와 정신을 제1의적인 것으로 보고 중국으로부터 들어 온 공자의 가르침을 자연에 거스르는 것이라고 비판했다.

미셸 푸코(Michel Foucault, 1926~1984): 프랑스 철학자. 구조주의, 포스트구조주의의 대표적인 사상가로 과학이나 철학과는 다른 '무의식적 문화'의 체계에서 인간 사고의 기저를 구하였다. 파리대학 반센 분교 철학 교수를 거쳐 1970년 이래 콜레주 드 프랑스 교수를 지냈다. 학생시절 동성애자로서의 괴로움과 엘리트로서의 심적 불안정으로 1948년 자살미수사건을 일으킴. 1950년 대학교원 자격시험에 실패. 1950년 재차 자살미수사건을 일으킴. 이 시기의 실의와 정신적 혼란에 직면한 푸코를 도운 것이 알튀셀이다. 알튀셀은 푸코를 정신분석으로 이끌고 의무실을 푸코의 개인연구실로 사용하게 하여 위기를 극복하게 해 주었다. 그의 연구는 '지식와 권력의 관계', '지식에 내재하는 권력의 움직임'을 해명했다. 즉 푸코의 사상에서의 '앎'의 역할은 '절대적 진리'를 규명하는 것이 아니라, 그것이 어떻게 발생하고 전개해 왔는가를 밝히는 데 있다. 1984년 에이즈로 사망.

미슐레(Jules Michelet, 1798~1874): 프랑스 혁명의 격동기에 고학으로 21세에 박사학위를 받고 국민고문서보존소 역사부장, 파리대학 교수, 콜레주 드 프랑스 교수 역임. 1852년 나폴레옹 3세의 쿠데타로 파리에서 추방된 이래 공직에 관여하지 않고 역사 집필에 전념했다. 역사에서 지리적 환경의 영향을 중시하고 민중의 입장에서 반동적 세력에 저항하였다.

미시마 유키오(三島由紀夫, 1925~1970): 도쿄 출생. 본명은 히라오카 기미타케(平岡君威). 도쿄대학 법학부 졸업. 소설가, 극작가, 다테노카이(방패회, 楯の會) 회장. 1970년 오전 육상자위대 동부방면 총감부의 총감실을 '방패회' 구성원 세 명과 함께 방문하여 총감을 인질로 농성. 자위관과 보도진을 상대로 난간에서 자위대의 쿠데타를 촉진하는 연설을 했으나 자위대원들의 야유와 보도 헬기의 소음으로 포기하고 '천황 폐하 만세'를 삼창한 후 총감실에서 할복자살했다.

미야모토 쓰네이치(宮本常一, 1907~1981): 야마구치현 출생. 현재의 오사카교육대학 졸업. 일본을 대표하는 민속학자의 한 사람. 전전부터 고도 성장기까지 일본 전국 각지를 직접 뛰어다니면서 방대한 기록을 남겼다. 그가 소속한 일본 상민문화 연구소는 가나가와대학으로 흡수되어 역사학자 아미노 요시히코(網野善彦)의 활동 장소가 되었다. 야나기다 구니오와 달리 유랑하는 백성이나 피차별민, 성(性)에 관한 문제 등을 중시했기 때문에 야나기다 학파로부터 무시, 냉대를 받았으나 1990년대에 들어와 재평가의 기운이 고조되었다. 서민의 관점에서 발로 모은 자료와 생활자로서 관찰하는 안목에 정평이 있다.

미야자와 도시요시(宮沢俊義, 1899~1976): 나가노현 출생. 도쿄제국대학 법학부 졸업. 헌법학자. 도쿄대학 명예교수. 대일본제국 헌법에서 일본국 헌법으로의 이행을 법적으로 해석한 '8월 혁명설'과, 법철학자 오다카 도모오(尾高朝雄)와의 사이에 일본국 헌법 하에서의 주권 소재를 둘러싼 '국체

논쟁'으로 유명하다.

바슐라르(Gaston Bachelard, 1884~1962): 프랑스 철학자, 과학철학자. 구조주의의 선구자이며 시론(詩論) · 이미지론으로도 유명하다. 그의 사상적 영위는 프랑스의 과학사와 과학철학의 현대적인 의미 확립에 기여한 동시에 피아제와 알튀셀 또는 캉길램을 통하여 푸코에게로 다채로운 영향을 끼쳤다.

보르케나우(Franz Borkenau, 1900~1957): 빈 출생. 독일의 사회사상사가. 공산주의자로서 활동. 1934년의 《봉건적 세계상에서 시민적 세계상으로》는 마르크스주의적인 입장에서의 '과학의 사회사'를 대표하는 저작으로 손꼽힌다.

부르크하르트(Jacob Burckhardt, 1818~1897): 스위스 출생. 역사학자. 바젤의 신교파 목사의 아들로 태어나 처음에는 신학을 배우다가 역사 · 미술로 방향을 전환하였다. 1839년 베를린대학에서 랑케에게 역사학을 배웠다. 대표작 《이탈리아 르네상스의 문화》는 르네상스사 연구에 결정적인 영향을 주는 명저로 평가 받는다. 그는 역사 연구의 임무란 '발전'이 아니라 '항상적(恒常的)인 것, 반복되는 것, 유형적인 것'의 세 가지를 실증적으로 탐구하는 데 있다고 했다.

사노 마나부(佐野学, 1891~1953): 오이타현 출생. 도쿄제국대학 대학원에서 농정학을 전공하고 1920부터 와세다대학 강사로 경제사, 경제학을 담당하면서 와세다대학의 사회운동의 지도에 임했다. 1922년 일본 공산당 입당. 27년에 당위원장으로서 상하이에서 당의 재건을 지도하지만 1929년 치안유지법으로 상하이에서 검거되어 무기징역을 받았다. 복역 중인 1933년 나베야마와 함께 전향성명을 발표하여 내외의 당원들에게 심각한 충격을 주고 대량 전향의 계기가 된 것으로도 유명하다. 1943년 출옥. 전후에는 일본 정치연구소를 설립하여 반소 · 반공 선전활동을 펼치고 1946년에는 와세다대학 교수로 복귀했다.

사쿠마 소잔(佐久間象山, 1811~1864): 에도 시대 말기의 사상가, 병학가. 1840년 아편전쟁에 강한 충격을 받고 그 원인을 사상과 학문의 문제로 파악하여 중국의 전철을 밟지 않기 위한 과제로서 서양에 대한 인식의 전환을 역설했다. 1854년 요시다 쇼인(吉田松陰)의 밀항사건에 연루되어 칩거. 사면 후 상경하여 마지막 장군 도쿠카와 요시노부(徳川慶喜)에게 시무를 건책했으나 1864년 양이파에게 암살당했다.

시미즈 이쿠타로(清水幾太郎, 1907~1988): 도쿄 출생. 도쿄대학 졸업. 사회학자, 평론가. 요미우리신문 논설위원, 도호쿠대학, 조치대학 강사를 거쳐 가쿠슈인대학 교수. 하니 고로 등을 통하여 마르크스주의에 접근. 패전 후에는 20세기 연구회를 창설하였다. 사회학과 사회심리학의 영역에서 새로운 문제의식을 제출하여 학계에 영향을 미쳤으나 60년대 안보투쟁 이후에는 평화운동을 비판하고 핵무장을 주장하는 등 급속한 사상적 전향으로 사회의 이목을 모았다.

시바 료타로(司馬遼太郎, 1923~1996): 오사카 출생. 본명은 후쿠다 데이이치(福田定一). '시바사관'이라는 독자적인 역사관을 가지고 역사소설에 새로운 바람을 불러일으켰다. 작품은 메이지유신을 전후한 시기를 다룬 것이 많으며 에세이, 문명 비평에서도 많은 글을 남겼다.

쓰다 소키치(津田左右吉, 1873~1961): 기후현 출생. 역사학자. 도쿄전문학교(현재의 도쿄대학) 졸업. 1920년 와세다대학 교수. 《고지키》와 《니혼쇼키》(日本書紀)의 기술 가운데 특히 신화와 관련된 부분은 후세의 윤색이 현저하다고 보고 엄격한 문헌비판을 통해서 실증주의적 · 합리적인 해석을 중심으로 한 역사학을 수립했다. 신화를 부정하는 '쓰다 사관'은 패전 후 일본 역사학의 주류가 되었으나 '황국사관'이 기승을 부리는 전시 중에는 박해를 받았다.

쓰루미 슌스케(鶴見俊輔, 1922~): 도쿄 출생. 하버드대학 철학과 졸업. 문예평론가, 철학자. '9조의 회' 발기인의 한 사람. 패전 후 《사상의 과학》을 창간하고 《공동연구 전향》 등을 편집하여 사상사 연구에서 성과를 올렸다. 마루야마 마사오와 함께 전후 사상계의 지도적 인물이다. 미국 실용주의를 일본에 소개한 사람이기도 하다. 제국주의시대 초대 대만총독부 민정국장, 남만주철도 초대 총재, 데라우치 내각의 외상, 내상 등을 역임한 고토 신페이(後藤新平)가 외조부이고 정치가 쓰루미 유스케(鶴見祐輔)가 부친이다.

신란(親鸞, 1173~1262): 가마쿠라 시대의 승려. 정토진종의 개조. 절대타력, 악인정기설을 주창하여 당시의 불교계에 커다란 영향을 미쳤으며 불교의 대중화에 기여했다.

아미노 요시히코(網野善彦, 1926~2004): 야마나시현 출생. 도쿄대학 문학부 국사학과 졸업. 전공은 일본 중세사. 중세의 직인과 예능민 등과 같이 농민 이외의 비정주민의 세계를 밝혀 천황을 정점으로 하는 농경민의 균질한 국가로 간주되어 온 이제까지의 일본상에 의문을 던지고 일본 중세사 연구에 커다란 반향을 불러왔다.

아사다 아키라(浅田彰, 1957~): 고베 출생으로 교토대학 경제학부 졸업. 교토대학 경제연구소 교수. 전공은 경제학과 사회사상사. 교토대학 인문과학연구소 조수 시절의 약관 26세에 《구조와 힘》을 출간. 구조주의와 포스트구조주의를 일관되게 원근법적으로 해설하는 딱딱한 철학서임에도 불구하고 10만부를 넘는 베스트셀러가 되었다. 이듬해 출간한 《도주론》과 함께 '아사다 아키라 현상'을 불러일으켜 현대 사상 붐과 뉴아카데미즘의 기수가 되었다. 기성세대로부터는 경박한 신세대의 대표로 취급되었으나 들뢰즈, 가타리, 데리다 등을 일본에 소개한 공적은 크다. 80년대, 90년대를 통하여 잡지 《히효쿠간》 등의 편집위원으로 가라타니 고진 등과 함께 현대 사상을 이끌고 있다.

아사히 헤이고(朝日平吾, 1890~1921): 사가현 출생. 메이지, 다이쇼 시대의 우익낭인. 국수주의자. 1916년 만몽독립운동에서는 마적단에 참가하기 위해 만주로 건너갔으나 조선과 만주에서 추방당했다. 1919년 귀국 후 평민청년단 조직에 분주. 1921년 9월 '죽음의 절규'를 유서로 남기고 야스다 젠지로를 죽인 후 그 장소에서 자결했다.

아시카가 요시미쓰(足利義満, 1358~1408): 무로마치 막부의 3대 장군. 1392년 남북조 통합을 성사시키고 1394년에는 태정대신에 올라 무가로서는 미증유의 영전을 이루었다. 같은 해 아들에게 장군직을 양위하고 출가했으나 태정대신으로서 여전히 실권을 장악했다.

아카마쓰 게이스케(赤松啓介, 1909~2000): 효고현 출생. 민속학자. 야나기다 민속학에 대하여 '성'과 '차별'과 같은 인간의 본질과 계급의 문제를 회피했다고 규탄하면서 독자적인 민속학을 수립했다. 아카마쓰는 인력거를 타고 촌장이나 지역의 지식인을 방문하는 야나기다 구니오와 달리 자전거를 직접 끌고 저변의 농촌을 방문하고 '비상민', 피차별 민중, 빈민가를 파고 들어가 그들의 옛 이야기와 생활전승 등을 글로 남겼다.

알랭 코르뱅(Alain Corbin, 1936~): 프랑스 출생의 역사학자. 아날파를 대표하여 '감성의 역사학'이라는 새로운 분야를 개척. 《냄새의 역사》는 악취를 혐오하고 향수를 좋아하는 현대인의 자명한 감수성이 언제 어떻게 탄생했는가를 18세기 서구의 역사 속에서 '후각 혁명'을 파헤쳐 공중위생학의 탄생과 악취 퇴치의 기원을 부각시킨 명저로 평가된다.

야나기타 구니오(柳田国男, 1875~1962): 효고현 출생. 도쿄제국대학 법과대학 정치과 졸업. 일본 민속학을 하나의 학문 체계로 대성시킨 민속학자. 농정에 깊은 관심을 가지고 졸업 후에는 농상무성에서 근무. 그 후 법제국, 궁내성을 거쳐 귀족원 서기관장 역임. 근대화 과정에서 상실된 민중(야나기다는 '상민'이라 불렀다)의 세계와 전통적인 생활에 눈을 돌려 이를 학문적인 연구 대상으로 삼으면서 일본 민속학의 아버지가 되었다.

야마카와 히토시(山川均, 1880~1958): 오카야마현 출생. 도시샤대학 중퇴. 사회주의자, 사회운동가, 사상가. 노농파 마르크스주의의 지도적 이론가. 전전 수차례 검거되었으며 전후 1946년에는 민주인민전선을 제창하여 민주인민연맹위원장이 되지만 병으로 활동하지 못했다. 그 후 사회당 좌파의 이론가로 활동했으며 1950년에 사회주의협회가 발족했을 때에는 공동대표를 역임했다.

야마구치 마사오(山口昌男, 1931~): 홋카이도 출생. 도쿄대학 문학부 국사학과 졸업. 멕시코대학 객원교수, 도쿄외국어대학 교수, 시즈오카대학 교수, 삿포로대학 교수 역임. 문화인류학에서 영화, 연극, 문학에 이르기까지 폭넓은 저술 활동을 전개한 문화인류학의 권위자.

야마다 모리타로(山田盛太郞, 1897~1980): 아이치현 출생. 도쿄제국대학 졸업. 마르크스주의 경제학자. 히라노 요시타로 등과 《일본 자본주의 발달사 강좌》 편찬을 담당했다. 《일본 자본주의 분석》(1934)으로 마르크스주의 강좌파의 대표적 논객으로 지목되었으며 노농파와의 사이에 '일본 자본주의 논쟁'을 전개했다.

야마자키 마사카즈(山崎正和, 1934~): 교토 출생. 교토대학 문학부 철학과 미학미술사전공 졸업. 동대학원 박사과정 수료. 예일대학 연극학과 유학. 간사이대학 문학부 교수, 오사카대학 문학부 교수를 거쳐 도아대학 학장 역임. 희곡과 함께 문명적인 관점에서 사회평론을 다수 저술. 성숙된 개인주의에 의거한 근대사회를 제창하고 있으며, 기업 메세나(Mecenat)와 브론티어의 개념을 일본에 보급시킨 당사자의 한 사람. 한신 히메지대지진에 조우하여 '시민 브론티어'를 '부드러운 개인주의'의 실현으로 높이 평가했다. 정치사상적으로는 중도, 친미적인 현실주의의 입장에 있다.

야스다 요쥬로(保田与重郞, 1910~1981): 나라현 출생. 도쿄제국대학 미술사학과 졸업. 평론가. 졸업 후 가메이 쇼이치로(亀井勝一郎) 등과 《일본 낭만파》 창간. 전통주의, 반근대주의, 반진보주의, 아시아주의의 경향이 강하다. 전시기에는 '대동아 전쟁'을 정당화하기 위해 일본의 고전문학, 고미술에 관심을 기울이고 일본 정신의 재검토, 부활, 이른바 일본주의를 강화했다. 패전 후 공직추방에 처해지고 문단에서 가장 악질적인 우익문인으로 매장되었으나 1960년대 후반부터 복권되었으며 잡지 《소코쿠》(祖国)를 창간하는 등 그 자세는 전전부터 일관적이었다.

야스다 젠지로(安田善次郞, 1838~1921): 도야마현 출생의 실업가. 야스다 재벌을 일으킨 사람. 오노 요코의 증조부이기도 하다. 야스다은행(후일 후지은행, 지금의 미즈호코보레트은행) 설립, 손해보험회사, 생명보험회사(현재의 메이지야스다 생명보험) 등을 설립하여 금융 재벌로서의 기초를 닦았다. 이 밖에도 일본 전기철도와 제국호텔의 설립 발기인. 일본 은행의 감사 등 당시의 국가운영에도 깊이 관여했으나 별장에서 아사히 헤이고에게 살해당했다. 도쿄대학의 야스다강당과 히비야공회당은 야스다 젠지로가 기부한 것이다.

에드워드 톰슨(E. P. Thompson, 1924~1993): 영국 좌파 역사학자, 톰슨의 아버지는 전도사, 인도의 독립운동 지지. 어머니는 미국인. 형은 일찍이 공산당에 가담하여 2차 세계대전에서는 발칸반도와 카이로를 연결하는 반파시스트 빨치산으로 활약하다가 1944년 불가리아에서 체포되어 총살당했다. 톰슨도 유고슬라비아에 지원병으로 종군. 그의 주된 저서 《영국 노동자계급의 형성》(초판 1963)은 지금도 영미권의 대학가에서 널리 읽히는 명저다. 역사적 과거를 재창조하는 작업으로 '전통의 창출'이라는 개념을 만들었다.

에릭 홉스봄(Eric John Ernst Hobsbawm, 1917~): 영국의 역사학자. 대학에서 영국 공산당에 입당하고 1946년부터 1956년까지 '공산당 역사가들의 모임'에서 활동했다. 공산주의의 경직성을 비판하고 역사 연구에서도 이념을 앞세우지 않음으로서 자유주의자들이 가장 많이 읽는 마르크스주의 저술가가 되었다. 특히 연구 대상을 노동자 조직 및 지도자들에게 국한하지 않고 노동계급 전체의 경험을 총체적으로 조망하여 눈길을 끌었으며, 자본주의 형성과정과 그에 따른 인간의 다양한 삶에 근거하여 근대 자본주의 사회의 역사를 연구하여 명성을 얻었다.

오노 다이이치(大野耐一, 1912~1990): 중국 대련 출생. 기술자, 경영자로서 도요다 자동차 부사장 역임했다. 세계적으로 유명한 도요타 생산방식(TOYOTA Product System)을 체계화한 인물.

오다 마코토(小田実, 1932~): 오사카 출생 도쿄대학 문학부 졸업. 작가, 평화운동가. 1960년 안보투쟁기부터 평화운동에 관여하기 시작하여 베트남 전쟁 때에는 '베트남에 평화를 시민연합', '일본은 이대로 좋은가 시민연합' 등을 결성. 박정희 군사정권 하에서 박해를 받던 김대중 구출운동에도 가담했다.

오리쿠치 시노부(折口信夫, 1887~1953): 오사카 출생. 고쿠가쿠인대학 졸업. 일본 민속학, 국문학자. 야나기다 구니오가 주최하는 '향토연구'에 가담하고 1917년에는 고쿠가쿠인대학 내에 향토연구회 창설. 1919년 동대학 강사로 취임. 1922년 동대학 교수, 1924년 게이오대학 교수 겸직. 민속학, 국문학, 신도사상을 융합한 독특한 '오리구치학'의 세계를 열고 문학사, 예능사, 민속학, 국어학, 고전연구, 신도학, 고대학 등의 분야에서 뛰어난 업적을 남겼다. 동성애자로 평생을 독신으로 지냈다.

오쓰카 히사오(大塚久雄, 1907~1996): 교토 출생. 도쿄제국대학 경제학부 졸업. 호세이대학 경제학부 교수를 거쳐 도쿄대학 경제학부 교수. 퇴관 후 국제기독교대학 교수 역임. 학생시절에 미키 기요시(三木清) 철학을 매개로 하여 마르크스 경제학에 이끌리지만 신앙과 마르크스주의에 관한 고뇌를 우치무라 간조(内村鑑三)에게 고백하여 격려를 받았다. 서양 경제사 연구에서 한 시대를 풍미한 대학자이며 그의 학문을 '오쓰카 사학'이라고 부른다. 특히 전후 계몽기에는 봉건에서 근대로의 인간유형 확립에 의한 일본 사회 변혁의 이론을 제시했다.

오에 겐자부로(大江健三郎, 1935~): 에히메현 출생. 도쿄대학 문학부 졸업 소설가. 1957년 문학계 데뷔, 1958년 《사육》으로 아쿠다가와상 수상. 1994년 10월 13일 일본인으로는 두 번째로 노벨 문학상 수상. 노벨상 수여 결정 후 황실로부터 문화훈장과 문화공로상 수여가 결정되었으나 "민주주의보다 우월한 권위와 가치관을 진정하지 않는다"며 천황으로부터의 수상을 거부하여 화제가 되었다.

오자와 이치로(小沢一郎, 1942~): 도쿄 출생. 게이오대학 경제학부 졸업. 정치가. 중의원 의원(13기). 국가공안위원장(44대), 자민당 간사장, 신생당 대표간사, 신진당 당수(2대), 자유당 당수, 현 민주당 대표. 정치적 주장으로는 'A급 전범'의 야스쿠니신사 합사에 반대하여 정권을 잡으면 이를 실행한다고 명언. 자위대의 해외파견에 대해서는 유엔중심주의의 입장. 유엔이 용인한 유엔군, 다국적군의 참가에 찬성하는 입장이다.

와쓰지 데쓰로(和辻哲郞, 1889~1960): 효고현 출생. 도쿄제국대학 철학과 졸업. 《고사순례》, 《풍토》 등의 저작으로 유명한 철학자, 윤리학자, 문화사가, 사상사가. 호세이대학 교수, 교토제국대학 교수 등 역임. 일본적인 사상과 서양 사상의 융합, 혹은 지양이라고도 할 수 있는 경지를 지향한 드문 철학자로 평가받는다. 《풍토》는 1927년 독일 유학중에 하이데거의 《존재와 시간》에서 시사를 얻어 시간이 아닌 공간으로 인간을 고찰하여 1931년 간행되었으며 전후 유행한 일본 문화론의 선구가 되었다. 한편 "풍토가 인간에게 영향을 미친다"는 사상은 나쁜 환경결정론이라는 비판과 천황제 긍정론으로 이어진다는 비판이 있다.

요시모토 다카아키(吉本隆明, 1924~): 도쿄 출신. 도쿄공업대학 졸업. 시인, 문예비평가, 사상가. 전후 일본 사상의 대표적인 인물 가운데 하나로 꼽힌다. 1962년 《의제(擬制)의 종언》에서 공산당을 비판했으며, 1968년에 발표한 《공동 환상론》에서의 국가론은 당시 대학생들에게 성전과 같이 널리 읽히고 고전적 마르크스주의에 식상한 지식인들의 지지를 얻었다. 60년대~70년대에 '전학련'과 '전공투' 등의 '신좌익'에게 반체제 이데올로기의 이론적 지주로서 영향을 미쳤으며 신좌익의 일부에서는 교조적 존재였다. 문학에서 하위 문화(subculture), 정치, 사회 등 광범위한 영역을 대상으로 평론과 사상활동을 해왔으며 다수의 저작이 있다.

요코이 쇼난(横井小楠, 1809~1869): 구마모토 번사 출신. 에도시대 말기에 활약한 유학자, 사상가. 쇄국체제, 막번체제를 비판하고 이에 대신하는 국가와 사회를 구상하여 '공공성'과 '무역'의 확충을 통한 통일국가를 모색했다. 메이지유신에 공을 세우고 신정부에 출사했으나 신정부의 '개국' 방침에 반대하는 과격한 근왕파들에게 암살당했다.

우메사오 다다오(梅棹忠夫, 1920~): 교토 출생. 교토제국대학 이학부 졸업. 일본의 생태학자, 민족학자. 생태학을 출발점으로 동물사회학을 거쳐 민족학(문화인류학), 비교 문명론으로 연구의 중심을 옮겼다. 몽고의 유목민과 가축군의 연구를 기반으로 한 《문명의 생태사관》은 커다란 반향을 불러일으켰다. 국립 민족학 박물관의 설립에 진력하고 초대관장으로 취임했다. 1986년 원인불명의 실명으로 인하여 그 후의 저술은 구술필기로 행하고 있다. 일본어의 로마자화 추진론자이며 재단법인 일본 로마자학회 회장이기도 하다.

우메하라 다케시(梅原猛, 1925~): 미야기현 출생. 교토대학 문학부 철학과 졸업. 철학자. 리츠메이칸대학 교수, 교토시립예술대학 교수, 동대학 학장을 거쳐 1987년부터 1995년까지 국제 일본 문화 연구센터 초대 소장. 현재 교토시립예술대학 명예교수. 국제 일본 문화 연구센터 고문. 일본 고대, 특히 죠몽 시대를 일본 문화의 원류로 보는 입장에 있다.

우에노 에이신(上野英信, 1923~1987): 야마구치현 출생. 1945년 8월 6일 히로시마 주둔지에서 피폭. 1947년 교토대학 문학부 중국 문학과 중퇴 후 치쿠호 탄광으로 들어가 갱부 생활을 보내면서 탄광 노동자의 문예지 《노동예술》 창간. 1953년 치쿠호 탄광 노동자 공작대를 결성하여 《지하전선》을 창간(5호까지 간행). 1958년 다니가와 간, 모리사키 가즈에 등과 규슈 모임 연구회를 결성하고 《서클촌》(サークル村)을 간행하면서 미나마타 공해의 고발자 이시무레 미치코와 나카무라 기이코 등을 배출했다.

이노우에 기요시(井上清, 1913~2000): 고치현 출생. 도쿄제국대학 문학부 국사학과 졸업. 문부성 유신사 편찬촉탁, 제국학사원 제실제도사 편찬촉탁 등 역임. 전후에는 교토대학 교수로 77년까지 재직. 마르크스주의 입장에서 천황제를 비판했으며 60년대 전국 학원투쟁에서는 전공투 지원의 자세를 밝히는 등 정치적 발언을 계속했다.

이노우에 닛쇼(井上日昭, 1886~1967): 군마현 출생. 쇼와 초기의 국가주의자. 동양협회전문학교 중퇴. 1910년 만주로 건너가 만철사원으로서 참모본부의 첩보활동에 종사했다. 귀국 후 니치렌종(日蓮宗)을 설파하면서 국가혁신운동에 가담. 1932년 혈맹단을 조직하고 정치가, 실업가 등의 암살을 지도하다가 체포되어 무기징역형을 받았으며 1940년 출소했다.

이로카와 다이키치(色川大吉, 1925~): 지바현 출생. 도쿄대학 문학부 사학과 졸업. 도쿄경제대학 교수, 미국 프린스턴대학 객원교수, 국립민속박물관 객원교수를 거쳐 현재 도쿄경제대학 명예교수. 전공은 일본 근대사, 사상사. 1960~61년에 걸쳐 민중사상사의 논문에서 '민중사'라는 새로운 분야를 개척하고, 1975년에는 '개인사'를 제창. 미나마타병 사건으로 시민운동에도 관여하는 한편 30년에 걸쳐 실크로드와 티베트를 답사했다.

이소베 아사이치(磯部浅一, 1905~1937): 야마구치현 출생. 육군사관학교 졸업. 육군 대위. 국가사회주의자. 1934년 육군사관학교 사건으로 구속, 이듬 해 석방 후 면직. 이후 기타 잇키의 아래서 활동하면서 청년 장교 그룹의 지도적 역할을 하고 2 · 26 사건으로 총살형 당했다. 옥중에서는 수기를 집필하여 자신들의 계획의 정당성을 호소했다.

이시다 바이간(石田梅岩, 1685~1744): 에도 시대의 사상가. 석문심학(石門心學)의 개조. 그의 사상은 한 것으로 당시로서는 드문 생각이었다.

이시모타 쇼(石母田正, 1912~1986): 홋카이도 출생. 도쿄제국대학 문학부 국사학과 졸업. 아사히신문사 출판국을 거쳐 호세이대학 교수. 전공은 일본 고대 · 중세사. 1946년 《중세적 세계의 형성》으로 전후 역사학계의 중심인물이 되었다. 1952년에는 《역사와 민족의 발견》을 간행하여 '국민적 역사운동'에 커다란 영향을 미쳤다.

이시하라 간지(石原莞爾, 1889~1949): 야마가타현 출생. 육사 21기. 육군 중장. 1928년 관동군 참모로서 공황 하에서 일본 제국주의의 심각한 모순을 타개하기 위해 만주의 무력점령계획을 준비. 1931년 만주사변을 일으키고 '만주국' 건국의 주역이 되었다. 1935년 육군 참모본부 작전과장으로서 일본의 군사전략을 대소전쟁 준비로 일원화하기 위해 노력하고, 중요산업 5개년 계획의 입안을 추진하여 장기적인 전쟁 경제체제의 확립을 세웠다. 중일전쟁에서는 불확대를 주장하다가 고립하여 관동군참모부장으로 전직했으나 도죠 히데키(東条英機)와 대립하여 군의 중추에서 밀려 1941년 예편했다. 이듬해 리츠메이칸대학의 교수로 민간에서 동아연맹운동을 추진했다. 강렬한 니치렌 신앙과 유럽 전사의 연구를 결합시켜 '세계 최종전'이라는 독자적인 전쟁 이론을 형성했다.

장 보드리야르(Jean Baudrillard, 1929~): 프랑스의 대표적인 지성이며 현대성에 가장 뛰어난 해석가 가운데 한 사람. 그의 저작들은 1970년대 이후 포스트모던 문화이론과 미디어, 예술, 그리고 사회에 관한 논의에 많은 영향을 미쳤다. 현대인의 일상을 소비로 해부한 그는 현대인이 물건의 기능을 따지는 것이 아니라 상품을 통해서 얻을 수 있는 권위, 즉 기호를 소비한다고 주장했다.

제라르 노와리엘(Gerard Noiriel, 1950~): 역사학자, 파리 고등과학사회연구원 교수. 《역사학의 위기》는 아날학파가 제창하는 '비판적 전회'에 대하여 가장 먼저 반응한 시론으로 평가된다. '언어론적 전회'에 대한 엄격한 비판에서 인식론적 측면을 강조한다.

지바나 쇼이치(知花昌一, 1948~): 오키나와현 요미탄손 출생. 오키나와대학 졸업. 오키나와의 평화운동가. 반전(反戰)지주. 1998년부터 요미탄손 의회 의원. 학생시절부터 자치위원장으로서 오키나와 복귀운동에 참가. 그 후 슈퍼마켓과 민박 등을 경영하면서 오키나와 전투에서의 집단자결을 조사하는 등 갖가지 평화운동을 주도해왔다. 1987년에 개최된 오키나와 전국 체전에서 요미탄손의 소프트볼 대회장에서 게양된 '히노마루'를 불태웠다. 그는 이것이 천황의 오키나와 첫 방문으로 강화되는 '히노마루 · 기미가요'의 강제에 대한 저항이라고 주장했다. 이 사건은 오키나와뿐만 아니라 전국의 언론에서 크게 보도되었다. 1996년 미군의 사용기한을 맞이한 통신소 안에 있는 소유지에 토지의 반환을 요구하면서 가족과 함께 출입운동을 일으켰다.

카를로 긴즈부르크(Carlo Ginzburg, 1939~): 이탈리아 역사가. 이탈리아 르네상스, 근현대사 전공. 1961년 피사 대학에서 박사학위 취득. 현대 역사학의 주류적 흐름인 마르크스주의 역사학, 독일의 사회구조사, 프랑스 아날 학파는 모두 이 세계를 '과학적'으로 인식하는 '거대한 이론틀'을 구축하려는 경향을 지니고 있었다. 긴즈부르크는 이와는 달리 구체적인 개인의 일상과 마음을 통해 한 시대를 조감하려는 시도를 했다. 그 모색의 결과가 '미시사'다. 긴즈부르크는 범주로서의 존재가 아니라 실제의 이름을 가진 구체적인 개인에 대해 관찰하고, 잘 분석함으로써 그가 살아가는 사회가 어떤 사회이며 어떤 변화를 겪고 있는지를 살핀다. 이러한 시각과 방법론이 응축된 책이 《치즈와 구더기》다. 이 밖에도 《마녀와 베난단티의 밤의 전투 - 16세기와 17세기의 마법과 농경의식》이 있으며 현재 미국 UCLA에서 강의하고 있다.

칼 슈미트(Carl Schmitt, 1888~1985): 독일의 공법학자, 정치학자. 베를린과 스트라스부르대학에서 수학. 1916년 스트라스부르대학 강사를 거쳐 1933년에 베를린대학 교수가 되었으며, 프로이센의 상원의원으로 입법에 참여하기도 했다. 그의 학설은 나치 체제를 옹호하는 역할을 했으며 패전 후 한때 투옥되었다가(1945～1947) 다시 학계로 복귀하였다. 그의 견해는 법과 정치질서가 정당화될 수 있는 근거는 주권적 권위자의 '결단' 속에서 찾아지는 것이었다. 이러한 결단주의는 나치의 권력투쟁 과정에서도 객관적인 뜻을 지닐 수 있었지만, 일단 이 체제가 성립된 뒤에는 합리화의 역할을 할 수 없게 되었다.

베네데토 크로체(Benedetto Croce, 1866~1952): 이탈리아 출생. 철학자, 역사가. 예술 · 문학 · 정치 등 문화 전반에 걸쳐서 광범위한 흥미를 가지고 《정신의 철학》(1902), 《역사의 이론과 역사》(1915) 등의 저서를 남기는 한편, 월간잡지 《비평》을 발행하였다(1903~1937). 정치에도 참여하여 G.젠틸레와 함께 유명한 교육개혁안 작성을 맡았고, 상원의원과 교육장관이 되기도 하였다. 파시즘 시대에는 정부에 대한 협력을 거부하고 반(反)파시스트 지식인의 의견을 대변하였으며, 망명 · 추방 · 투옥된 파시즘 반대자들을 돕고, 젊은 사람들을 위한 자유의 기치로서 희망과 용기를 주었다. 크로체는 자신의 철학을 '정신의 철학'이라고 불렀으며, 모든 현실에 내재(內在)하는 정신에는 예술과 논리라는 이론적 활동과, 경제와 윤리라는 실천적 활동이 있다고 보고, 이들 네 가지 활동은 서로 밀접한 연관성을 갖는다고 생각하였다.

클리포드 기어츠(Clifford Geertz, 1926~): 시카고대학 교수를 거쳐 1970년 이후부터는 프린스턴대학 교수 역임. 인도네시아 연구의 권위자로 자바 · 발리 · 모로코 등지에서 종교와 사회조직, 문화변용의 문제에 관한 연구와 조사를 행하였다. 그의 학설은 문화를 상징체계로서 파악하는 문화이론으로 알려져 있으며, 지역 연구에 생태학적 관점을 도입하였다.

토마스 룩스만(Thomas Luckmann, 1927~): 유고슬라비아 출생. 그리고 P.L. 버거와 같은 뉴스쿨 포 소셜리서치 등에서 철학 및 사회학을 연구. 1960~1965년 모교에서 교편을 잡은 후 독일의 프랑크푸르트대학 교수, 1970년 이후 신설의 콘스탄츠대학으로 부임. 전공은 종교사회학, 직업사회학, 언어사회학 등.

토크빌(Alexis-Charles-Henri Maurice Clérel de Tocqueville, 1805~1859): 파리 출생. 프랑스 정치학자, 역사학자. 노르망디의 귀족 출신으로 1827년 베르사유재판소 배석판사에 취임하였으며 1831년 교도소 조사를 위하여 미국으로 건너갔다. 귀국 후 《미국의 민주주의》(2권, 1835~1840)를 저술. 이 저서에서 근대 민주주의 사회로의 이행을 필연적 현상으로 보았으며, 나아가 이러한 사회의 부정적 영향으로 개인주의나 정치적 무관심 등에 대해서도 언급하였다. 1849년 외무장관을 지냈으며, 1851년 나폴레옹의 쿠데타에 반대하여 체포된 후 정계에서 은퇴하고 역사연구에 전념하였다.

P.L. 버거(Peter L. Berger, 1929~): 빈 출생, 1946년 미국으로 이주. 와그너대학 및 뉴스쿨 포 소셜 리서치에서 사회학을 배우고 뉴저지주의 라트가즈대학에 재직. 전공은 종교사회학과 지식사회학이며 이외에도 아이덴티티론, 정신분석학, 사회 이동의 문제 등에 관한 연구도 있다.

필립 아리에스(Philippe Aries, 1914~1984): 아날학파의 새로운 역사학의 흐름을 대표하는 역사학자. 저서로는 《아동의 탄생》과 중세부터 현대까지의 인간의 죽음에 대한 관념과 태도를 고찰한 《죽음 앞에 선 인간》이 있다. 원래 아날학파의 조사수법의 특징은 인간의 의식, 감정에 주목하는 데 있으며, 이 책에서 아리에스는 도상(圖像) 기술과 묘비명, 일지, 서한 등을 구사하여 중세에는 존재하지 않았던 '어린이'라는 의식이 근대에 들어와 어떻게 형성되었는가를 밝힌다.

하니 고로(羽仁五郎, 1901~1983): 군마현 출생. 1921년 도쿄대학 법학부 입학 수개월 후 휴학하고 독일 유학. 독일에서 유물사관을 접하고 "모든 역사는 현대의 역사"라고 하는 크로체의 역사철학에 크게 영향을 받았으며 메이지유신의 원동력을 인민투쟁에서 구하는 '인민 사관'에 입각하여 일본 근대사의 과학적 연구를 기초 지었다. 1933년 치안유지법 위반으로 검거된 후에는 《미켈란젤로》 등 기타 저술로 파시즘에 저항하여 많은 지식인들의 공감을 얻었다.

하라 다카시(原敬,1856~1921): 모리오카현 출생. 정치가. 제19대 내각총리대신. 1876년 사법성 법학교에 우수한 성적으로 합격했으나 기숙사 대우 개선 행동에 관여한 이유로 퇴교 처분. 이후 자유민권운동가 나카에 조민(中江兆民)의 학원에서 수학한 후 1879년 유빈호치 신문사에 입사. 이후 외무성, 농상무성을 거쳐 세이유카이(政友会)에 참가하면서 정계에 진출하여 1918년 내각총리대신에 취임. 1921년 도쿄역에서 암살당했다. 작위의 수여를 고사한 '평민재상'으로도 유명하다.

하시카와 분조(橋川文三, 1922~1983): 히로시마현 출생. 도쿄대학 졸업. 1950년대 잡지에 연재한 〈일본 낭만파 비판서설〉로 사상계에 데뷔. 이후 메이지유신에서 패전까지의 문학자, 우익운동가, 군인, 정치가, 관료에서 테러리스트에 이르기까지 갖가지 인간군상의 내재적 이해를 시도했다.

하이에크(Friedrich August von Hayek, 1899~1992): 오스트리아 빈 출생의 영국 경제학자. 1927년 오스트리아 경기연구소(景氣研究所) 소장, 1929년부터 빈대학 강사 겸임, 1931년 영국 런던대학교 교수. 1938년 영국 시민권을 취득. 1936년까지 화폐의 순수이론 · 경기 순환의 제 원인 등에 관한 케인즈와의 대논쟁으로 그의 연구생활을 보냈으며, 1950년부터 1962년까지 시카고대학에서 연구생활을 하였다. 다시 유럽으로 돌아온 후 필생의 대작으로 불리는 《법, 입법, 자유》(1973~1979)를 완성하였다. 1974년 스웨덴의 뮈르달과 함께 화폐와 경제변동의 연구로 노벨경제학상을 수상했다.

핫토리 시소(服部之総, 1901~1956): 시마네현 출생. 도쿄제국대학 문학부 사회학과 졸업. 역사학자. 《일본 자본주의 발달사 강좌》에서는 메이지유신 연구에 관한 논문을 집필했으며 일본 자본주의 논쟁에 가담했다. 그가 메이지유신 당시의 경제를 마르크스의 《자본론》에 의거하여 '엄밀한 의미에서의 매뉴팩처시대'(eigentliche Manufacturperiode)라고 주장한 것은 유명하다. 전후에는 호세이대학 교수로 재직했으나 극도의 신경쇠약으로 자신의 죽음을 앞당겼다.

헤이든 화이트(Hayden White, 1928~): 미국의 역사학자. 캘리포니아대학(산타크루즈) 석좌교수. 스탠포드대학 비교문학 교수. 주저 《메타히스토리 -19세기 유럽의 상상력》에서는 헤겔, 미슐레, 랑케, 토크빌, 부르크하르트, 니체, 크로체 등을 거론하여 유럽 수사학의 기본적인 지식을 면밀하게 정리한 것으로 오늘날 역사학에 그치지 않고 문학, 철학 등의 분야에도 영향을 끼치고 있다.

호쓰미 야쓰카(穂積八束, 1855~1926): 에히메현 출생. 16세에 상경하여 지금의 도쿄대학에 해당하는 대학남교(大學南校)에 입학. 1876년 문부성 유학생으로 영국, 독일로 건너가 법학을 배웠다. 1881년 귀국 후 도쿄대학 법학부 강사, 1882~1912년까지 도쿄제국대학 교수. 33세에 일본 최초의 법학박사가 되어 초창기 일본 법학계에 큰 영향을 끼쳤다.

후지타 쇼조(藤田省三, 1927~2003): 에히메현 출생. 18세에 패전을 맞이하여 육군예비사관학교에서 귀향하던 도중 서점에서 마루야마 마사오의 〈초국가주의의 논리와 심리〉를 읽은 것이 계기가 되어 마루야마 연구회에 입학했다. 마루야마의 제자로서는 발표한 연구가 많지 않지만 마루야마 학파를 대표하는 논객으로 알려져 있다. 특히 천황제 국가의 구조 분석은 전후 사상사 연구에서 획기적인 의미를 가진다.

히노 아시헤이(火野葦平, 1907~1960): 후쿠시마현 출생. 와세다대학 영문과 중퇴. 소설가. 1938년 《분뇨담糞尿譚》으로 아쿠다가와상(芥川賞) 수상. 그 후 중국 전선에 출정하여 전투 와중에 병사들의 생생한 인간성을 묘사한 《보리와 군대》는 커다란 호평을 받았으며 《흙과 군대》, 《꽃과 군대》의 군대 3부작은 300만부를 넘는 베스트셀러가 되었다. 전후에는 '전범 작가'로서 1948년부터 1950년까지 공직추방. 1960년 자택의 서재에서 자살했다.

히라노 요시타로(平野義太郎, 1907~1980): 도쿄 출생. 도쿄제국대학 졸업. 법학자. 1924년 도쿄대학 교수. 1926년 치안유지법 위반으로 검거. 1932년 《일본 자본주의 발달사 강좌》의 편집을 담당했다.

히라이즈미 기요시(平泉澄, 1895~1984): 후쿠이현 출생. 도쿄제국대학 국사학과 졸업. 1927년부터

동 대학 교수. 패전 직후 동 대학 사직. 1948년 공직추방. 열렬한 황국사관의 주창자로서 황국사관을 관학 아카데미즘이라는 입장에서 강조했다.

히로마츠 와타루(広松渉, 1933~1994): 후쿠오카현 출생의 마르크스주의 철학자, 도쿄대학 명예교수. 1946년 일본 청년공산당 동맹에 가맹. 1949년 4월 고등학교 진학과 동시에 일본 공산당에 입당. 1950년의 내부 분열에서는 국제파에 소속하였으며 1951년 국제파의 '전국통일회의'가 해산한 후에는 당에 복귀하지 않고 '전 일본 학생자치회 연합'(전학련) 등에서 활약. 검정고시로 도쿄대학 입학. 1955년 일본 공산당 제6회 전국협의회(육전협)에서 복당하지만 이듬해 출판한 저서가 문제가 되어 탈당했다. 1958년 공산당과 적대하는 공산주의자동맹(분트)이 결성된 이후 이론 면에서 장기간 지지를 계속했다. 나고야대학 조교수를 사직한 후 한동안 무직으로 지내다가 1982년부터 사망할 때까지 도쿄대학 교수를 지냈다.

▌찾아보기 ▌